중국을 다룬다

대중국협상과 전략

중국을 다룬다

대중국협상과 전략

린원청 저 / 강병환 역

양안협상을 중심으로
中共談判的理論與實務: 兼論台海兩岸談判

學古房

협상은 새로운 개념이나 도구가 아니다. 일상적인 삶의 일부다. 인류가 생성된 이래로 사람과 사람 사이의 상호작용과정에서 협상이 발생했다. 인류의 진보과정에서 국가가 형성된 이래 협상은 국가 간의 충돌을 해결하거나 공동이익을 촉진하는 중요한 수단이 되었다. 성공한 협상은 국가이익을 크게 신장시킬 수 있고, 실패한 협상은 국가의 주권상실로 인하여 해당 민족이나 국민은 치욕을 당할 수도 있다. 국가 간 협상의 중요성이 날로 증가해짐에 따라 국제관계연구에 있어서 크게 성공한 협상 혹은 실패한 협상의 예는 이미 중요한 연구사례가 되었다.

세계화의 발전에 따라 국경선을 넘어 교역과 소통이 빈번하게 이루어지고 있는 오늘날 협상의 전략과 기교의 이해가 더욱 더 중요해졌다. 미국의 역대 대통령 가운데 협상을 가장 중시한 대통령은 이번에 취임한 도널드 트럼프(Donald Trump) 대통령을 꼽을 수 있다. 그는 미국 정부가 최고의 협상가라면 미국이 안고 있는 많은 난제들을 해결할 수 있다고 여긴다. 예를 들면 많은 미국인들이 일자리를 잃어 미국경제의 쇠퇴로 이어지지 않을 것이라고 생각한다. 트럼프는 과거 미국의 협상대표에 대하여 비판의 잣대를 들이대며 협상이 공평하지 못했다고 말했다. 그는 협상이야말로 국가이익을 촉진하는 중대한 도구이자 기능이라고 강조하고 있다.

필자는 미국 유학 기간 중에 협상의 이론과 전략을 연구하기 시작했고 협상의 기교를 터득하기를 희망해왔다. 또 대만에 돌아와 중산대학에서 교편을 잡은 이후 협상의 이론과 실무 과목을 개설했다. 아시아에서 중국의 중요성이 높아짐에 따라 아시아 국가들의 대 중국 교류·협상의 기회가 크게 늘어났다. 더욱이 대만은 중국의 무력적 위협에 직면해 있다. 그러므로 중국, 특히 중국의 협상전략과 행태를 충분히 연구하지 않을 수 없었다. 중국협상의 실제적인 예들을 최대한 수집했으며, 협상이론으로써 중국의 협상행위를 분석하여 『중국협상의 이론과 실무(中共談判的理論與實務-兼論臺海兩岸談判』를 단행본으로 출판했다. 중국의 국력과 국제적 영향력은 크게 증가하였음에도 불구하고 중국협상행위를 계통적으로 분석한 서적은 극히 드물다. 비록 본서의 중국어판을 출판한지 약간의 시간이 경과하였고 중국의 협상에 관한 사례연구에 있어서도 진일보한 연구와 분석이 제시되어 중국의 협상에 대한 이해가 어느 정도 깊어졌으나 중국의 협상사유, 가치관, 전략과 기교상의 변화는 그렇게 크지 않다. 따라서 본서가 중국협상행위를 이해하는데 있어서 여전히 참고할 만한 가치가 있다고 믿는다.

이 책이 한국어판으로 출판될 수 있게 된 데 있어서 특별히 강병환 박사의 노력에 감사를 표한다. 강병환 박사는 학문적으로 매우 엄격하고 신중한 학자다. 강 박사의 적극적인 노력이 없었다면 본서의 출판은 불가능했음이 자명하다. 한국은 세계의 경제대국의 반열에 올라 있으며 민주화의 놀라운 발전을 통하여 아시아에서 가장 중요한 국가로 자리매김하였다. 중국은 한국의 오랜 이웃으로서 안보문제와 경제적 이슈가 긴밀하게 연결되어 있어 앞으로도 양국의 쌍방향 협상은 매우 빈번하고 다양하게 진행될 것이다. 본서의 한국어판 출판을 계기로 중국의 협상 행위와 중국협상이론과 실제의 연구가 진작되기를 희망하고 한국과 중국의 협상경험을 함께 나누기를 기대한다.

린원청(林文程)
2017년 5월 25일

談判不是一個新的工具，自從有人類以來，在人與人的互動中發生談判是常態。當人類組成不同國家之後，談判成為國家間解決衝突或是促進共同利益的重要手段。成功的談判可以大為提升國家利益，失敗的談判則可能喪權辱國，重大之成功或失敗的談判例子在國際關係歷史上，成為重要的研究案例。

隨著全球化的發展，跨國交易頻繁，掌握談判的策略與技巧更加重要。美國歷任總統中，最重視談判之總統應該是新上任的Donald Trump，他認為美國政府如果能夠用最好的談判家，將會解決美國許多問題，而且不會導致美國流失眾多的就業機會。Trump對美國過去談判代表的批評或許不夠公平，但是他強調談判對促進國家利益的重要性，則應該受到各國菁英的重視。

有鑑於談判的重要，因此筆者在美國求學時開始研修談判的理論與策略，希望能夠掌握談判的技巧，而且回到台灣的中山大學任教之後，也開課講授談判的理論的實務。更有鑑於中國在亞洲的重要性上升，其他亞洲國家與中國互動、談判的機會大增，尤其台灣面臨來自中國的武力威脅，更加不能夠不了解中國，因此特別蒐集中國談判的實例，並運用談判的理論來分析中國的談判行為，彙整出版《中共談判的理論與實務:兼論台海兩岸談判》一書。

雖然中國的國力和國際影響力大增，但是有系統研究中國談判行為的專書仍然相當少，雖然本書中文版出版已經有一些時間，中國有更多談判案例值得進一步的分析，但是中國的談判思維、價值觀、策略和技巧的變動不會太大，相信本書對了解中國的談判行為仍然有值得參考的地方。

本書能夠出版韓文版，應該要特別感謝姜秉煥博士的努力。姜秉煥博士是一位非常嚴謹的學者，他投下相當多的時間將本書翻譯成韓文。沒有姜博士的積極投入時間和精力，出版本書韓文版是不可能的事情。大韓民國是世界名列前茅的經濟體，也是亞洲最重要的國家之一。中國是大韓民國的鄰居，也是最重要的經貿夥伴，兩國的互動和談判非常頻繁。希望本書韓文版的出版有助於韓國朋友了解中國的談判行為，也希望藉此鼓勵韓國學者專家投入對中國談判理論和實務的研究，與大家分享韓國與中國談判的經驗。

林文程

2017年5月25日

이 책의 출판은 우연한 계기에서 시작되었다. 사드(THAAD) 문제가 본
격적으로 부각되기 2년 전 어느 술자리에서였다. 평소 학문적·인간적 교
류를 가져왔던 동료들과 사드문제에 대한 해법과 전망에 대하여 각자의
전공연구를 통하여 다양한 토론을 벌였다. 여러 가지 전망과 해법이 제시
되었으나 궁극적으로 중국의 태도와 결정을 이해하는 것이 관건이었다.
일정시간이 흐른 뒤 중국의 태도는 더욱 강경해졌고 사드문제에 대한 필
자와 동료들의 견해가 점차 빗나가면서 중국문제를 보는 시각에서 문제
가 있음을 발견했다. 동시에 사드문제는 어떻게 해서든 해결되어야할 문
제이며 중국과의 협상을 통해서 해결되어야 한다는데 동료들과 의견의
일치를 보았다. 그러던 가운데 서재에 꽂혀 있던『중국의 협상의 이론과
실무(원문 : 中共談判的理論與實務: 兼論台海兩岸談判)』를 다시 읽게 되
었다.

사드문제에 대한 중국의 대처와 방침은 한국을 당황스럽게 만들고 있
다. 미국에 대해서는 신형대국관계를 강조하면서도 역사적·문화적으로
우방인 한국에 대한 행태는 전혀 대국답지 않다. '황화론(黃禍論)'과 '중국
위협론(中國威脅論)'이 한국에 대해 현실적으로 다가오는 느낌을 지울 수
없다. 시진핑의 '일대일로(一帶一路)'는 외형적으로는 동남아의 전통적 조
공국들에 대하여 엄청난 경제적 혜택을 제공하고, 서구에 대해서는 시장
확보를 위하여 평화적 공세를 퍼붓고 있으나 한국의 사드에서 보듯이 거
기에는 발톱을 숨기고 있음을 경계해야할 것이다. 중국은 대외적으로 평
화를 사랑하고 대외적 침략의도가 없다고 강조하지만 한국에 대한 사드
보복조치와 같은 발톱을 이미 일본과 대만을 상대로 드러낸 전력이 있다.

감추어진 발톱은 평소에는 감추어져 있다(일대일로)가 자국의 이익을 위해서는 필요하다면 언제라도 드러낼 수(사드) 있다는 국제정치의 현실주의적 이론을 중국은 충실하게 실천하고 있을 뿐이다.

국가 간의 첨예한 이익을 둘러싸고 발생되는 문제를 해결하기 위해서는 폭력과 법률적 중재 그리고 전쟁의 수단이 아니라면 협상으로 문제를 풀 수밖에 없다. 협상의 원래 뜻은 '쉽지 않다(not easy)'라는 의미다. 윈-윈적 협상이 가장 이상적이지만 이는 극히 드문 경우에 해당된다. 특히 중국과의 협상은 그 대상자가 누구인가를 막론하고 어려울 수밖에 없다. 기본적으로 중국은 역사적으로 삼국지, 손자-오자 병법과 같은 협상에 관한 고전적 전통이 풍부하여 협상을 담당하는 중국 측 대표들은 협상능력이 생래적으로 몸에 배어 있다. 거기에 더하여 미국과 어깨를 겨눌 정도의 강대한 국력은 카드게임에서 좋은 패를 가지고 있는 것과 같아 협상의 자산과 기술을 동시에 지니고 있어 미국이나 러시아와 같은 강대국들이나 대등한 협상이 가능할 뿐이다. 한국을 비롯한 동남아의 전통적 중국의 중화권에 속한 국가들로서는 쉽지 않은 협상상대라고 하겠다.

저자 서문에서 밝혔듯이 인간사회가 존재하는 곳에는 반드시 협상이 있게 마련이다. 협상의 주제와 대상은 개인, 기업, 사회단체, 국가 등 다양하고 천차만별이다. 따라서 협상의 결과 역시 주제와 대상에 따라 그에 미치는 영향과 충격이 다양하다고 하겠다. 예를 들어 비즈니스 협상의 경우 협상 테이블에서 얻는 이익과 잃는 손해는 손실의 정도차이일 뿐 이는 다른 방법으로 만회나 재협상을 통해서 회복할 수 있다. 그러나 정치협상의 경우 한 민족의 생사를 좌우하는 중대한 협상일 가능성이 크다. 중국과 대만의 양안관계의 협상이 그 대표적이다. 대만을 흡수통일하려는 중국과 현상(status quo)을 유지하려는 대만의 협상전략은 전부(全部) 아니면 전무(全無)의 협상에 가깝다. 대만이 중국과 진행하는 협상은 좁게는 타이상(台商)의 이익에 관계 되고 넓게는 대만의 번영, 안전과 생존에 영향을 미치기 때문이다. 따라서 중국과 대만 간의 양안협상은 중국의 협상

전략연구에 중대한 자료가 되며 이에 맞서는 대만의 협상전략 역시 칼과 방패로서 협상을 통한 생존전략에서 여타 국가들에게 시사하는 바가 크다. 한국도 예외가 아니다. 특히 중국은 한국의 대북관계에 있어서 한반도의 평화 안전 및 장래 민족통일과 긴밀한 관계를 지니고 있어 중국과의 복잡다단하고도 지난한 협상이 불가피하다. 이것이 왜 중국의 협상전략을 깊게 연구해야 하는 이유다.

저자 린원청(林文程)교수는 역자의 박사과정 지도교수이셨다. 그로부터 학문적 깊이만큼이나 인격적 감화를 많이 받았다. 문재가 아직 부족하여 우리말로 옮기는 데에 단어선택의 어려움이 있었다. 특히 중국과 대만 간의 전반적인 이해를 위해 역자의 판단에 따라 2000년 이후 양안협상에 관한 자료와 내용을 보충하였다. 저자의 원의에 누를 끼치는 부분이 있다면 이는 전적으로 역자의 몫이다.

이 책이 나오기까지 여러 사람의 고마움이 있었다. 학자의 길로 들어서게 해주시고 계속 학문적 지도편달로 이끌어 주신 문태운, 이종은 교수께 감사의 뜻을 표한다. 특히 상업적 이익이 없는 전문서임에도 불구하고 출판에 대한 사명의식으로 이 책이 출간 될 수 있도록 허락해 주신 도서출판 학고방 하운근 사장님과 편집을 맡아준 명지현 팀장께 고마운 마음을 전한다. 끝으로 존경하는 어머니 서순달(徐順達) 여사께 이 책의 지면을 빌어 감사의 마음을 전한다.

2017년 5월 진주에서

12

제5장 양안협상의 전망 · 253

제6장 맺음말 · 291

제**1**장
서 론

1 중국의 협상스타일

전 미국국무장관 키신저(Henry A. Kissinger)는 중국을 '신비의 땅
(Mysterious land)'이라고 했다.[1] 또 중국과 협상을 경험한 대부분의
전문가에게도 '신비의 땅'을 통치하는 중국공산당은 다루기 어려운 협
상 상대자였다. 중국과의 협상에 나섰던 사람들의 눈에는 서로 다른
중국의 협상스타일이 존재한다. 한국전쟁 당시 판문점협상과 제네바
회담에 나섰던 영(Kenneth T. Young) 대사는 중국의 협상 스타일을
아래와 같이 생동감 있게 묘사했다.

협상테이블의 맞은편, 중국의 협상자들은 강철 용수철처럼 언제라도
튀어 나갈듯이 팽팽하게 긴장했다. 그들은 냉담했고, 너무 경건해서 도
무지 접근하기 어려웠다. 온통 의심하고 있는 것처럼 보였고, 합리적
이치로 그들을 이해시키기에는 도저히 불가능한 모습이었다. 중국의

---

1) Henry Kissenger, White House Years(Boston: Little, Brown and Company, 1979),
   p.746.

협상자들은 기율을 엄숙히 준수하는 대표였으며, 기계처럼 정확하게 원고를 읽었다. 그들은 유능했고, 고집스러웠고, 냉정했으며 한번 정해지면 그 태도를 바꾸지 않았다. 중국과의 협상은 고통스러운 시련이었으며, 중국 협상자들은 이러한 광경으로 협상을 몰아넣었다.[2]

키신저는 중국이 협상에 채택한 전술은 선발제인의 양보(选发制人的让步, preemptive concession)라고 보았다. 시작하자마자 대폭적인 양보를 하고 난 후 그 후부터는 일관된 입장을 견지한다. 조금씩 조금씩 양보하는 살라미(salami approach)식 접근이 아니었다.[3] 저우언라이(周恩来)는 시시콜콜한 문제에서 거래흥정을 하지 않았다. 저우언라이를 상대하는 가장 좋은 방법은 합리적인 입장을 제의하고 아울러 상세하고 빠짐없이 해석한 후에 입장을 견지하는 것이라고 보았다.[4]

그러나 솔로몬(Richard H. Solomon)이 인터뷰한 미국 관료들의 입장은 키신저와 달랐다.[5] 호주 학자 블랙맨(Carolyn Blackman)도 중국 상업협상 행위의 연구에서 가장 눈에 띄는 점은 흥정의 과정(hagging process)이라고 보았다. 왜냐면 중국의 협상대표는 처음에 값을 부를 때 정직하지 않는 요소(element of dishonesty)가 있었기 때문이다. 더욱이 낯선 사람과의 첫 협상에서 중국의 협상가로서는 사기를 치는 것도 그렇게 어려운 일이 아니다. 이런 결과 중국과의 협상을 진행하는 외국회사의 대표는 처음 협상에서 반드시 높은 가격을 써내야 하는 것은 당연한 일처럼 보인다.[6]

---

2) Kenneth T. Young, Negotiating with the Chinese Communists: The United States Experiences, 1953-1967(New York: McGraw-Hill Book Company, 1968), p.338.
3) Kissenger, White House Years, pp.752-753.
4) Ibid., p.747.
5) Richard H. Solomon, Chinese Political Negotiating Behavior, 1967-1984(Santa Monica, California RAND Corporation, 1995), p.4.

그러나 또 다른 한편으로, 중국과 협상을 진행했던 제3세계 국가의 관료들은 중국은 오히려 흥정식 거래에 관심이 없다고 밝혔다. 제3세계 국가들과 협상하는 중국의 관료들은 협상의 과정에서 부딪히는 어떠한 문제라도 해결에 동의한다고 밝혔다.

이와 같이 각기 서로 다른 중국의 협상스타일을 볼 때, 도대체 어떤 것이 진정한 중국의 모습일까? 중국의 익숙한 협상전략과 협상기교는 어떤 모습일까? 중국은 어떻게 협상에 임할까? 중국과 교류하는 국가나 기업들이라면 항상 이러한 문제들에 대해서 관심을 가지기 마련이다. 대만의 입장은 이러한 문제들에 대해서 더욱 더 생각하게 만든다. 기타 국가들은 중국의 협상행위에 대해서 어중간한 이해를 가져도 별탈이 없을지도 모른다. 대만은 이러한 사치를 누릴 권리가 없다. 예를 들어 아프리카 국가들에게 있어서 중국의 협상행위를 이해하지 못하는 것은 조그만 실수일 뿐이다. 협상테이블에서 잃어버리는 것은 기껏해야 상업이익 혹은 일련의 조그만 정치적 이익뿐이다. 나라가 망하고 민족이 절멸하지는 않는다. 그러나 만약 중국과의 협상에서 대만이 실수한다면 이는 국가안위가 위태로울 수 있고 독립주권국가의 지위를 잃어버릴 위험에 처할 수도 있기 때문이다.

1987년 11월 2일 대만정부는 중국에 대한 '대륙탐친(大陸探親)'[7)]을

---

6) Carolyn Blackman, Negotiating China: Case Studies and Strategies(New South Wale, Australia: Allen & Unwin, 1997), p.52.
7) 1949년 말 대만에 패주해 온 장제스(蔣介石)는 1년 준비, 2년 반격, 3년 소탕, 5년 성공(一年準備, 兩年反攻, 三年掃蕩, 五年成功) 이라는 허황된 구호로서 반공복국을 명분으로 계엄령을 실시했다. 시간이 흘러감에 따라 중국에서 온 젊은 병사들은 노병이 되어갔다. 38년 동안 계엄령을 실시하고 난 후 그의 아들 장징궈(蔣经国)는 계엄령을 해제하고 대륙탐친을 허용했다. 현역군인과 공무원을 제외하고 중국대륙에 육친, 인친, 3촌 이내의 친속자들을 둔 대만민중은 1년에 한 번 3개월 간 중국대륙을 방문하

실시했다. 중국본토에 가족을 둔 이산가족의 고향 방문을 허용한 것이다. 이로써 양안 간에 다양한 민간교류가 본격적으로 시작되었다. 아울러 양안 교류의 증가로 인해 여러 문제가 불거져 나왔다. 예를 들어 밀입국자 송환문제, 문서공증, 우편서신, 결혼, 범죄인 송환 등이다. 대만은 그때까지만 해도 중국과는 불접촉, 불담판, 불타협(不接触, 不谈判, 不妥协)이라는 '3불정책'을 견지했지만 파생한 문제들을 해결하기 위해서는 3불정책을 조정해야만 했다. 다시 말해 양안 교류로 인해서 발생한 문제를 중국과의 협상을 통해서 해결하고자 하였다. 이로써 양안은 협상의 시대로 진입하게 되었다. 비록 양안협상 혹은 대화는 중국이 일방적으로 중단시켰던 때도 있었지만 쌍방이 다시 협상테이블로 돌아오는 것은 시대의 추세였다. 지금까지 양안 간에 진행한 협상은 모두 사무성, 기능성, 경제적 의제에 관한 협상이었다. 사무성 의제의 협상은 주권과 연계된 민감한 내용과는 관계가 적다. 그러나 2008년 국민당이 재집권하고 나서 양안 교류는 급격하게 진행되었고, 기존에 중단되었던 양안 양회 회담(대만의 재단법인해협교류기금회 간칭 해기회, 중국의 해협양안관계협회 간칭 해협회)을 재개하여 2015년 말까지 23개의 협정을 체결했다.

중국공산당은 1978년 12월 제11기 3중전회에서 개혁개방 정책을 채택한 후, 경제발전을 정책의 최우선 목표에 두었다. 대내적으로는 개혁과 대외적으로는 개방정책을 시행한 후 30년간 9.8%의 놀라운 경제성장률을 기록했다. 대외 무역은 세계와 더욱 더 밀접해 졌다. 중국은 세

게 하였다. 중국은 이에 대해 곧바로 공개적으로 환영을 표시했고 왕래의 자유를 보증하며 전력을 다해 편의를 제공한다고 밝혔다. 국무원은 대만동포의 대륙탐친 여행 접대방법에 관한 통지(關於台灣同胞來大陸探親旅遊接待辦法的通知)를 발표했다. 이렇게 재빠른 중국의 반응은 이전에 없던 현상이었다. 이후 점차 확대되어 완전 자유화 되었다.

계의 공장에서 세계의 시장으로 변모했으며, 외국기업도 벌떼처럼 중국을 찾았다. 상업성 협상은 이미 중국의 대외협상에서 중요한 일부분이 되었다. 양안 간의 양자 무역, 대만의 대중국투자액, 중국의 대 대만 투자도 상당히 증가했다. 중국에 진출하여 상업적 기회를 찾고자 하는 타이상(台商)들의 중국진출추세는 피할 수 없으며 반드시 협상이라는 관문을 통과해야만 한다.

2014년 2월 11일부터 14일까지 대만 행정원 대륙위원회 주임위원인 왕위치(王郁琦)는 중국국무원대만사무판공실 주임 장쯔쥔(張志軍)의 요청으로 난징에서 제1차 양안사무수장회담을 개최했다. 이 회담은 양회 회담이 반관반민의 1.5트랙이었다면 양안 업무를 맡는 최고 실무자 간의 1트랙인 회담이었다. 이는 경제적 문제는 주로 양안양회가 주관하며 정치적 문제의 의제에 대해서는 관방이 나서서 해결하고자 하는 양 정부의 의지를 반영했다. 정치적 의제에 대한 매우 민감한 사안임에도 불구하고 마잉주(馬英九)와 시진핑(習近平)은 2015년 11월 7일 싱가포르에서 역사적 첫 회담을 개최했다.[8] 그렇지만 2016년 민진당이 재집권하고 나서 양안 간의 모든 제도화된 협상은 중단되었다. 차이잉원(蔡英文) 정부는 중국이 양안협상의 전제조건으로 내세우는 '하나의 중국원칙'에 관한 합의인 '92공식'을 승인하지 않았기 때문이다. 그러나 대만은 지속적으로 중국과의 협상을 전면적으로 거부할 수 없다. 비록 정부 간의 협상은 중단되었더라도 양안의 민간교류는 점진적으로 증가하여 상업협상은 여전히 진행할 수밖에 없기 때문이다.

---

8) 이는 정치의제의 협상으로 분류할 수 있다. 양안은 장차 정치성 의제 협상에서도 만날 수밖에 없다. 정치협상은 주권, 통일, 독립 혹은 양안정치관계를 규정하는 의제에 관한 협상이다. 즉, 대만독립, 혹은 통일에 관한 각종 모델에 관한 협상이다. 예를 들어 핀란드 모델, 연방, 연합, 유럽연합 모델, 일국양제, 국협(国协, commonwelth), 대만독립, 남북한 혹은 동서독 모델 등 정치의제에 관한 협상을 진행하는 과정에서 첨예하게 맞설 것이다.

대만이 중국과 진행하는 협상은 좁게는 타이상들의 이익과 관계되며, 넓게는 대만의 번영, 안전과 생존에 영향을 미친다. 이것이 왜 대만이 중국의 협상 전략을 깊이 연구해야만 하는 이유다. 나아가 중국통 협상인재를 배양하여 다루기 어려운 중국협상상대와의 결전을 준비해야만 한다.

본서의 목적은 중국의 협상과 관련된 서적, 자료 및 중국이 참여했던 협상의 예를 폭넓게 수집하여, 중국의 협상 전략과 기교를 분석하였다.

2 연구방법

협상연구에 가장 많이 응용되는 일반적인 연구방법은 문서분석(document analysis), 역사연구접근(historical approach) 및 게임이론이다. 게임이론은 협상과 동시에 충돌의 목표와 공동의 이익을 구비한다. 기본적인 가설은 자신이 최대한의 이익을 얻고자 하거나 혹은 최대한으로 불리한 곤경에 처하지 않는 것을 추구한다. 라이파(Howard Raiffa)의 『협상의 예술과 과학(The Art & Science of Negotiations)』, 브람스(Steven J. Brams)의 『협상게임(Negotiation Game)』, 대만의 우슈광(吳秀光)교수의 『정부협상의 게임이론 분석』은 게임이론과 협상을 소개한 대표작이다.[9] 게임이론을 응용하여 개별 협상을 분석한 논문 역시 상당히 많다.

---

9) Howard Raiffa, The Art & Science of Negotiation(Cambridge, Massachusetts: The Belknap Press of Harvard University Press, 1982)；and Steven J. Brams, Negotiating Games Theory to Bargaining and Arbitration(New York Routledge, 1990)；吳秀光, 政府談判之博弈理论分析, 台北：时英出版社, 1998.

내용분석법(content analysis), 조직이론연구법(organizationtheory), 심리학연구접근(psychological approach), 인지이론연구(cognitive theory) 등도 협상을 연구하는데 비교적 자주 사용되는 방법들이다. 이중에서도 조직이론 연구법은 개인행위를 결정하는 특정 요소와 조직과 국가를 결정하는 요소는 공통성을 지닌다고 본다. 왜냐면 국가의 전쟁, 강화(講和), 협상행위는 모두 개인을 통해서 표현되며 또한 국가의 협상대표는 완전한 자유행위를 행사함에 있어서 제약을 받는다. 비록 개인은 협상 때에 부분적으로 자신의 가치관과 개성이 작용하더라도, 대부분은 조직의 격려와 응징, 진급에 대한 기대 및 조직이 결정한 가치 등의 영향을 받는다. 그런 결과 국제협상 사건을 이해하기 위해서 국가와 조직내부의 정책결정으로부터 협상행위를 분석한다.[10]

심리학 연구접근은 협상의 과정을 중시한다. 협상은 두 사람 이상의 상호작용행위이고, 협상자는 협상과정에 서로 뒤엉켜 있다. 상호 용인할 수 있는 방법을 공동으로 찾아내어 충돌을 해결하는 방법이다. 어느 한쪽을 일방적으로 이해하는 것은 충분치 않으며 반드시 상호작용 과정에서 주고받는 영향을 분석해야 한다. 심리적 연구접근은 개인적인 층차로부터 단체의 층차로 끌어 올려지고, 협상자가 속한 단체 내 성원 간의 관계에 관심을 가질 뿐만 아니라 집단적사유(group thinking)는 단체구성원 간의 관계에도 영향을 받는다. 예를 들어 응집력이 강한 단체는 오히려 지혜롭지 못한 정책결정을 내놓을 가능성이 높다. 왜냐면 집단 속의 개별 성원은 자신의 의견을 보류하는 태도를 지닐 가능성이 많고 반대의견에는 침묵하는 경향이 있다. 심리학 연구접근을 총결하면 대체로 몇 가지 특징으로 요약된다. 첫째, 협상자 간의 상

10) Robert L. Kahn, "Organizational Theory," in Victor A. Kremenyuk(ed.), International Negotiationg: Analysis, Approaches, Issues(San Francisco: Jossey-Bass Publishers, 1991), pp.148-163.

호작용을 중시한다. 둘째, 협상자는 이견의 존재를 인정한다. 중요한 것은 협상자는 어떻게 이 충돌을 인식하는가의 문제다. 셋째, 협상자는 그 파트너가 인지하는 편견을 중시한다. 넷째, 협상자는 학습의 과정 및 시간이 경과하면서 변화되는 정황을 중시한다. 다섯째, 협상결과는 협상당사자 간의 상호관계에 영향을 받는다.[11]

　인지이론연구 접근은 "협상은 일종의 소통"이라고 강조한다. 피셔 (Roger Fisher)와 우리(William Ury)는 "소통 없이 협상 없다"고 밝혔다. 일반이론이 인류를 환경의 자극에서 오는 소극적인 반응의 산물로 보는 반면에 이와 달리 인지이론은 인류는 선택적인 반응을 통해 적극적으로 환경을 개척해 나간다고 인식한다. 예를 들어 불확실한 정세에 직면하여, 해석상 상호모순의 곤경에 처할 때에 인지이론과 게임이론은 합리적 선택의 견해가 각기 다를 수 있음을 강조한다. 인간의 선택적 해석과 인류의 천성이 변혁을 거절한다는 점을 강조하고, 모순에 처할 경우에도 먼저 인지한 신앙을 고수하는 경향을 보이고, 앞서 존재한 지식 틀로부터 획득한 정보를 처리하고자 한다. 이런 종류의 협상특성은 협상자 사이의 상호 소통은 물론, 협상의 결과에도 영향을 미친다.[12]

　본서는 문서분석의 방법으로 중국의 협상 전략을 분석한다. 정치학자들이 통상적으로 자료를 수집하고 가설을 검증하는 방법은 주로 문서분석, 인터뷰, 관찰(observation)의 세 가지다.[13] 관찰적 접근법으로

11) Jeffery Z. Rubin, "Psychological Approach," in Kremenyuk(ed.), International Negotiating, pp.216-228.
12) Roger Fisher and William Ury, Getting to Yes: Negotiating Agreement Without Giving in (New York: Penguin Books, 1983), p.xi ; and Christer Johnson, "Cognitive Theory," in Kremenyuk(ed.), International Negotiation, pp.229-243.
13) Jannet Buttolph Johnson and Richard A. Joslyn, Political Science Research

중국협상행위를 연구하는 것은 매우 어렵기 때문에 본 연구는 문서분석의 방법을 주로 채택하며 인터뷰도 진행한다. 문서분석법이 차용한 서면기록문건(written record)은 두 종류다. 첫째, 에피소드식 기록문건(episodic record)이다. 예를 들어 일기, 회고록, 원고, 통신문건, 자서전, 전기, 유관기관의 임시기록과, 소책자, 전단지 등 임의적, 우연적, 개인적 속성을 지닌 문건으로서 이루어진 비장기적 기록문건이 그것이다. 둘째는 연속적 기록문건(running record), 즉, 통상적으로 조직 혹은 정부기관이 계획적으로 작성한 문서다. 예를 들어 통계연감, 대사기(大事记, 중대사 기록), 각종 연보 등 시간이 길고 체계적으로 기록 보존된 것들이다.[14]

문건자료를 취득한 후에 비로소 내용분석 접근으로 연구를 진행할 수도 있다. 내용분석법은 기본적으로 비계량문건(nonquantitative document) 자료를 계량적 자료로(quantative data)바꾸어야 한다. 내용분석 접근법은 협상을 쌍방의 상호작용 과정으로 본다. 그러므로 내용분석은 상호작용의 방향을 기록한 것이며, 대체적으로 협상이 성공으로 가는지 혹은 실패로 가는지의 과정에서 협상당사자들의 행위의 정황을 살펴보는 것이다. 따라서 내용분석법은 비교적 서로 다른 시점에서의 협상자가 동일한 사례에 대해 보이는 차이를 분석하는데 특히 유용하고, 실험그룹과 실제협상자를 대비하여 분석하는데 매우 효과적이다.[15]

본 연구는 내용분석의 연구접근을 채택하지 않고 문서분석의 접근법을 사용한다. 왜냐면 중국협상 연구에서 상호모순된 연구 결과가 상당히 많기 때문에 문서분석접근은 이러한 곤란을 극복하는데 상대적으로

Methods(Washingtong, D.C. : Congressional Quarterly Inc., 1995), p.227.

14) Ibid., pp.228-244.

15) Daniel Druckman, "Context Analysis," in Kremenyuk(ed.), International Negotiation, pp.244-263.

우수한 점을 갖추고 있다.

　문서분석 접근법은 여타의 연구방법에 비하여 시간과 효율성 측면에서 경제적이다. 비용과 시간의 낭비가 상대적으로 적고, 자료수집이 용이하며, 문서기록이 비교적 오래 유지된다는 장점이 있다.[16) 그러나 중국협상전략과 행위를 연구할 때 공개된 중국정부의 협상기록 문서가 많지 않아 에피소드식 문건에 의지해서 분석해야하는 한계를 지니고 있다.

　본서는 중국협상과 관련된 원시자료를 최대한 광범위하게 수집하였다. 예를 들어 협상대표의 회의록, 일기, 서신, 미출판 혹은 출판된 관방문건 등을 분석하여, 일련의 구상과 가설을 검증하는 것이다. 나아가 어떠한 하나의 협상 사건의 과정과 결과를 이해하고, 이러한 정황을 연구하는 문서분석법은 역시 일반적으로 말하는 역사연구 접근법의 범주에 속한다고 할 수 있다.

　역사는 인류의 과거활동과 관련된 지식과 특정한 시간 및 특정한 시점에서 발생한 일련의 사건의 발생과정을 소개한다. 협상의 관점에서 말하자면 역사가는 매 사건이 '어떻게'와 '무엇 때문에' 발생했는지를 주로 고찰한다.[17) 예를 들어 매 차례의 협상은 하나의 사건을 구성하며 이는 절대로 같은 방식으로 중복하여 출현하지 않는다. 하지만 과거에 발생한 사건들과 현재의 사건들 사이에 비슷한 유형이 있고 유사한 측면이 있는지에 대한 의문에서 역사학자들은 이 문제에 대해서 모두 긍정적인 견해를 보인다. 따라서 역사를 연구하는 기능은 크게 세 가지다. 첫째 시간적 배열과 독특성이 기재되고, 둘째 유사한 사건과 유사사건의 특징을 통하여 이론과 법칙을 만들고, 셋째 과거와 현재와

---

16) Johnson and Joslyn, Political Science Research Method, p.240.
17) Jean F. Freymond, "Historical Approach," in Kremenyuk(ed.), International Negotiation, pp.121-122.

의 관련성을 추정한다.[18]

본서는 중국이 과거에 진행한 매 건의 협상을 모두 개별적 사건으로 간주한다. 중국의 매 차례 협상의 협상행위는 모두 국내외 환경의 영향을 받는데 그 과정에서, 역대 중국이 행한 협상에 관계된 1차 자료, 2차 자료를 광범위하게 수집하여 이를 심도 있게 분석함으로써, 중국 협상전략과 행위의 특질을 연구하고자 한다.

3 문헌소개

중화인민공화국은 1949년 10월 1일 수립되었지만, 정권이 수립되기 전에 중국공산당은 이미 여러 차례 국공협상을 진행시킨 경험이 있었다. 1차 국공합작은 군벌타도를 목적으로, 2차 국공합작은 항일을 위한 민족주의적 단결에 있어서 국민당과 공산당은 합작했다. 그러나 양당은 결국 중국대륙을 어떻게 경영해야 하는지에 관한 노선을 둘러싸고 내전을 치렀다.[19]

중국의 협상 스타일은 실전협상의 경험 이외에도 중국의 전통문화와 공산주의 이데올로기의 영향을 받았다. 또한 중국의 정치 경제 발전상황과 국제권력 구조와 변화에 따라 중국의 협상스타일과 내용은 이미 현저한 변화를 겪었다. 중국의 협상 스타일을 크게 분류하자면 적대성 협상 및 비적대성 협상(non-adversary negotiation) 두 종류다. 적대적

---

18) Ibid, , p.122
19) 국공담판에 관한 서적은 매우 많다. 李健编者, 两岸谋和足迹追踪, 北京：华文出版社, 1996；毛磊、范小方主编, 国共两党谈判通史, 兰州：兰州大学出版社, 1996年, pp.1-621. ; 丘宏达、任孝琦合编, 中共谈判策略研究, 台北：联合报出版社, 1987年, pp.19-120. ; 关中, 国共谈判(1937-1947), 台北：民主文教基金会, 1992年。红岩革命纪念馆遍, 重庆谈判纪实：1945年8-10月, 重庆市：重庆出版社, 1983年。

협상은 신임할 수 없는 상대, 선의가 결핍 된 상대, 협상달성의 성의가 없는 상대, 심지어 충돌을 확대할 속셈으로 진행하는 협상이다. 그러므로 협상은 지루하거나 결과가 없다. 1950년대 한국전쟁의 정전협상 및 미국과 진행한 대사급회담은 전형적인 적대적 협상에 속한다. 그러나 1970년대 이후 중국은 외교정책의 조정에 따라 비교적 실무적인 입장을 취했다. 중국과 일본, 미국 등 국가들과의 정상화 협상에서 점차적으로 비적대적 협상 전략을 취했다.

중국공산당의 협상스타일은 독특한 특징이 있다. 공산당 이데올로기, 중국공산당의 국제관, 중국과 기타국가들과의 상호작용의 경험, 권력투쟁 등 협상스타일에 영향을 미치는 요소는 셀 수 없이 많다. 그러므로 중국의 협상행위에 영향을 미치는 요소들을 종합적으로 분석하여야 중국의 협상특징과 행위를 비교적 전반적으로 이해할 수 있게 된다.

중국학자와 외국학자들이 탐구한 협상이론, 전략, 기교, 개별 사건의 전문서적과 논문은 상당히 많다.[20] 이러한 논문과 전문서적의 내용을 분석해보면 대체로 정치성 협상과 상업협상의 두 종류로 구별된다. 전자는 대부분 국제협상의 이론, 협상행위자(actors), 목표, 과정, 언어 운용, 및 전략의 연구를 소개하고 있고 후자는 어떻게 협상에서 이기는가에 관한 전략과 전술을 소개하고 있다. 예를 들어 랄(Arther Lall)의 『현대국제협상(Modern International Negotiation)』[21] 아이클(Fred Charels Ikle)의 『국가는 어떻게 협상하는가(How Nations Negotiate)』등의 서적은 모두 국제협상과 실무에 대해 학문적 검토를 주로 하였고, 하비

---

20) 刘必荣, 「不对等结构下的谈判行为分析」, 东吴政治学报, 第2期, 1993, pp.219-217 ; 赵建民, 「一九三五至一九四五之国共和谈 : 过程, 争议与中共策略」, 国立政治大学学报, 第68期, 1994年, pp.17-43 ; 吴安家, 台海炼按关系的回顾与前瞻, 台北 : 永业出版社, 1996年。

21) Arther Lall, Modern International Negotiation: Principle and Practice(New York: Columbia University Press, 1996).

26

브(Mark Habeeb)『국제협상 중의 권력과 전술(Power and Tactics in International Negotiation)』은 소국의 협상특질 및 소국이 어떻게 대국과의 협상에서 이기는 가를 분석했다.[22] 카라스(Chester L. Karrass)의 『협상게임(The Negotiating Game)』은 상업협상에서의 승패의 요소, 전략, 및 전술을 소개하고 있다.[23] 아울러 국제정치협상과 상업협상은 이론과 전략상 많은 부분이 서로 참고가 된다. 전문서적 이외에도 학술잡지에서 협상이론 혹은 개별 협상에 관한 논문이 적지 않다. 사실상『Negotiation Jurnal』은 1985년에 창간한 학술지로 협상이론과 실무에 풍부한 자료를 제공하고 있다.

중국협상을 연구한 문헌으로서는 중국공산당의 협상스타일 및 책략을 탐구한 서적 역시 적지 않다. 미국 혹은 서방국가는 실제 중국공산당과의 협상 경험이 있는 대표들의 자서전과 혹은 논문, 예를 들어 한국전쟁 정전회담에 참가한 유엔대표단 협상 단장이자 미국 해군 대장 조이(Turner Joy)가 쓴『공산당원은 어떻게 협상하는가(How Communists Negotiatie)』, 또 그의 일기를 편집해서 쓴『싸우면서 협상하기(Negotiating While Fighting)』,[24] 영 대사가 쓴『공산당과 협상하기(Negotiating with the Chinese Communists)』, 주 유엔 인도대사 랄이 1961년부터1962년까지 라오스 문제에 관해 미국, 소련, 영국, 프랑스, 인도, 중공 등 여섯개 나라와 협상한 경험을 바탕으로 쓴『공산당은 어떻게 협상하는가(How Communist China Negotiates)』[25]는

22) William Mark Habeeb, Power and Tactics in International Negotiation: How Weak Nations Bargain with Strong Nations(Baltimore: The Johns Hopkins University Press, 1988).
23) Chester L. Karrass, The Negotiating Game(New York: Thomas Y. Crowell. 1970).
24) Allan E. Goodman, Negotiating while Fighting: The Dairy of Admiral C. Turner Joy at the Korean Armistice Conference(Stanford, California: Hoover Institution Press, 1978).
25) Arthur Lall, How Communist China Negotiates(New York: Columbia University

모두 모두 귀중한 자료로서 중국의 적대성 협상의 특징과 전모를 잘 알 수 있는 저서들이다.

키신저, 닉슨, 카터, 브레진스키(Zbigniew Brzezinski), 마가렛 대처 등 서방의 정치지도자와 정책결정에 참여한 관료들의 자서전 역시 중국과의 협상에서 직접적으로 경험한 내용들을 기록하고 있다. 이들은 중국협상행위 연구에 있어서 지대한 공헌을 하였다. 특히 키신저의 저명한 저서『중국에 관해서(on China)』는 80여 차례 이상 중국을 방문하고 협상에 참여했던 일화를 세밀하게 소개하고 있다. 특히 그는 중국최고지도자 시진핑과도 이미 5차례 이상 만났으며, 90세가 넘은 나이에도 불구하고 여전히 현역으로 왕성한 활동을 펼치고 있다.

또한 시간이 경과함에 따라 많은 자료들이 해금되었다. 중국협상전략을 분석한 미국의 보고서들도 대략 30년이 경과하면서 해제되었다. 솔로몬의 보고서가 좋은 예다. 중국의 개혁개방을 계기로 서방학자들은 중국에 직접 가서 현지연구(filed study)를 하게 되었고, 빌헬름(Alfred D. Wilhelm, Jr.)의『협상테이블상의 중국인(The Chinese at the Negotiating Table)』[26]은 이러한 환경의 산물이다. 개혁개방에 힘입어 협상에 참여한 중국관료들의 자서전과 경험담 역시 연이어 출판되고 있다. 왕빙난(王炳南)의『중미회담 9년 회고』[27], 차이청원(柴成文)·자오용티앤(赵勇田)의『판문점협상』이외에도 중국의 개별 협상에 대하여 기록한 회고록이 많이 나왔다.[28] 중국학자들 역시 대외개방의 영향을 받아 협상연구가 증가되는 추세에 있으며, 이러한 연구들은 비록 중국의 협상전략에 목표를 맞추고 있지 않지만 중국의 협상이론

Press, 1968).

26) Alfred D. Wilhelm, The Chinese at the Negotiating Table: Style and Characteristics (Washington, D.C. : National Defense University Press, 1991).

27) 王炳南, 中美会谈九年回顾, 北京 : 世界知识出版社, 1985年。

28) 柴成文、赵勇田, 板门店谈判, 北京 : 解放出版社, 1992年, 第2版。

과 전략을 이해하는 데 많은 도움이 된다.

루시안 파이(Lucian W. Pye)의 『중국상업협상 스타일(Chinese Co-mmercial Negotiating Style)』, 블랙맨의 『중국과의 협상(Negotiating China: Case Studies and Strategies)』[29]의 두 책은 지금도 여전히 중국의 상업협상행위를 분석한 전문서로 그 권위를 인정받고 있다.

그러나 위에 인용한 서적과 자료들은 대체로 쓰여진 연대가 너무 일러서 오늘날 중국협상행위 전모를 이해하기에는 부족하다. 일부문헌은 중국의 협상 전략을 정리해서 분석했지만 양안 간의 협상에 적용하기는 완전하지가 않다. 이런 필요에 의해서 본서는 중국의 협상을 전반적으로 분석하고 종합하여 중국과의 협상에 직면하게 될 전문가들에게 유용한 참고를 제공하고자 한다.

본서는 총 6장으로 구성되어 있다. 1장은 서론으로, 중국의 각기 다른 협상 스타일과 협상연구에서 비교적 중시되는 방법들과 중국협상연구의 중요한 참고문헌들을 소개한다. 2장은 협상의 일반적 전략과 기교를 소개하며, 모두 3절로 나누었다. 제1절은 협상의 정의, 종류, 특질, 제2절은 협상의 승패에 영향을 미치는 요소 제3절은 협상의 단계구분과 전략 운용을 소개한다. 3장은 중국의 협상전략이다. 모두 3절로 구성되어 있다. 제1절은 중국협상 스타일에 영향을 미치는 요소를 분석했고 제2절은 세 종류의 중국협상 기본 모델을 소개하고 제3절은 중국협상의 일반적 전략과 기교를 살펴본다. 제4장은 중국의 대(對)대만 협상의 전략과 기교로서 모두 4절로 구성하였다. 제1절은 양안 간 협상의 역사를 회고하고, 제2절은 양안협상의 특징 및 애로점, 제3절은 중국의 대(對) 대만 협상의 입장, 제4절은 중국의 대만협상에 관한 책략을 고찰한다. 제5장은 양안 협상의 미래를 분석한다. 모두 3절로 구성하였다.

---

29) Lucian W. Pye, Chinese Negotiating Style: Commercial Approaches and Cultural Principles(Santa Monica, California: RAND Corporation, January 1982).

제1절은 대만의 중국협상에 관한 책략과 애로점, 제2절은 미래의 양안 협상에 영향을 미치는 요소를 분석하였고 제3절은 중국과의 협상에서의 일련의 원칙을 소개하고 마지막으로 총결하고자 한다.

오늘날의 세계는 협상을 떠나서 살아가기 어렵다. 미국 대통령 닉슨은 취임초에 이미 세계는 협상의 시대에 진입했다고 밝혔다. 신문이나 인터넷을 열면 거의 매일 협상에 관한 소식을 접하게 된다. 2016년의 경우, 영국은 유럽연합(EU) 탈퇴를 선택함에 따라 앞으로 EU와 2년간 후속협상을 해야 한다. EU 리스본 조약 50조에 의거하여 향후 영국은 상품, 서비스, 자본, 노동 이동의 자유는 물론 정치, 국방, 치안, 국경문제 등 유럽연합과 새로운 관계를 위한 힘든 협상을 진행해야 한다. 미국도 트럼프의 당선으로 인해 아시아－태평양 지역의 경제 통합을 목표로 환태평양 경제 동반자 협정 TPP(Trans-Pacific Strategic Economic Partnership)가 기로에 서게 됐다.

한국에는 한·일 군사정보포괄보호협정(GSOMIA)이 체결되어 아직도 협상 후유증이 남아 있고, 대만의 경우에도 양안 간 2013년에 체결된 해협양안서비스협정(海峽兩岸服務貿易協議)도 지금까지 국회에 계류되어 있다. 대만정부는 2016년 인도네시아 발리에서 거행되는 국제형사경찰기구(INTERPOL) 제85회 전체회의에 중국의 방해로 대만이 참가할 수 없다고 밝혔다.

대만이 순조롭게 국제활동에 참가하는 관건은 중국과의 협상과 대화에 달려있음을 강조하고 있다는 것이다. 국민당 마잉주(馬英九) 집권기(2008-2016)에 양안은 상호 묵인과 상호신뢰의 기초하에서 협상을 진행함으로써 대만은 일련의 국제조직 활동에 참여할 수 있었다. 이로서 알 수 있듯이 양안 간의 정치협상은 대만해협의 정세 혹은 대만의 주권국가지위에 영향을 미치는 것은 자명하다.

과거 10년, 양안관계를 돌아보면 양회(해협회와 해기회)간에 23개의 협의에 서명하였다. 정부 관료들의 협상과정 훈련이나 기업 역시 협상기술을 직무교육에서 중점적으로 취급하고 있다. 개인의 층차에서 보더라도 우리는 매일 협상이라는 상황과 만나게 되어 있다. 작게는 시장에서 채소를 사면서 가격을 흥정하는 것에서부터, 크게는 차를 사거나, 집을 사거나 파는 행위를 통해 협상을 한다. 이제 협상은 개인의 일생 생활의 한 부분이 되었다. 협상의 기교를 잘 이용한다면 자신의 이익을 극대화시키거나 자신의 손실을 최소화시키는 것이 가능하다. 만약 회사를 대표하거나 국가를 대표하여 협상을 진행한다면 이는 단지 개인의 승진뿐만 아니라 경우에 따라서는 회사의 명운 혹은 국가의 존망에 관계된다는 점에서 그 책임은 막중하다고 하겠다.

제1절 협상의 정의, 종류와 특질

1 협상의 정의와 구성요소

스파크(Donald B. Sparks)는 negotiate는 라틴어 neg와 otium으로 구성되었다고 밝혔다. Neg는 not의 의미고 otium은 easy로서 쉬움, 용이함, 편의, 안락의 뜻이다. 따라서 협상의 negotiate는 쉽지 않음, 어렵다, 유쾌하지 않다, 수월찮다는 뜻이 담겨있다.[1] 이는 협상이 충돌과 압박의 상황과 밀접한 연관을 니지고 있음을 반영한다. 협상의 정의는 학자들마다 각기 다르다. 예를 들어 아이크는 "이익이 충돌할 경우, 각종의 분명한 안(案)들을 제출하여 협의를 달성코자 이익을 교환 함으로써 공동이익을 실현하는 과정"으로 보았다.[2] 자트만(I. William Zartman)은 "서로 다른 입장에서 일치를 위한 공동결정 과정"[3]으로, 두퐁(Christophe Dupong)과 파우러(Guy Oliver Faure)는 자트만과 비슷한 "충돌의 입장이 공동의 입장으로 결합되는 과정"으로[4] 정의했다. 코헨(Raymond Cohen)은 외교협상을 협의적으로 정의했다. 즉, "국가 간 공동으로 관심 있는 문제를 해결하기 위해서 서로

---

1) Donald B. Sparks, The Dynamics, of Effective Negotiation(Houston: Gulf Publishing Company, 1982), p.5.
2) Fred Charles Ikle, How Nations Negotiate(New York: Fredrick A. Prager, 1964), pp.3-4.
3) I. William Zartman, "Negotiation: Theory and Reality," in Diane B. Bendahmane and John W. McDonald, Jr. (eds.), International Negotiation: Art and Science (Washington, D.C. : Department of State Publication, 1984), p.1.
4) Christophe Dupont and Guy-Oliver Faure, "The Negotiation Process," in Victor A. Kremenyuk(ed.), International Negotiation: Analysis, Approaches, Issues(San Francisco: Jossey-Bass Publishers, 1991), pp.40-41.

용인할 수 있는 결과를 달성하기 위한 소통과정"5)으로, 벤슨(John Benson), 케네디(Gavin Kennedy), 맥밀란(John McMillian)은 "두 개 혹은 두 개 이상의 단체 혹은 개인 간에 충돌을 해결하는 하나의 과정 이며, 협상을 통해 관련 있는 단체 혹은 개인 모두 그들의 요구를 조정 하기를 원하고 서로 받아들일 수 있는 협의"6)라고 정의했으며, 하비브 는 "분쟁을 해결하고 처리하는 공동결정의 달성 수단"7)으로 보았다. 위에서 인용한 바처럼 협상에 관한 정의는 학자들 마다 다르지만 공통 점 또한 가지고 있다. 첫째, 협상은 동태적인 과정이다. 둘째, 협상은 충돌을 해결하고 공동이익을 달성하기 위한 수단이다. 셋째, 공통된 인 식으로 달성된다. 본서에서는 이를 종합하여 협상의 개념을 정의하고 자 한다. 즉, "함께 결정한다는 원칙으로서 충돌을 해결하고 공동이익 을 실현하기 위해서 진행되는 흥정의 과정"이다.

협상에는 4가지 구성요소를 필요로 한다. 당사자(parties), 충돌의 가치 (value) 혹은 이익, 상호이동(mutual movement)의 정황, 결과(outcome) 이다.8)

먼저 협상은 최소한 복수 이상의 당사자를 필요로 한다. 혼자서는 협상이 성립되지 않는다. 둘째 협상자 간에는 충돌하는 적도 되고 합 작하는 파트너도 된다. 당사자 간에는 피차 충돌하는 이익이 있지만 이익의 중첩도 존재한다. 그러나 당사자들은 모두 충돌의 상황이 계속 되기를 바라지 않거나 혹은 공동의 이익을 찾고자 하는 교집합적 요인

---

5) Raymond Cohen, Negotiating Across Cultures, revised edition(Wahingtong, D.C.
   : United States Institute of Peace Press, 1997), p.9.
6) John Benson, Gavin Kennedy, and John McMillan, Managing Negotiations, 蔡宗扬
   译, 谈判奇巧手册 : 生活、工作上不可或缺的知识, 台北 : 远流出版社, 1992年, p.42.
7) Habeeb, Power and Tactics in International Negotiation, p.1.
8) I. William Zartman(ed.), The 50% solution(New Haven: Yale University Press,
   1983), pp.7-8.

이 잠재해 있다. 이들 사이에서 상호 간 충돌을 해결함에 있어서 더 나은 방법이 없을 때 협상은 시작된다. 주택 매매를 예를 들어보자. 집을 사는 사람은 가격이 싸면 쌀수록 좋고 파는 사람은 반대로 높으면 높을수록 좋다. 쌍방은 모두 교역의 상호이익을 달성할 수 있다. 그러나 가격의 문제가 서로 충돌한다. 그런 결과 쌍방교역의 문제가 폭력, 중재, 법원판결 등의 방법으로 해결되지 않을 때 협상은 유일한 수단이 된다.

세 번째로, 협상 당사자들은 먼저 처음의 입장으로 이동한다. 양보의 공동적 형태는 호가(값을 부름)에 따라서 조정되는 과정을 거쳐 쌍방의 가격 차이는 점차 좁혀진다.[9]

구약성경의 창세기 제18장 24절에 나오는 소돔(Sodom)과 고모라(Gomorrah)는 좋은 예다. 여호와는 죄로 충만 된 두 도시를 보고, 결국 멸망시키기로 작정한다. 아브라함 역시 이러한 사정을 알고 여호와께 너그러이 용서를 구해 두 도시를 구하기로 작정한다. 바로 아브라함이 소돔을 구하기 위하여 여호와와 나눈 대화가 바로 흥정값을 부르고 값을 깎는것(讨价还价)의 과정이다.

> 아브라함: 그 성중에 의인 오십인이 있을지라도 주께서 그 곳을 멸하시고 그 오십 의인을 위하여 용서치 아니 하시리이까. 주께서 이같이 하사 의인을 악인과 함께 죽이심은 불가하오며 의인과 악인을 균등히 하심도 불가하나이다. 세상을 심판하시는 이가 공의를 행하실 것이 아니니이까.
> 여호와 : 내가 만일 소돔 성 중에서 의인 오십인을 찾으면 그들을 위하여 온지경을 용서하리라.
> 아브라함: 티끌과 같은 나라도 감히 주께 고하나이다. 오십 사람 중에 오

---

9) Dupont and Faure, "The Negotiation Process," p.44.

인이 부족할 것이면 그 오인 부족함으로 인하여 온 성을 멸하
시리이까.

여호와 : 내가 거기서 사십 오인을 찾으면 멸하지 아니하리라.

아브라함: 거기서 사십인을 찾으시면 어찌하오리까

여호와 : 사십인으로 인하여 멸하지 아니하리라.

아브라함: 내 주여 노하지 마옵시고 말씀하게 하옵소서.
거기서 삼십인을 찾으시면 어찌 하시려니이까.

여호와 : 내가 거기서 삼십인을 찾으면 멸하지 아니하리라

아브라함: 내 주께 고하나이다. 거기서 이십인을 찾으시면 어찌 하시려나
이까.

여호와 : 내가 이십 인으로 인하여 멸하지 아니하리라.

아브라함: 주여 노하지 마옵소서. 내가 이번만 더 말씀하리이다.
거기서 십인을 찾으시면 어찌 하시려나이까.

여호와 : 십인을 인하여도 멸하지 아니하리라.

결국 두 도시는 신의 심판을 받았다. 아브라함은 십 여명의 의인 조
차도 찾지 못했다. 앞에서 말한 대로 아브라함과 여호와의 대화는 하나
의 흥정의 과정이며 열명의 의인은 여호와의 마지노선(底线)이었다.

랄(Lall)은 만약 어느 일방이 양보하지 않음으로 인해서 다른 일방을
억지로 양보하게 만든다면 협상의 기타 구성요소를 모두 갖추었더라도
협상으로 불러서는 안 된다고 보았다.[10] 예를 들어 히틀러는 체코의
국경지대까지 쳐들어가 체코 대통령으로 하여금 강제적으로 조약에 서
명하게 하였다. 협정의 문구는 한 자도 고치지 못했다. 만약 체코가 답
을 하지 않았다면 독일은 병력을 동원해서 체코를 정복했을 것이다. 2
차 대전 당시 동맹국은 독일 일본 등의 전쟁 주축 국가들에게 무조건
항복을 요구했다. 이러한 상황은 협상이라고 부르지 않는다. 이는 투

---

10) Lall, Modern International Negotiation, p.288.

항을 권유하는 것이다.

넷째, 협상의 결과는 성공도 하고 때로는 실패도 한다. 진정한 협상 달성의 결과 여부는 상호 받아들일 수 있는 가의 여부다. 1993년 4월 27일 양안 양회는 싱가포르에서 구왕회담(汪辜会谈)을 개최했다. 양안 간 사무성 협상(事务性协商)을 연 이후 1995년 6월 16일 중국이 일방적으로 협상을 중지할 때까지 여러 차례의 협상이 있었지만 어떠한 협의도 달성하지 못했다. 이는 일종의 실패한 협상이다.

2008년부터 2016년 까지 마잉주(马英九) 국민당 정권은 중국과 대삼통(통상, 통항, 통우)을 비롯한 23개의 협의에 서명했다. 이는 진정한 의미의 협상결과이다. 중국과 미국은 1999년 11월 15일 중국의 세계무역조직(WTO)가입에 관한 쌍방협상을 이뤄냈다. 이 역시 진정한 의미의 협상결과라고 할 수 있다.

2 협상의 종류

1) 협상자 수에 의한 구분

협상에 참가하는 사람의 숫자의 많고 적음에 따라 양자협상과 다자협상으로 구분한다. 통상적으로 협상에 참가하는 인원의 숫자가 많으면 많을수록 협상의 과정 역시 복잡하고 협의 달성 또한 상대적으로 어렵다. 3자(者) 이상의 협상 당사자가 있으면 협상자들 간에는 합종연횡이 출현한다. 예를 들어 제3기 해양법공약의 협상은 다자협상으로서 협상과정에서 77그룹(사실상 114개국의 개발도상국으로 구성된 연맹), 도서국 등이 뭉친 연맹그룹과 선진국 혹은 해양국가 간의 흥정하는 현상이 생겨났다.[11]

2) 협상의 투명도로 구분

협상의 투명도를 지표로 삼는다면 공개협상과 비밀협상으로 구분된다. 공개협상은 협상대표가 언론매체, 여론, 민의기구의 압력에 처해있기 때문에 타협이나 양보가 어렵다. 또한 각자가 자신들의 입장만 주장하는 선전도구로 전락하기 쉬워 협의달성이 비교적 쉽지 않다. 비밀협상은 기록은 있지만 언론매체 및 대중들도 모르게 진행하는 협상과 기록도 없고 언론매체 및 대중도 모르게 하는 협상 두 종류로 구분할 수 있다. 키신저는 1971년 7월 비밀리에 파키스탄을 경유하여 베이징을 방문하여 닉슨의 중국방문에 관한 협상을 진행했다. 이 일은 닉슨, 키신저, 수행원, 중국공산당의 고위관료, 중간 주선자인 파키스탄 대통령 외에 어떠한 여론매체, 대중, 심지어 미국 국무장관을 포함하여 절대다수의 미국관료, 기타 국제사회의 지도자들도 전혀 알지 못했다. 바로 이 협상이 전형적인 비밀협상의 예다. 비밀협상은 소수이고, 외부의 간섭도 적어 쌍방은 감정에 휩싸이지 않고 이해득실을 가려, 협상의 성공을 높일 수 있다.

3) 의제(agenda)와 협상자의 성질로 구분

협상 의제의 내용을 기준으로 하여 외교협상, 상업협상, 정치협상, 사무성 혹은 기능성 협상으로 분류한다. 또 협상자의 속성으로 분류한다면 개인, 기업, 단체, 국제조직, 국가 간의 국제협상으로 구분할 수 있다. 랄은 국제협상의 협상 5요소로서 첫째, 두 국가 및 두 국가 이상

---

11) 해양법에 관한 국제연합협약은 T. T. B. Koh, "Negotiating a New World Order," in Alan K. Henrikson(ed.), Negotiating World Order: The Artisanship and Architecture of Global Diplomacy(Wilmington, Delware: Scholarly Resources Inc., 2nd edition(Cambridge Grotius Publications Limited, 1991), pp.155-178.

의 국제간섭이 존재하고 둘째, 이러한 국가들 가운데 관심을 가지는 사건의 발생하며 셋째, 반드시 평화적인 방법으로 처리하기를 희망하고 넷째, 이러한 국가 간에 정세의 악화나 충돌을 원하지 않으며 협상이 보다 이익에 부합된다고 판단할 때 다섯째, 상호간에 목표가 공존하는 것 등을 제시한다.[12] 현재 양안 간의 협상을 분류한다면 사무성 협상과 정치성 협상으로 구분할 수 있다. 사무성 협상은 경제적 의제며, 정치성 협상은 주권에 관계된 협상이다.

4) 협상자의 태도 혹은 협상결과로 구분

협상자의 태도 혹은 협상 결과로 구분한다면 제로섬 협상(zero-sum negotiation)과 비제로섬 협상(non-zero sum negotiation), 윈-윈협상(win-win negotiation), 쌍패협상(둘 다 실패) 및 적대협상(adversary negotiation)등이 있다. 제로섬 협상은 한 쪽의 득은 곧 다른 한 쪽의 실(失)이 된다. 윈-윈협상은 비제로섬 협상의 일종이며, 협상의 결과에 대해 쌍방이 만족한다. 이는 협상자 모두가 추구하는 이상적인 결과다. 하지만 현실적으로 대부분의 협상에서 어느 일방의 이득이 많고 다른 일방은 적은 것이 보통이다. 가장 불행한 상황은 둘 다 피해를 보는 것이다. 적대성 협상은 상호 불신임, 선의 결핍, 협의 달성의 의도가 없거나, 심지어 충돌의 속셈을 가지고 시도하는 협상이다. 그렇기 때문에 협상은 통상적으로 지루하고 결과가 없다.

---

12) Lall, Modern International Negotiation, pp. 22-54.

5) 협상자 쌍방이 보유한 권력으로 구분

협상자 쌍방이 가지고 있는 권력(power) 혹은 협상카드(bargaining chip, 筹码)로 구분한다면 대칭적 협상(symmetrical negotiation)과 비대칭적 협상(asymmetrical negotiaotion) 두 종류로 구분해 볼 수 있다. 전자는 쌍방의 권력이 대등하고 후자는 대등하지 못하다. 대다수의 협상은 비대칭적 협상이다.[13] 양안 간의 협상은 전형적인 비대칭적 협상이라고 할 수 있다.

3 협상의 특징

1) 불완전한 정보

협상은 쌍방향으로 소통되는 행위이자 활동이다. 언어의 사용과 몸짓으로서 정보를 수용하고 전달할 뿐만 아니라 상대방 역시 같은 방법으로 자료와 정보를 전달한다. 상대방의 정보를 도청하지 않는 한 피차 상대방의 의도, 전략, 협상의 마지노선(최저기준)을 알 수 없다. 협상자가 가지고 있는 정보 역시 완전하지 못하다. 그렇기 때문에 다양한 협상기교를 동원하여 상대방의 마지노선을 탐측해야 한다.

2) 양면 협상

국가 간 협상은 협상당사국의 이해관계뿐만 아니라 국내 집단의 이해도 고려해야 한다. 국가 간의 협상 결과는 국내의 비준을 받아야 하

---

13) Habeeb, Power and Tactics in International Negotiation.

는 과정과 절차가 남아있다. 이를 양면협상(two-level negotiation)이라 칭한다. 양면 협상은 협상자가 일상적으로 부딪히는 현상이며, 협상자가 싸워서 극복해야 할 두 개의 전선이다. 이는 협상의 중요한 특징이기도 하다. 그 중 제1면은(level I) 협상대표들 간의 담판으로 잠정적 협의(tentative agreement)를 달성한 경우며 제2면은(level II) 각자 내부의 심사 비준권을 가진 구성원(constituents)들 예를 들어, 선거 유권자, 이익집단, 이익사회, 국회, 여론, 수권기구 등에 대해서 설득을 진행하여 그들의 지지를 이끌어 내어 협상을 달성하는 단계다.[14]

예를 들어 대만의 해기회는 중국의 해협회와의 협의를 달성해야 하고, 이러한 협상의 결과를 위탁권자인 대만 행정원대륙위원회, 입법원, 여론, 야당 등 국내의 여러 정파들이 받아들일 수 있도록 설득을 해야 한다. 또 다른 예를 든다면 미국이 기타 국가들과 협상으로 조약을 달성한 경우 여전히 미국 국회의 비준을 받아야 협상의 효력이 발생한다.

꼭 국가간의 협상이 아니더라도 개인적으로도 차를 사거나 집을 살 때 판매상이나 중개회사와 흥정을 벌여야 될 뿐 아니라 가족의 구성원들이 받아들일 수 있는 거래 가격, 상품의 외관, 기능 등을 설득시켜야 한다. 때로는 내부를 설득하는 것이 대외협상보다 더 어려울 때가 있다. 자신이 멋진 차를 싸게 샀다고 생각하지만 아내가 극구 반대하거나, 자식들이 차 색상이 맘에 안 든다는 이유를 들어 반대하는 경우가 여기에 속한다.

메이요(Fredrick W. Mayor)는 협상에서 가장 어려운 점은 상대방을 굴복시키는 일 보다 국내의 이익단체, 관료들, 상호경쟁 관계에 있는

---

14) Robert D. Putnam, "Diplomacy and Domestic Politics: The Logic of Two-level Games," International Organization, Vol. 42, No. 43(Summer 1988), pp.427-460 ; and Howard P. Lehman and Jenifer L. McCoym, "The Dynamics of the Two-Level Bargaining Game," Politics, Vol.44 No.4, pp.600-644.

정치인들을 설득하는 일이라고 보았다.[15] 미국대사 벙크리(Ellsworth Bunkery)는 미국과 파나마 간의 파나마운하조약(Panama Carnal Treaty)을 체결할 당시 세 개의 협의를 반드시 통과해야만 했다고 고백했다. 미국과 파나마 간의 협의, 미국 내부의 협의, 파나마 내부의 협의다.[16] 어느 한 면의 협상 실패는 결국 전체 협상을 실패로 이끈다. 이렇기 때문에 양면의 국제협상에서는 협상대표와 그 배후의 정책결정자는 반드시 국내정치는 물론 국제정치의 실상을 상세하게 파악하고 이해하고 있어야 한다. 그들이 채택하는 전략과 전술은 상대국이 무엇을 받아들이는가에 달려있고, 또한 국내 비준기제에 제약을 받는 것이 현실이다.[17] 국제적 레벨에서 제1면을 살펴보면, 협상대표는 반드시 상대방에게 동의를 얻어내어 협의를 달성해야만 하고, 상대방의 협상 비준 기제에도 영향을 미쳐야 한다, 상대 역시 마찬가지다.

2면은(국내정치 차원)에서 본다면 협상자는 반드시 수권자 혹은 비준권을 가진 자의 지지를 획득해야 한다.

1면의 전체적인 국면은 제2면의 전체적 국면의 영향을 받는다. 협상자가 두 레벨에서 만족을 충족시키지 못하면 협상은 파국으로 끝난다.[18] 그러므로 푸트남(Robert D. Putnam)은 국제조약의 협상을 달성하기 위해서는 반드시 제1면의 잠정협의는 제2면 구성원의 윈셋(win-set)조합 내에 있어야 된다고 밝혔다.[19] 윈셋은 국제협상에서 국

---

15) Frederick W. Mayor, "Managing Domestic Differences in International Negotiations: The Strategic Use of International Side-Payments," International Organization, Vol. 46, No. 4(Autumn 1992), p.793.
16) Riffa, The Art and Science of Negotiation, p.22.
17) Andrew Moravcsik, "Introduction: Integrating International and domestic of Theories of International Bargaining," in Peter B. Evans, Harold K. Jacobson, and Robert D. Putnam(eds.), Double-edged Diplomacy(Berkeley: University of California Press, 1993), p.15.
18) Putnam, "Diplomacy and Domestic Politics," pp.427-460.
19) 윈셋(win set)은 각종 단체 혹은 각종역량의 원인이 비록 다르지만, 협상대표에 의해

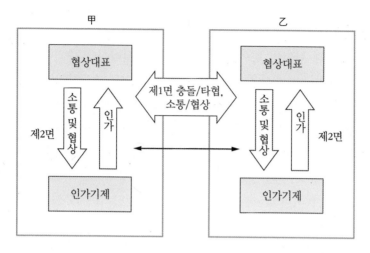

그림 2-1 갑을 영향

내의 비준을 얻을 수 있는 모든 합의와 집합을 말한다.

역시 제1면의 임시협의는 제2면에서 받아들일 수 있는 비준기제 내의 지지의 범위 내에 있어야 된다. 동시에 협상雙方의 윈셋(win-set)은 서로 중첩될 때에 비로소 협상은 달성된다. 다시 말해 합의가 가능하려면 윈셋이 교차하는 부분이 있어야 하는데, 다른 조건이 모두 같다면 雙方의 윈셋이 크면 클수록 중첩의 가능성도 높다. 윈셋의 대소에 따라 그리고 雙方 협상자와 정책결정자의 전략운용 능력에 따라 협상자들 모두가 상대의 윈셋을 최대화하고, 자신의 윈셋이 크면 클수록 상대와의 협상달성 가능성도 따라서 높아진다. 그러나 상대의 협상 역량에 대항하면 반대로 약화된다. 또한 자신이 상대방의 양보 공간이

달성된 협의를 지지하는 태도를 같이 보인다. 예를 들어 미국과 멕시코, 캐나다에 의해서 달성된 북미자유무역협정(NAFTA)은 미국 국내에서 의원, 다국적 기업, 라틴아메리카 후예들이 이 협정을 지지했다. 비록 원인이 서로 다르지만 모두 이 협정을 지지해 윈셋 교차 내에 있었다. 그 결과 이 조약은 통과될 수 있었다.

넓어지는 것을 안다면 상대 역시 양보의 폭도 줄어든다.

윈셋을 키우기 위해서는 자신의 몫을 줄이면 되지만 윈셋의 상대적 크기에 따라 합의에 따르는 이익의 분배가 달라짐을 주의해야 한다. 그러므로 양국은 협상을 성공적으로 이끄는 것도 중요하지만 보다 좋은 결과를 얻기 위한 윈셋을 조작하는 전략을 세워야 한다.

첫째, 자국의 윈셋이 축소되는 국면으로서 '발목잡히기'가 있다. 협상 당사자가 국내의 집단이나 여론으로부터 자유롭지 못한 상황이 된다는 뜻이다. 이러한 상황에 처한 협상자는 상대국과의 협상에서 탄성을 가지기 어렵다. 예를 들어 국내의 쌀수입 협상과 일본 위안부 문제 협상이 그 좋은 예다. 반대로 윈셋을 확대하는 전략으로서 '고삐 늦추기'가 있다. 매우 드문 경우로서 국내의 부정적 여론을 긍정적으로 바꿀 수 있다면 협상자는 융통성을 발휘할 수 있다. 또 상대국의 윈셋을 확대하는 전략으로는 '표적사안 연계'와 '메아리'가 있다. 표적사안 연계란 원만한 협의가 불가능하다고 판단될 때 협의 중인 사안을 상대국이 원할 만한 사안과 연계시킨다. 메아리는 협의 중인 사안에 대해서 상대국의 집단이나 여론이 가진 이미지를 긍정적으로 만들어 상대국 협상 당사자들의 재량권을 높여주고자 하는 전략이라고 할 수 있다.

도표에서 보듯이 푸트남은 협상자 자신이 비준 기제의 성원과 동질성을(homogeneous) 지닐 때, 그 협상 대상자는 동질성을 지닌 협상자 진영에서 지지자를 얻을 수 없다. 그러나 협상자 내부가 이질적(heterogeneous) 성원들로 이루어진 경우라면 협상자는 상대에게 쟁취하거나 양보할 시에 비록 내부의 일부분의 지지가 증가하지만 동시에 일부분의 지지를 잃기 때문에 내부 동질성 성원의 경우처럼 상대를 압박하여 협상자의 지지를 이끌어 낼 수 있다. 예를 들어 천쉐이볜(陈水扁)이 중국에 대해 선의를 지니고 양보한다면 비록 원래 반대하던 일부분 유권자의 지지를 얻기도 하지만 동시에 원래의 지지자를 잃게 된다. 산토끼 쫓다가 집토끼 잃어버리는 경우다. 그러나 내부가 이질적인 상황인 경우 상대진영에서는 오히려 '무언의 친구(silent allies)'를 발견한다. 예를 들어 독일 노동조합은 외국이 자신들의 정부에 압력을 행사하기를 환영한다. 외국이 독일정부에 압력을 가할수록 독일정부는 확대적 예산정책을 펴게 되고 이는 결과적으로 독일의 노동자들에게 이익이 된다. 이러한 상황에서 독일노동단체는 독일과 협상하는 상대국가와 '무언의 친구'가 된다.

3) 무규칙

협상은 바둑과 비슷하다. 상대가 한 수를 두면 다른 상대도 한 수를 두어 경쟁을 통하여 '함께 결정하는 원칙'으로 진행되는 지적게임이다. 주지하다시피 협상은 쌍방의 동의에 의해서 진행되어야만 비로소 협의에 이르게 된다. 바둑은 게임의 규칙이 있지만 협상은 일정한 규칙이 없다. 저마다의 이익을 지닌 각자가 일정한 규칙과 순서를 통해서 상호 충돌의 문제를 해결하는 것은 아니다.[20] 이런 점에서 본다면 협상은 오히려 예술에 가까우며, 스포츠나 게임처럼 지켜야 할 특정한 룰이 없다. 즉, 협상은 투지, 책략, 인내심을 강조지만 일정한 규칙준수를 필요로 하지 않는다. 그러나 협상의 과정에서 두 갈래의 역량이 영향을 미친다. 하나는 제한적 역량이다. 예를 들어 이익의 충돌, 국내정치의 한계, 내부의 반대역량 등 협의의 달성을 저해하는 역량이다. 다른 하나는 추진(推進)적 역량이다. 충돌이 지속적으로 이어지기를 원하지 않거나 제삼자의 알선 등으로 쌍방의 타협을 고무함으로써 협상에 탄력을 주게 되는 역량이다.[21]

---

20) Roy J. Lewicki and Jpsheph A. Littere, Negotiation(Homewood, Illinois: Richard S. Irwin, Inc., 1985), p.4.

4) 공동의 결정과정

협상은 공동의 결정과정이다. 협상은 충돌을 해결하는 방법의 하나로서 협력을 통해서 이루어지는 것이지 폭력, 중재, 기타 법률로 해결하는 것이 아니다. 왜냐면 협상을 통하는 것만이 그들의 이익에 부합되기 때문이다. 그래서 둘 혹은 둘 이상의 개인, 회사, 단체, 국가 등이 협상을 시작할 때 협상 당사자들 간에는 충돌의 이익이 존재하고 충돌을 해결하면 공동의 이익이 발생한다. 협상으로 충돌을 해결하는 것은 쌍방이 공동으로 결정하는 과정이다(joint decision-making process).[22]

결정과정은 공통의 인식을 통해서 해결 된다. 당연한 이야기지만 어느 한쪽이라도 해결방안에 동의하지 않는다면 협상은 실패한다. 루위키(Roy J. Lewicki)와 리트러(Joseph A. Litterer)는 협상 쌍방을 상호의존(interdependence)적 관계로 보았다. 예를 들어 집을 사고파는 쌍방은 단독으로 존재하지 않는다. 반드시 사고파는 쌍방이 동시에 있어야 협상의 대국이 펼쳐진다.[23]

21) Sparks, The Dynamics of Effective Negotiation, p.6.
22) Dupont and Faures, " The Negotiation Process," p.44.
23) Lewicki and Littere, Negotiation, p.7.

1절에서 가장 좋은 협상의 결과는 윈-윈이라고 언급했다. 그러나 설령 윈-윈에 도달하더라도 언제나 어느 한쪽이 다른 한쪽보다 더 많은 이익을 확보하게 되는 경우가 있다. 또 협상에서 어느 한쪽이 이기더라도 협상자들이 협상을 진행함으로써 추구하는 상호목표가 있기 마련이다. 본 절의 목적은 협상의 승부에 영향을 미치는 요소들을 고찰하고자 한다. 여기서는 크게 세 종류로 구분하고자 한다.

1 협상권력

카라스는 협상권력(power)을 "한 협상자가 상대행위에 영향을 미치는 능력"이라고 정의했다.[24] 협상권력은 협상카드(籌碼, chip), 시간요소, 모험적인 용기, 협상기교 등으로 구성되는 협상의 총체적 역량이다. 협상준비의 첫 걸음은 협상쌍방의 권력의 평형정도를 냉철하게 평가하는 것이다. 카라스가 파악한 협상권력을 분석하는 여덟 개의 원칙은 다음과 같다. 첫째, 권력은 상대적이다(relative). 예를 들어 상업협상에 있어 일본은 미국에 비해 비교적 약세의 지위에 있다. 그러나 일본이 필리핀과 협상을 진행시킬 경우 우세지위에 있다. 그러나 현실적으로 일반적인 협상에서 어느 한쪽이 완전한 권력을 가지는 경우는 드물다. 둘째, 진실을 보유하거나 혹은 현저한 권력을 구비하더라도 성공을 보장하지는 못한다. 셋째, 권력은 결코 행동을 요구하는 것이 아니

---

24) Karras, The Negotiating Game, p.56.

라 운용을 요구한다. 오직 상대가 믿기만 하면 된다. 넷째, 권력은 한계가 있고 권력의 폭도 협상정세, 법령규정, 경쟁상황 등 여러 요인에 의존한다. 다섯째, 상대방이 권력의 존재를 받아 들여야 한다. 만약 상대가 굴종을 거부한다면 협상에 아무런 도움이 되지 않는다. 여섯째, 권력의 목적은 수단과 분리할 수 없다. 일곱째, 권력 운용에는 항상 대가와 위험을 수반한다. 여덟째, 권력관계는 수시로 변한다.[25]

카라스는 근거해 협상권력의 원천(sources)으로서 다음의 몇 가지를 열거하고 있다. 첫째, 보상의 균형(balance of rewards)이다. 둘째, 처벌의 균형(balance of punishment)이다. 즉, 협상 당사자들이 협의에 달성하지 못함에서 발생하는 손실의 크고 작음간의 비교를 말한다. 셋째, 정당성의 정도(balance of legitimacy)다. 어느 일방이 법률, 윤리, 도덕, 혹은 공론상 더욱 옳은지의 문제다. 넷째, 진정성의 정도(balance of commitiment)이다. 협상 쌍방이 피차 미래관계의 상황과 충성도 따위를 마음에 두고 생각하거나 신경을 쓰는지의 여부다. 다섯째, 지식상의 격차(balance of knowledge)다. 서구 속담에 "지식이 힘이다(Knowledge is power)"라는 말이 있다. 많은 자료와 정보는 상대의 목적, 상품의 지식, 시장의 동태에 관한 지식 등을 통해서 협상의 역량을 증가시킨다. 여섯째, 경쟁상의 균형(balance of competition)이다. 사는 시장인가 혹은 파는 시장인가의 여부다. 일곱째, 불확실성과 용기의 정도(balance of uncertainty and courage)이다. 모험이 클수록 위험도 커지며, 보다 큰 불확실성과 용기를 보유한 협상자일수록 협상카드의 가변성이 커진다. 이로써 협상역량을 증가시킨다. 여덟째, 시간과 노력상의 격차(balance of time and effort)다. 시간이 여유로울수록, 노력을 많이 하는 협상자일수록 협상에서 이길 가능성이 그만큼 더 커진

25) Ibid, pp.56-57

다. 아홉째, 협상기교의 우열(balance of bargaining skill)이다. 우월한 협상기교를 가진 협상자일수록 협상에서 이길 기회 역시 커진다.[26]

하비브는 협상권력을 총체적 구조역량(aggregate structural power), 특정의제의 구조역량(issue-specific structural power), 전술역량(tactical power)의 세 종류로 나눴다.[27] 먼저 총체적 구조역량과 특정의제의 구조역량에 대해서 설명하고자 한다.

1) 총체적 구조역량

총체적 구조역량은 협상자가 가지고 있는 일체의 총자원과 능력을 의미한다. 국가로 보면, 국가의 총제적 국력을 의미하는 인구, 토지, 면적, 천연자원, 경제역량, 과학기술, 군사력량 등 요소의 총합을 의미한다. 전통적 협상학자들은 협상자들이 가지고 있는 권력의 크고 적음이 협상결과를 결정짓는 요소로 보는 경향이 강하다. 예를 들어 약소국가들이 대국과의 협상에서 약소국의 목표를 충족시키는 협상을 기대하기는 어렵다. 심지어 대국은 협상여부를 결정하는 선택적 권력을 장악한다.[28] 이처럼 단순한 협상카드 결정론(籌码决定论)은 당연히 사람들을 설득시키지 못할뿐더러 적지 않은 비판을 받는다.[29] 루빈(Charles Rubin)이나 브라운(Bert Brown)은 협상자의 권력이 불평등한 상황에서 통상적으로 권력이 큰 자는 강세를 보이고, 약자는 순종한다고 본다.[30] 이러한 현상은 일상적으로 발생하는 사실이다. 또한

---

26) Ibid, pp.58-64.
27) Habeeb, Power and Tactics in International Negotiation, pp.17-25.
28) Lall, Modern International Negotiation, p.136.
29) Habeeb, Power and Tactics in International Negotiation, pp.1-26을 참고하라.
30) Jeffery Z. Rubin and Bert R. Brown, The Social Psychology of Bargaining and Negotiation(New York: Academic Press, 1975), p.199.

강대한 총체구조역량은 협상자의 보다 많은 선택방안(alternatives)을 제공한다. 그러나 만약 총체적 구조역량이 협상의 승부를 결정하는 관건적인 요소라면 왜 약자가 협상에서 이기는 경우가 발생하는가에 대한 답을 주지는 못한다. 그렇기 때문에 반드시 특정의제상의 역량과 협상기교를 동시에 탐구해야 보다 완전한 협상권력을 설명할 수 있다.

2) 특정의제의 구조적 역량

특정의제의 구조적 역량은 특정한 의제에 있어서 상대의 자원과 능력에 대한 대항의 정도를 결정한다.[31] 왜냐면 총체적인 구조적 역량이라고 해서 결코 각종 협상에서 효율적 기능을 모두 발휘하는 것은 아니기 때문이다. 예를 들어 미국과 일본의 무역협상에서 쌍방의 군사역량이나 토지 면적은 결코 협상의 결과에 영향을 주지 못한다. 비교적 약소한 국가는 의제에 따라서 때로는 우세한 지위에 있기도 하다. 파나마와 미국 간의 협상에서 미국은 파나마 운하 문제를 철회했고, 필리핀과 미국의 기지 조차에 관한 문제 협상에서도 약소국이 우세한 협상권력을 보여준 예가 그것이다.

2 시간요소

협상에서 시간적 요소는 두가지 측면에서 영향을 미친다. 첫째 시간은 협상카드를 변화시킬 수 있고 둘째로 시간은 협의에 이르는지의 여부에 영향을 미친다.

---

31) Habeeb, Power and Tactics in International Negotiation, pp.19-23.

1) 시간과 협상카드

시간은 정세를 변화시키고 나아가 협상쌍방의 권력균형에 영향을 미친다. 예를 들어 장난감을 파는 사람은 성탄절 전후에 사는 사람에게 중요한 영향을 미치고, 집을 사고 팔 때도 역시 계절에 따라서 구매자의 가치에 영향을 미치거나 혹은 집주인의 재무상태의 영향에 따라서 흥정에 영향을 미친다. 예를 들어 집을 산다고 하자. 대만의 921대지진 전과 후를 가정해보자. 이러한 상황과 환경의 급진적 변화로 인하여 집을 사는 사람의 기대에 변화가 발생하기도 하고 아울러 주택시장에서의 가격에도 역시 변화가 온다.

시간에 흐름에 따라서 노동자와 자본가가 받는 손실 역시 다르다. 라이파의 연구에 따르면, 노동자와 자본가 쌍방 협상이 교착상태에 들어가 노동자가 파업을 한다고 가정해보자. 일반적으로 파업이 장기화될수록 자본가의 손실은 노동조합에 비해 크다.[32] 그러나 미국프로농구협회(National Basketball Association, NBA) 구단주와 선수노조의 경우 시간에 대한 압력은 구단주보다 선수노조가 훨씬 큰 압력을 받는다. 1998-1999년 NBA 가을 시즌에서 구단주와 선수노조가 협상에 실패하여 다시 연기되었다. 선수노조는 지속적인 경기출장 취소를 선언했다. 그러나 모든 선수들은 마이클 조던(Michael Jordan)과 같은 재력가가 아니다. 경기출장 취소기간에 월급은 지급되지 않았다. 대부분의 선수들은 월급에 의해서 생계를 유지했다. 그 결과 선수노조 내부에서 분열이 일어났고 협상결과 선수노조는 불리한 조건으로 구단주의 요구에 동의할 수밖에 없었다.

----

32) Riffa, The Art and Science of Negotiation, pp.80-85.

2) 시간에 대한 압력 강도

문화적 배경 또는 개성의 차이는 시간에 대한 압력에 있어서 서로 다르게 강도를 느끼게 만든다. 또한 협상과정에 진입했어도 협상자의 표현에 영향을 미친다. 젝하우저(Richard Zechhauser)의 실험에 따르면 이스라엘이 미국을 대상으로 치른 협상이 가장 성공적이었다. 왜냐면 이스라엘 사람들은 비교적 인내심이 강하기 때문에 시간에 관한한 미국에 비해 인내성이 비교적 강했다.[33]

3) 협상승패와 시간

협상의 진행과정에서 예민한 성격의 협상대표는 협상분위기의 변화에 영향을 받는다. 협상과정에서는 매 단계 마다 결정적인 순간이 찾아오기 마련이다. 이러한 결정적인 순간에 협상대표의 판단과 전략은 협상의 결과에 매우 큰 영향을 미친다.

자트만이 제기한 몇 가지 결정적인 순간을 소개할 필요가 있다.[34] 첫째, 진지한 순간(moment of seriousness)이다. 이는 정식으로 협상이 진행되기 전에 발생하기도 하고 협상 진행 중에 오기도 한다. 진지한 순간은 각 당사자들이 연계결정(joint decision)을 거쳐 협상이 막바지에 이르거나 아니면 협상당사자들의 첨예한 이익 또는 결정적 충돌의 발생들에 의해 생길수도 있다. 그러나 실제적으로 문제를 해결하여 협상에 도달할 때 발생할 가능성이 크다. 이 순간은 협상을 여는 공식적 단계다.

둘째, 정상의 순간(the crest or the hump)이다. 문제가 충분히 해결될 때 초보적 협의에 대해서 쌍방이 만족한다. 이때는 쌍방이 이미

---

33) Ibid, p.78.
34) Zartman, "Negotiation: Theory and Reality," pp.3-5.

최후협의를 염두에 두고 각자가 자신의 계산을 포함 시키는 시기다. 이 순간에 이르러 쌍방은 모두 각자의 목표를 방어하지만, 쌍방이 만족한 초보협의는 다음 단계로의 진입을 위한 쌍방의 새로운 목표가 된다. 이 때 통상적으로 협상이 막바지에 접근했다고 본다.

셋째, 까다로운 순간(要詐, tricky moment)이다. 이 때 각 당사자들은 약간의 이익을 몰래 챙기려 한다. 즉, 각자는 상대방이 이러한 조그만 문제로 힘겹게 성공한 협의를 뒤집지 않을 것이라 여긴다. 따라서 그들은 이 시기에 여분의 전리품을 얻고 싶어 한다. 일반적으로 '회마창(回马枪)전법'이라 일컬어지는데, 고대 창법의 하나로, 짐짓 도망가는 척하다가 갑자기 고개를 돌려 찌르는 전법이다. 거래가 성사되었는데도 어느 일방이 갑자기 조그만 의외의 요구를 제기한다. 예를 들어 시장에서 물건 거래를 완수했는데도 덤으로 하나 더 달라고 한다든가, 차를 사는 거래는 이미 성공했는데 구매자는 오히려 윤활유 경품을 달라든가, 아니면 가지고 있던 예비 타이어를 새로운 타이어로 교체해 달라든가 하는 요구를 한다. 자동차 판매상은 이러한 사소한 요구를 거절함으로써 어렵게 달성한 자동차 거래를 망치고 싶어 하지는 않는다. 이 때문에 상대방의 의외의 요구에 응하게 된다.

넷째, 마감시간의 마지막 순간(the closing moment of deadline)이다. 이는 쌍방이 최종적으로 협의에 동의하는가 여부가 결정되는 중요한 때다. 그렇지 않으면 협의를 달성할 기회를 잃는다.

다섯째, 곤란한 의제를 제기하는 시기다. 일반적으로 곤란한 의제는 협상의 초기에 꺼내기에는 적절하지 않고, 상호소통과 타협에 대한 진지한 욕구가 있을 때 부차적인 의제를 끄집어내기에 가장 좋은 시기다. 통상적으로 성가신 의제(tough issue)의 처리 시기는 진지한 순간이 지나간 때다. 그러나 성가신 의제를 처리하지 않는다면 협상은 정상의 순간(the crest or the hump)으로의 진입은 어려워진다.

③ 협상기교

일반적으로 협상기교는 하비브가 말한 전술역량을 말한다. 권력과 자원을 응용하여 목표를 달성하는 능력이다. 국제협상에서 권력의 양은 의제설정과 협상 결과에 큰 영향을 미친다. 전술의 응용은 협상의 제에 따라 피차간의 권력분배상태를 변화시키고자 하고, 자신에게 유리한 방향으로 유리하게 이동시키고자 의도한다. 일반적으로 말해 협상기교와 전략응용의 문제다. 쉴링(Thomas C. Schelling)은 이를 간편하게 요약했다. 소위 말하는 거래역량(bargaining power)이란 바로 우롱과 허풍(the power to fool and bluff), 다시 말해 자기가 설정한 가장 좋은 판돈을 위해 상대방을 속여 상대가 낼 수 있는 가장 높은 가격임을 믿게 하는 것이다.[35] 협상이 상황의 논리(협상자가 가진 협상카드의 많고 적음)가 통용되지 않을 경우 협의에 도달하기 위해서는 바로 협상자가 응용하는 전술에 의지할 수밖에 없다.[36]

---

35) Thomas C. Schelling, The Strategy of Conflict(Cambridge, Massachusetts: Harvard University Press, 1980), pp.22-23.
36) Ibid, p.22.

협상의 단계구분과 전략응용

일반적으로 협상은 이익의 충돌이 있는 곳에서 발생한다. 누구도 이러한 충돌이 계속 진행되기를 원하지 않는다. 그러므로 이 문제를 해결하고, 충돌을 종결해야 비로소 공동의 이익이 생긴다. 피차간의 충돌을 없애고 혹은 공동의 이익을 최대로 만들려면 당연히 협상을 해야 한다. 상호 간에 이익충돌 발생을 감지하고, 따라서 협상이라는 방식으로 이익충돌의 해결을 선점하고, 나아가 이러한 신호들이 쌍방에게 전해지게 된다. 그러한 연후에 쌍방은 협상을 시작하고 마침내는 협의에 이르게 된다. 이러한 과정에서 협상자들은 여러 단계를 경과하게 된다. 크게 두 단계로 구성되는데, 각 단계는 각기 다른 책략과 기교의 운용이 있다. 본절에서는 협상의 단계구분과 각 협상단계에서의 책략과 기교의 응용을 소개하고자 한다.

1 협상의 단계구분

협상단계의 구분은 학자들 마다 서로 다르지만 기본적인 내용은 상당한 공통성이 있다. 아래는 협상단계 구분에 관한 학자들의 견해다.

1) 자트만과 버만(Maureen R. Berman)의 구분

자트만과 버만은 협상을 3단계로 나눴다. 첫째, 진단 단계(diagnostic phase)다. 이 단계의 핵심은 문제가 어디에 있는지 알아차려야 한다.

협상의 흐름을 구성하는 요소를 이해하고, 상대의 요구를 평가하며 자신의 목표도 검토해야 한다. 이 단계에서는 쌍방은 서로의 협상을 촉진하려는 의지를 피력한다. 둘째, 공식단계(formula phase)다. 협상의 쌍방은 운영원칙과 모델을 찾고 충돌을 해결함으로써 공동의 이익을 촉진시키는 방안을 찾아 협의의 기초를 만든다. 셋째, 세밀단계(detail phase)다. 이 단계에서는 쌍방이 서로 동의한 원칙과 혹은 방안을 운용하여, 충돌해결의 방법을 정교화시켜 협의를 달성한다.37)

2) 샌더스의 구분법

샌더스(Harold H. Sanders)는 자트만과 버만의 삼단계 구분법을 보다 더 확대하여 쌍방이 협상을 시작하기 이전의 시기까지 포함했다. 정식으로 첫 회담을 개최하기 전에 협상의 과정은 이미 전개된다고 보았다. 그래서 그는 특별히 정식협상의 전단계(pre-negotiation phase)를 설정하고, 여기에 더해 문제를 정의(defining phase)하는 단계, 협상진행승락(commitment to negotiate)단계 및 협상안배(arranging the negotiation)의 세 단계로 나누었다. 따라서 총 네 단계라고 할 수 있다.38)

샌더스는 문제점의 단계를 구체화시킴에 있어서 쌍방의 충돌 인지에서 문제의 소재까지, 또한 쟁점 있는 문제는 반드시 상당한 정도의 공통된 인식이 있어야 의제 처리가 가능하고 보았다.39) 그는 이스라엘과

---

37) Zartman and Berman, The Practical Negotiator, p.9.
38) Harold H. Sanders, "The Pre-Negotiation Phase," in Bendahmane and McDonald(eds.), International Negotiation. pp.47-56.
39) 샌더스의 견해에 대해 William Ury 다른 입장을 피력하고 있다. 이스라엘과 이집트는 충돌문제의 정의에 대해 각기 달랐기 때문에 양국 간의 평화협의는 달성할 수 있다고 보았다. 이집트는 양국의 충돌문제를 주권문제로 보았고 이스라엘은 안전의 문제로

아랍 및 팔레스타인 문제의 충돌을 예를 들어서 설명했다. 충돌을 해결하기 어려운 원인은 당사국 간에 문제의 소재에 대한 공통된 인식이 결여되어 있기 때문이었다. 1940년대 팔레스타인 문제를 간단하게 정의한다면 '두 민족이 한 영토'를 주장하는 문제였다. 늘어나는 유대인 이민자들과 원래 땅에 거주하던 팔레스타인과 아랍인 사이에 어떻게 평화로운 관계를 건설하는가의 문제였다. 그러나 1948년 이스라엘이 독립국가가 되면서 팔레스타인은 2등 국민이 되었으며, 기타 아랍국가가 개입한 결과로 팔레스타인 문제는 '국가 대 국가 간의 충돌'의 문제로 비화되어 해결이 지연되었다.[40]

3) 코헨의 구분법

코헨(Raymond Cohen)은 협상을 준비, 개시, 진행, 종료, 실행의 다섯 단계로 구분했다.[41] 코헨은 문화가 어떻게 각 협상단계의 전략운용에 영향을 미치는가에 중점을 두어 탐구했다. 준비단계의 경우 서로 다른 문화배경의 협상대표를 소개했다. 협상개시단계에서는 서로 다른 문화배경의 협상대표들이 누가 먼저 값을 부르고(함가, 喊价), 원칙을 세우며, 비분강개한 자세나 고고한 도덕적 입장을 견지하거나 기선을 제압하기 위한 방법을 제시하는 행위를 고찰했다. 기타 세 단계는 같은 문화의 관점에서 협상대표의 협상행위의 동일함과 상이함을 비교하였다.

그러나 협상의 단계가 뚜렷이 구분되지 않는다. 인류는 기계처럼 조리 있고 질서정연하지도 않으며, 더욱이 협상은 최소한 두 명 이상 참

파악했다. 양국이 모두 주권문제 혹은 안전문제로 충돌의 원인을 파악했다면 협의는 달성할 수 없다. 그러므로 샌더스의 견해는 지나치게 협의적이라고 인식했다. Bendhmane and McDonald(eds.), International Negotiation, p.52.

40) Sanders, "The Pre-Negotiation Phase", p.9.
41) Cohen, Negotiation Across Cultures, pp.67-197.

여자들 간의 상호작용 과정에 관계되므로 협상단계의 복잡성은 더욱 증가한다. 자트만과 버만의 구분법으로 예를 들자면, 사실상 협상이 해결방안을 찾는 공식단계에 진입하더라도 쌍방은 여전히 각자의 입장에서 유리한 방향으로 문제를 진단할 가능성도 있다. 마무리 단계에 들어선 후에도 이익을 극대화시키기 위하여 쌍방은 가능한 방안을 강구하기도 한다. 그렇기 때문에 협상진행의 단계구분은 협상의 중심과 내용에 따라 다를 수 있으며, 이와 연계되어 쌍방의 협상 책략상의 운용에 영향을 미치게 된다.

2 문화와 성별에 따른 협상스타일 상관관계

문화는 민족, 족군(族群)[42], 기타 단체에게 부여된 특징으로서 오래 지속되어 온 가치와 신앙의 체계다.[43] 문화적 배경이 서로 상이한 다른 국가는 문화의 이질성으로 인해 협상행위 역시 다소 상이한 점이 발생한다. 아쿠프(Frank L. Acuff)는 민족이 다르면 문화가 다르기 때문에, 이질적 문화를 가진 단체 혹은 국가 간의 협상은 시간의 이용, 개인주의와 전체주의적 사조, 교제방식 등의 차이를 가져오고 따라서 협상의 진행에 영향을 미친다고 했다.[44] 아울러 이러한 차이는 서로 다른 협상

---

42) 하나의 민족은 통상적으로 여러 족군으로 구성되어 있다. 민족학에서의 족군은 지리적, 언어적, 혈연적, 문화적으로 동류인 민족의 집합체다. 예를 들어 중화민족은 화하(华夏), 백월(百越), 백복족군(百濮), 저강(氐羌),묘요(苗瑤),돌궐(突厥), 몽고(蒙古), 여진(女真) 족군 등으로 구성되어 있다.
43) Guy Oliver Faure and Gunnar Sjostedt, "Culture and Negotiation: An Introduction," in Guy Oliver Faure and Jeffrey Z. Rubin(eds.), Culture and Negotiation: The Resolution of Water Disputes(London: SAGE, Publications, 1993), p.3.
44) Frank L. Acuff, How to Negotiation Anything with Anyone Anywhere, 刘永涛译, 国际商务谈判, 上海: 上海人民出版社, 1995年, pp.72-101.

행위를 보이게 하고 협상의 각 단계마다 다르게 반응한다.

예를 들어 중국과 일본은 협상의 준비단계에서 협상상대와 밀접하게 우호적인 인간관계를 형성하였다. 중국과 일본 이외에도, 대만을 포함하여 동양국가들은 모두 협상전단계에서 협상상대방과 비정식적인 소통을 활용했다. 심지어 협상진행 동안에도 휴식시간을 활용하여 다과, 탁구 등을 하면서 협상상대와 양호한 관계를 쌓기를 원했다. 이는 피차의 입장을 이해함으로써 쌍방의 충돌가능성을 낮추려는 의도에서 비롯된 것이다. 그러므로 이러한 협상스타일은 동양문화권에 속한 국가들의 협상특징의 하나다. 사실 이러한 비공식적 접촉으로 인해서 협상을 통한 문제 충돌이 해결된 경우가 많다.

각 각의 협상단계에서, 동원되는 책략과 기교는 다르다. 협상대표는 협상의 태도와 협상의 전술에 있어서 자신이 살아온 문화의 영향을 받게 마련이다. 여러 연구에서 이미 살펴졌듯이, 개인주의(individualism) 특질을 주로 하는 서양문화와 집단주의(collectivism) 특질을 구비한 동양문화에서 강조하는 가치는 다르다. 집단주의 문화는 화해, 상호의존을 강조하고 개인주의 문화는 개인권력과 독립성을 강조한다.[45] 이 두 상이한 문화는 충돌을 처리하는 태도와 방법에서도 다소 차이가 난다. 투메이(Stella Ting-Toomey)의 연구에 의하면 집단주의 특질의 문화는 공개충돌을 회피하는 경향이 있고, 충돌이 드러나게 되는 경우 공공의 개입이 일어나기 전에 반드시 핵심권 인사를 경유해서 해결해

---

45) 예컨대 Francis L. K. Hsu, Americans and Chinese: Passage to Difference (Honolulu: University of Hawaii Press, 1981) ; Edward T. Hall, Beyond Culture(Garden City, New York: Anchor Press, 1976) ; and David K. Tse, June Francis and Jan Walls, "Cultural Differences in Conducting Intra- and Inter-Cultural Negotiations: A Sion-Canadian Comparison," Journal of International Business Studies(Third Quarter 1994), pp.537-555를 참고하라.

야 한다고 밝혔다.[46] 개인주의 문화 특질에서 충돌을 피하는 경향에 대해서는 상대적으로 명확히 드러나지 않는다.

협상스타일 또한 문화차이로 인해 다소 다르게 나타난다. 미국의 협상특색은 속전속결을 추구하고 인내심이 부족하다. 자신의 힘으로 협상을 완성하는 개인주의 색채를 드러내고, 협의를 통한 협상을 강조하며, 매 협상을 개별적인 전투로 보며 이기는 것을 추구한다.[47] 일본은 협상준비단계에서 상대협상자와의 우호적인 관계를 만들기를 선호하고, 공식 협상 전에 비공식적 회담을 진행함으로써 상대방의 요구와 관점에 관계된 자료를 수집하는 경향이 있다. 이로써 협상과정에서 나타날 수 있는 의외의 문제나 협상실패의 위험을 감소시키려는 의도라고 할 수 있다.

사실상, 비공식적 접촉은 '협상 없는 협상(negotiation without negotiating)'이다. 필요하다고 생각되면 쌍방은 비공식적 접촉을 부인하기도 한다. 만약 비공식적으로 접촉한 자가 공직신분이 아니라면 필요한 때에 이를 부인하기도 한다. 많은 경우에 있어서 협상의 문제가 이러한 비공식적 접촉을 통해 해결하기도 하고, 비공식적 접촉이 좋은 효과를 발휘할 경우, 공식협상 진행에서 화기애애한 분위기는 고조된다.

안토니오(Peter H. Antonio)와 휘트만(Catherine Whitman)은 상업협상을 첫째, 구체적 협상에 미치지 않는 조사 둘째, 협상관련자와의 소통 셋째, 설득 넷째, 협상타협의 네 단계로 나눴다. 이들의 연구에

---

46) Stella Thing-Toomey, "Intercultural Conflict Styles: A Face-Negotiation Theory," in Y. Kim and W. Gudykunst(eds.), Theories in Intercultural Communication(Newbury Park, California: Sage, 1988), pp.213-235, quoted in Tse, Francis, and Walls, "Cultural Differences in Conducting Inter-cultural Negotiations," p.539.
47) Petre H. Antonio and Catherine Whitman著, 宋益声译, 与美国人谈判, 兰州市: 兰州大学出版社, p.10.

의하면 미국인들은 앞 두 단계를 신속히 종결하는 경향이 있고, 셋째 단계를 관건적인 단계라고 인지한다. 그러나 동양국가들은 앞 두 단계에 많은 시간을 할애함으로써 협상파트너를 이해하고 상호 신뢰적인 관계를 구축하는데 좀더 많은 비중을 두는 것으로 관찰되었다.[48]

이러한 동서양 협상행위를 미국과 일본의 협상 특징과 비교하자면 표 2-1과 같다.

표 2-1 미국과 일본의 협상행위 비교

미국	일본
기본가치관 : 개인주의 * 개인의 독립성 강조 * 영웅주의 강조	기본가치관 : 집단주의 *단체와 기율 강조 *집단주의
협상습성 * 속전속결 * 즉각적으로 실질협상에 진입하는 경향 * 동의여부를 솔직하게 표시 * 매 차례의 협상을 개별 전투로 인식하고 매 차례의 협상에서 승리 추구 * 협상 대표의 자주성이 비교적 높다 * 위협전술 채택, 양보를 거절하는 공격전술 견지	협상습성 * 인내심, 세심, 지연전술 채택 * 개인관계 중시 * 직접적으로 No라고 말하는 것을 회피 * 눈앞의 작은 이익을 계산하지 않고 앞날의 큰 것을 고려 * 협상대표의 자주성이 비교적 낮다 * 비공식적 장소에서의 협상을 선호

문화차이가 협상스타일의 차이를 가져오기도 하지만 역시 쌍방 간 소통상의 어려움을 조성하기도 한다. 왜냐면 협상은 일종의 쌍방향 소통이면서 정보교환의 과정(information-exchange process)이기 때문이다.[49] 협상상대에 의해 전달되어진 정보를 어떻게 해석하는지는 이데올로기, 가치관, 과거경험 등의 영향을 받으며, 서로 다른 문화는 서

---

48) 동상주.
49) Dupont and Faure, "The Negotiation Process," p.44.

로 다른 가치관을 형성하기 때문에 정보의 인지에서 그 차이점이 드러난다. 이는 때때로 협상의 진행을 방해하기도 한다. 루시안 파이는 미국과 중국의 문화차이가 양국 간 상업협상에서의 가장 힘든 문제라고 보았다.[50]

문화 이외에도 성별은 협상행위와 결과에 영향을 미치는 또 다른 요인이다. 남성위주의 사회에서는 여성대표와의 협상을 배척하는 경향이 있다. 여성은 남성보다 세심하고, 협력하고, 신뢰성이 뛰어나지만 배신자에 대한 용서는 어려운 경우가 많다. 만약 협상 상대자인 남성대표가 침략적이고 비협조적인 태도를 취할 경우 여성대표는 남성대표가 취하는 태도보다 더 강경한 입장을 취하는 경향이 있다.[51]

3 협상전략과 기교의 구분

파우러(Guy Oliver Faure)와 루빈(Jeffery Z. Rubin)은 전략(strategy)을 목표달성을 위한 계획설계 혹은 목표달성의 예술이라고 묘사했다.[52] 그러므로 전략은 심사숙고를 통한 계산이고, 가능한 서로 다른 방법을 고려하여 비용과 수익을 계산하여 획득하는 결과다. 카라스는 협상계획을 책략(전략), 행정, 전술이라는 세 측면에서 고찰했다.[53] 전략계획(strategic planning)은 개인, 회사, 혹은 국가의 장기적 목표와 연관되어 있다. 상대가 무엇을 원하고 협상의 목표가 무엇인지, 협상상대가 추구하는 가치여부, 내가 원하는 가치를 제공해 줄 수 있는지의 여부, 협의 할 가치가 있는지의 여부, 누가 협상의 정책결정을 결정하

---

50) Psy, Chinese Negotiation Style, p.29.
51) Raiffa, The Art and Science of Negotiation, p.123.
52) Faure and Sjostedt, "Cultural and Negotiation," p.10.
53) Karrass, The Negotiation Game, p.150.

는지, 협상테이블에서의 마지노선, 시간과 자금 혹은 비용의 극한, 협상상대 관계의 정의, 전체협상환경의 평가, 심지어 자신의 제안, 비용, 예산, 협상동기, 정보의 비밀 공작 등 모두 협상을 성공시키기 위한 전략측면의 내용들이다.

전술(tactic)의 선택은 전략의 제한을 받는다. 즉 전략에 따라 구체적인 전술이 동원되기 때문이다. 전술계획(tactic planning)은 협상테이블에서 추구하는 가장 좋은 가능성의 결과다. 모든 의제의 설정, 양보, 위협, 신체언어의 응용, 동맹, 최후통첩 등과 같은 수단은 모두 전술에 속한다. 유리한 협상환경(situation)을 창조하여 협상목표 혹은 자신의 입장에서 방어를 달성하는 것이다. 행정계획(administrative planning)은 협상단의 구성원과 정보의 취득에 관계되며 협상을 순조롭게 진행시키기 위한 행정적 동원이라고 할 수 있다.

카라스는 좁은 관점에서 대다수는 협상전략문제와 관련된다고 보았다. 협상목적의 변동, 협상의 상한선과 하한선의 조정, 협상의 지속적 진행여부 등 전체적인 국면의 문제를 제외한 나머지는 협상이 시작되기 전에 이미 전략은 확정된다. 만약 그렇지 않으면 협상과정 중에 오직 어떠한 테크닉으로서 협상의 목표를 달성하는가만 남게 된다. 전략은 크게 두 종류로 나눈다. 포용 전략(accommodation strategies)과 대항 전략(confrontation strategies)이다. 전자는 협상자가 협의 달성에 성의가 있는 경우이다. 동원되는 기교로서 협력, 타협, 솔직함이 있다. 이는 협상쌍방이 모두 최대의 이익을 얻는 방안을 희망하기 때문이다. 후자는 협상자가 승리를 최대화시키려고 하기 때문에 협상기교로서 주로 경쟁, 위협, 비타협을 채택한다.

프루이트(Dean G. Pruitt)는 더 나아가 협상전략을 3가지 종류로 구분했다. 첫째, 경쟁(contending)이다. 상대를 설득하여 양보를 얻어내는 방법이고 둘째, 문제해결(problem solving)이다. 쌍방이 만족할 만한 방안으로 충돌을 해결한다. 셋째, 양보 혹은 포용성(yielding or accommodation)이다. 어느 한쪽이 목표를 낮춘다.[54]

본서에서는 전략에 대해서 비교적 넓은 해석을 취한다. 협상의 진행과정을 종종 전략의 응용에 관계된 것으로 인지하기 때문이다.

4 각 협상단계의 전략과 기교

본서에서는 분석의 편리를 위해서 앞에서 인용한 학자들의 구분방법과 여러 협상전문가들의 정의를 종합하여 각 협상단계를 분석하고자한다. 협상 단계는 협상전단계, 실질협상단계, 협상종료단계, 협상후단계 총 4단계로 나눠서 협상전략과 기교의 응용을 소개한다.

1) 협상전단계의 전략과 기교

협상전단계에서는 일방 혹은 여러 당사자가 협상을 고려하여 정책을 선택하고, 이를 각 협상상대에게 전달하고, 협상 당사자가 협상진행에 동의하기 전까지의 단계를 의미한다고 자트만은 밝혔다.[55] 이 단계에서는 협상 쌍방이 이익충돌의 존재를 인지하고 협상에 대한 필요성을 인식하여 협상사항에 착수한다. 대부분의 학자들은 이 단계에서의 업무와 전략을 매우 중시한다.[56] 협상전단계에서의 쌍방이 고려하는 업

---

54) Dean G. Pruitt, "Strategy in Negotiation,", in Kremenyuk(ed.), International Negotiation, pp.79-89.
55) I. William Zartman, "Prenegotiation: Phases and Functions," in Janice Gross Stein(ed.), Getting to the Table(Baltimore: John Hopkins University Press, 1989), p.5.
56) Cohen, Negotiation Across Cultures, pp.67-82 ; Sanders, "The Pre-Negotiation Phase", pp, 47-56 ; and 戴照煜, 談判·談判, 台北 : 成长国际文化社业股份有限公司, 1993年, pp.16-75.

무의 중점과 전략 운용은 다음과 같다.

① 협상목표의 설정

협상목표 설정은 전략적 차원의 문제에 속한다. 각 협상자는 공식적으로 협상을 진행하기 전에 먼저 협상에서 자신이 무엇을 얻는가에 대해서 분명하게 이해하고 있어야 한다. 왜냐하면 협상의 전술과 기교, 자료의 수집, 협상단의 구성, 상대가 자신이 필요로 하는 가치를 제공하는 지 여부 등의 후속업무 등은 모두 설정된 목표에 근거하여 입안하고 평가해야하기 때문이다. 또한 협상의 목표를 정의한 후, 나아가 협상의 상하한선을 설정하고 양보할 수 있는 공간을 분석해야 한다. 이 밖에도 대체할 수 있는 방안을 먼저 입안하고, 협상이 대치국면에 처할 때의 퇴로 혹은 다음 협상단계를 고려한다. 협상목표는 실제협상 진행 중에도, 협상상대의 입장을 보다 더 이해하기 위해서 진일보한 협상목표를 조정 할 필요가 있다.

예를 들면 영국은 중국과의 홍콩 주권문제에 관한 협상을 진행하기 전, 대처 수상의 이상적 목표는 홍콩의 주권을 보유하거나 홍콩이 독립하여 영연방(英联邦, Commonwealth of Nations)의 구성원이 되기를 원했다. 하지만 이 목표를 달성하는 것이 불가능함을 파악하자 실질협상이 시작된 후에 비록 홍콩의 주권을 중국에 돌려주더라도 홍콩의 치권(治权)은 계속 유지하는 것으로 목표를 조정했다. 이 목표 역시 실현가능성이 없는 상황에서, 1983년 6월 영국의 목표는 다시 재조정되어 홍콩의 안정과 번영을 보장받는 방향으로 다시 조정되었다.[57]

목표를 입안할 때에는 협상의 목표가 연대효과(linkage effect)를 수

---

57) 丘宏達, 「中国与英国就香港问题谈判时所采用之策略分析」, 收于丘宏达、任孝琦主编, 中共谈判策略研究, 台北 : 联合报社, 1987年, p.150.

반하는 지도 반드시 평가해야 한다. 현재의 협상이 뒷날의 협상에 부정적인 효과를 발생시키는 여부를 따져보아야 한다. 예를 들어 대만과 미국 간의 WTO가입에 관한 양자협의에서, 미국이 대만에게 부여한 우대조치는 호주, 캐나다, 뉴질랜드 등의 국가의 불만을 샀다. 이들 국가들은 미국이 자국과 동일한 수준에서 대만과 협상할 것을 요구했다. 이는 연대효과의 확산이다. 또 다른 예를 들자면 미국은 태국과의 지적 재산권 협상에서 공격적 협상전략(aggeressive negotiation strategy)을 구사하여 태국에게 극한의 위협을 가했다. 비록 태국이 고개를 숙였지만 이는 결과적으로 태국과 미국의 장기적 우의에 손실을 입혔다.58) 그래서 협상 전에 닭을 죽여 뱃속의 알을 꺼내는 방식이 과연 유효한지, 그 후유증은 없는지를 고려해야 한다.

상대를 꾀어 협상에 이겨도, 훗날에 그 기회가 상실될 가능성을 계산에 넣어야 된다. 관광지 소상인들의 경우 그들이 만나는 관광객들은 일생에 단 한 번 만날지도 모른다. 그러므로 뒷날 후유증을 생각할 필요가 없다. 그렇기 때문에 바가지 요금도 가능하다. 그러나 만약 다음에 또 만날 것이라 생각한다면 가느다란 물이 지속적으로 끊이지 않고 오래오래 흐르는 것처럼 장기적인 관점에서 관계를 추구해야 한다.

협상에 진입하기 전에 협상에 투입해야 할 시간, 정력, 재력을 고려해야 하고, 나아가 이러한 협상이 투입할 만한 가치가 있는지 여부를 평가해야 한다. 만약 추구하는 목표가 비용을 초과한다면 협상에 임해서는 안 된다.

---

58) 미국은 기일을 정해 태국에게 저작권법을 수정하라고 요구했다. 만약 불응한다면 태국에 대한 제재를 취하겠다고 위협했다. 제재의 수단은 크게 세 가지로 요약된다. 첫째 일반관세특혜제도(Generalized System of Preferences)체계에서 제외하고 태국의 특정 상품에 대한 관세감면조치를 철회한다. 둘째 태국이 미국에 손실을 조성하는 상품 및 지적재산권에 관계된 화물을 금지한다. 셋째 301조의 규정에 근거해서 태국에 일방적 제재를 취한다.

② 협상에 관한 정보 수집

손자병법에 이런 말이 있다. 적을 알고 나를 알면 백 번을 싸워도 위험하지 않다. 적을 모르고 나를 알면 한번 이기고 한번은 진다. 적도 모르고 나도 모르면 매번 싸움마다 위태하다(知彼知己, 百戰不殆. 不知彼而知己, 一勝一負. 不知彼, 不知己. 每戰必殆). 손자의 이러한 경구는 협상을 임하기 전에 협상상대에 관한 정보수집이 얼마나 중요한지를 보여주는 실용철학이다. 이는 정보의 수집이 협상의 승부에 관건적이기 때문이다. 협상에 관한 정보는 크게 세 종류로 나눈다.

가. 협상상대의 실력과 목적 : 수집된 정보의 범위는 상대의 목적, 협상카드와 실력, 협상의 상하한선, 상대방 내부에 공통된 인식이 있는지 혹은 이견이 있는지 여부 등이다. 주택 구입을 예를 들어보자. 주택의 상황, 공시지가, 현재의 주택시세, 부동산 시장의 수요상황 및 향후 부동산 가격 상승 전망, 주거지의 자연환경, 집을 파는 사람의 동기, 집주인의 재무정황 등을 계산에 넣어야 한다.

나. 협상상대진영의 자료 : 협상 상대가 정책결정을 하는 이념, 배경 등의 자료와 협상대표의 개인정보(가정상황, 교육배경, 기호, 언론에서의 주장, 현재 업무상황, 과거의 경력, 개성, 협상습관 등)를 말한다.

다. 아군 진영의 정보 : 자신의 협상실력 평가, 자금융통이 가능한 출처, 자신의 입장을 지지하는 통계자료, 전문가들의 분석과 제의 등, 아울러 협상 중 제기해야 할 우선순위 및 협상에 의해 달성된 협의가 이사회 혹은 가족회의의 비준이나 허락을 맡아야 하는지 여부 등을 망라한다. 정보는 어떤 때는 공개된 경로를 통해서 획득할 수 있다. 예를 들어 주식시장의 재무상황, 상품의 시장점유율, 상품의 시장가격, 상품의 수요변화에 관한 자료나, 잡지 및 정부가 제공하는 자료 등이다. 협상의 상대가 공적 인물이라면 공개적 발언과 활동 또는 출판물과 언론에 쓴 칼럼, 방송보도에서의 자료수집을 통해 그에 대한 이해가 가능하다. 또 협상대표와 일면식이 있는 경험자에게 경험담을 얻을 수 있다. 총결하자면 자료는 매우 다양한 경로를 통해 수집될 수 있으며 최대한의 노력을 다해 완전무결하게 준비되어야 한다. 또한 수집된 자료는 체계적으로 분류해야 한다.

③ 협상전략 수립

궁극적으로 어떠한 협상 전략을 선택하고 구사하는가는 추구하는 협상의 목표에 의해 결정된다. 만약 협상을 위한 협상을 한다면 어떠한 협의도 이뤄내지 못한다. 다시 말해 이럴 경우에는 대항의 전략을 선택해야 한다. 이러한 전략적 상황에서는 지연전술이나, 상대가 받아들이기 힘든 방안을 제기하거나, 협상은 중단될 수 있다는 위협을 가하는 등의 기교가 동원된다. 만약 윈-윈의 결과를 추구한다면 화해의 전략이 요구된다. 쌍방이 수용할 수 있는 방안을 찾고, 필요한 양보를 통해 협상결렬을 피하는 방법을 도모해야한다.

④ 협상단의 조직

협상목표와 협상전략 응용의 필요에 근거하여 협상단을 신중히 꾸려야 한다. 협상단원에게 협상의 목표와 전략을 충분히 이해시키고, 임무를 분담시켜 성원들 간의 이견을 피하고 내부의 역량을 응집시켜야 한다. 협상에 들어가기 전에 반드시 모의연습을 실시하여 단체구성원들의 묵계를 증가시켜 임기응변의 능력을 높여야 한다.

⑤ 공세를 강화하여(培养攻势), 협상의 전체국면의 기세를 장악

국제협상에서 자주 등장되는 전략이다. 중국의 경우 공식적인 협상을 시작하기 전에 유리한 협상분위기를 조성해 상대를 방어적이고 피동적인 지위에 놓이도록 만든다. 이를 통해 주도적이고 공세적인 우세에 놓이게 만드는 경향이 있다. 중국은 통상적으로 언론매체의 역량을 빌려 유리한 분위기를 국내외에 알리는데 상당히 능숙하다. 중국학자 저우민(周敏)과 왕샤오티엔(王笑天)은 이러한 협상미디어를 정의하기를 "협상주체는 대중매체를 활용하여 상대방에게 협상의 의도를 드러내고, 상대의 심리에 영향을 미치며, 자신의 여론 혹은 협상분위기를 조성하는 행위과정"으로 보았다.[59]

1955년 8월 1일, 중국은 미국과의 대사급회담 전날 밤에 구류중인 11명의 미국인 조종사를 석방한다고 발표했다. 먼저 큰 소리를 쳐서 상대의 기를 꺾고 미국에게도 좋은 인상을 심어주기 위해서 미국매체 및 국제매체에 대대적으로 이를 과장하고 홍보했다. 이로써 중국은 이성적이고도 협상에 긍정적인 이미지를 보였고 협상의 압력을 높였다. 이 때 참가한 중국대표 왕빙난(王炳南)은 "저우언라이 총리는 회담의 좋은 출발을 만들기 위해 회담 하루 전에 미국 간첩 11명을 석방하고 이를 대대적으로 선전했다. 이는 우리가 회담에서 주도적 위치를 얻기 위한 첫걸음이었다. 국제여론은 중국이 이 회담에 성의를 보이고 있으며, 적극적이라고 평가하였다. 사람들의 감정 역시 매우 빨리 우리에게 기울어졌다"[60]고 그의 회고록에서 밝혔다.

---

59) 周敏、王笑天, 东方谈判策略, 北京 : 解放军出版社, 1990年, pp.26-27.
60) 王炳南, 中美会谈九年回顾, p.48.

⑥ 의사일정 설정

공식적인 협상을 시작하기 전에 아젠다(agenda)의 설정이 필요하다. 언제 협상하며, 어디서 개최하며, 협상대표를 누구로 정하며, 협상단 수, 기간, 회합(라운드) 수, 제3자 참가요청 여부, 의제 선정, 의제의 선후 순서 배치, 협상에서 사용할 언어, 협상기록 및 서면협의서는 어떻게 할 것인지, 안전조치, 좌석배치, 협상과정에서의 게임규칙, 발언순서 설정, 발언시간 제약의 여부, 협상내용 대외 공개여부 등을 설정한다. 사실상 아젠다 설정 역시 기본적으로는 협상의 일부다. 이러한 협상을 통상적으로 '절차협상'이라 부르며, 이 이후에는 '실질협상'이라 부른다. 의사일정의 안배는 협상의 승부에 관건적이다. 의사일정이 자신에게 유리하면 협상에서 기선을 잡을 뿐만 아니라 상대의 동기, 태도, 전략을 이해하는 데 도움이 된다. 이외에도 협상자는 의정사안을 구실삼아 협상의 동기를 엄폐하고 실질협상에서 자신들이 관철시켜야 할 의제에 대한 양보를 피한다.

협상이 개최되는 지역의 선택 역시 매우 중요하다. 만약 홈그라운드의 이점을 살릴 수 있다면(home court advantage) 여행의 피로를 줄일 수 있고, 편히 쉬면서 힘을 비축했다가 피로한 협상상대를 맞아 싸우는 이점이 있다(以逸待勞). 또 상대에게는 시간적 압박으로 작용되기도 하며, 자신의 텃밭이라 심리적인 우세를 누릴 수 있다. 아울러 협상장의 배치, 협상정황의 안배를 통해서 자신의 실력과 성의를 보여줄 수 있다. 또한 정보취득이 용이하고 신속하게 자신의 정책결정자의 훈령을 받기에도 쉽다. 그러나 만약 자신의 진영을 설정함에 있어서 사회분위기나 협상의제에서 이견이 존재한다면 협상장소로 자신의 구역을 피하는 게 좋다. 그렇지 않으면 홈그라운드 이점을 누리지 못하고 반대로 오히려 더 큰 압력이 된다.

협상시간은 자신에게 가장 유리한 시기를 선택해야 한다. 예를 들어 만약 자신이 구입(买)하는 쪽이라면 시장에서의 구입 시기를 선택하여 협상을 진행한다. 이럴 경우 파는 사람이 비교적 많이 양보하기 마련이다. 제3자의 협상참가를 요청하는가의 여부는 제3자의 참여가 자신에게 유리한지 불리한지에 따라서 결정해야 한다. 언어선택, 협상기록 등의 문제 역시 상대에게 끌려가서는 안 된다. 통역을 대동할지라도 상대가 언어상의 우세를 점하게 해서는 안 된다. 그러나 무엇보다도 의제의 설정이 훨씬 중요하다. 자신의 의제가 의사일정에 배제되지 않도록 해야 한다.

2) 실질협상단계의 전략과 기교

자트만과 버만이 말한 바와 같이 실질협상단계는 해결방안을 찾는 공식적인 단계다.[61] 이 단계의 협상은 쌍방이 의사일정에 설정된 대로 의제를 협상한다. 통상적으로 서로간의 주고받기(give and take)를 하거나 혹은 협상목표의 조정이 있을 수 있다. 협상의 쌍방은 마주 앉아서 접촉과 소통을 통해 상대방의 마지노선을 탐색하고 충돌의 해결과 공동이익을 증진할 방법을 찾는다. 이 단계에서 협상 전략과 기교의 응용 역시 더욱 더 풍부해진다. 마주한 상대와의 상호작용을 통해 끊임없이 상대의 정보를 수집하고 또한 상대의 협상목표, 전략과 협상의 마지노선을 상세히 알려고 시도한다.

바둑에는 일정한 순서가 있고 규칙이 있다. 그러나 협상은 일정한 규칙이 없다는 것이 시작점이자 출발점이다. 협상을 예술이라고 부르는 이유가 여기에 있다. 쉘린(薛林)은 이를 간단하고 이해하기 쉽게 정의했다. "자기가 설정한 제일 좋은 값으로 상대방을 속여, 상대에게 자

---

61) Zartman and Berman, The Practical Negotiator, pp.42-86.

신이 낼 수 있는 가장 높은 가격임을 믿게 하는 것"이다. 이게 바로 성공적인 협상전략이다.[62] 사실상, 실질협상단계가 시작된 후 쌍방이 구사하는 전략과 기교는 매우 다양하다. 이 단계에서 협상자가 일상적으로 응용하는 전략과 기교는 크게 네 개의 항목으로 설명할 수 있다.

① 협상력을 높이는 전략과 기교

어떠한 특정전략 혹은 기교는 자신의 협상역량을 높일 수 있는 유용한 수단이 된다. 아래는 협상자가 응용하는 일련의 기교(tactic)들이다.

가. 처음 값 부르기(第一次喊价)

상대가 먼저 값을 부르기 전에 자신이 먼저 값을 부르는 게 유리하다. 어진이는 어진 점을 보고 지혜로운 이는 지혜로운 점을 본다(见仁见智)는 점에 착안한 것이다. 바즈만(Max H. Bazerman)과 닐(Margaret A. Neale)은 처음 값을 부르는 것이 최후 협의의 결과에 큰 영향을 미친다고 보았다. 왜냐면 처음으로 값을 부르는 것이 쌍방이 값을 다투는 기초가 되므로 처음 값을 부를 때는 매우 신중해야 한다. 만약 협상자가 협상하고자 하는 상품에 대한 정보가 부족하거나 시장의 현재 시가를 이해하고 있지 못하면 상대에게 값을 부르게 해야 한다. 그렇지 않고 먼저 값을 부르는 것은 상대가 상품에 대한 완전한 지식을 가지고 있지 못하다는 사실을 알려주기 때문이다.

또한 처음 값부르기는 상대의 상한선보다 높거나 혹은 승자저주(winner's curse)의 상황에 빠질 수 있다.[63] 예를 들어 골동품 시장에서 골동품을 살 때 만약 골동품의 감정에 대해 문외한이거나, 사고자

---

62) Schelling, The Strategy of Conflict, pp.22-23.

63) Max H. Bazerman and Margaret A. Negle, Negotiating rationally, 宾静荪译, 乐在谈判, 台北是：天下文化出版, 1993, pp.61-67.

하는 골동품이 진짜인지 가짜인지를 구별하지 못하거나 혹은 진정한 가치를 모르고 경솔하게 값을 불러서 골동품 주인이 곧바로 매각에 동의한다면 구입한 후에도 마음에 근심과 의혹이 생긴다. 가짜를 샀거나 아니면 비싼 가격에 샀다고 여긴다. 이것이 바로 승자의 저주다. 따라서 정보가 부족한 상황에서는 상대가 먼저 값을 부르게 해야 한다.

만약 자신이 이미 매우 충분한 조사를 했고, 확보한 자료가 풍부하다면 먼저 값 부르기를 해도 무방하다. 하지만 처음으로 값을 부르는 것은 자기의 상한선이다. 또한 최상의 상한가를 불러야 흥정의 공간이 생긴다. 이는 상대로 하여금 협상의 목적을 조정하게 하고, 상대 역시 새로 조정한 후에 값을 부를 것이다.

나. 응용의 선례(판례), 통계숫자, 전문가 활용

선례는 상대가 회사나 혹은 거래처에 부여한 조건, 혹은 유사한 안건의 협상에서 상대에게 부여한 조건, 혹은 사업직종에 적용하는 영업규정을 포함한다. 이는 모두 협상의 입장을 강화시키는 예들이다.

이외에도 협상단에 전문가가 포함되어 있다면 논점에 대한 권위를 높일 수 있다. 협상 문건 자료 준비, 통계표, 시장조사보고, 관계된 신문보도, 사진, 비디오테이프, 영상슬라이드 등의 상관자료의 제출은 상대방을 논리적으로 설득시키는데 도움이 된다.[64]

다. 상대에게 의외감을 느끼게 하라

협상에서 상대가 예상치 못했다는 분위기를 감지한다면 상대의 기세를 약화시키고 자신의 전체 협상역량을 증가시키는데 도움이 된

---

64) Chester L. Karrass, Give and Take: The Complete Guide to Negotiating Strategies and Tactics, 刘丽真译, 谈判大师手册：195则攻防经典, 台北市：麦田出版社, 1994年, pp.233-234.

다. 예를 들어 협상기간을 단축한다거나, 새로운 요구를 하거나, 새의제의 제기, 협상대표를 교체, 전문가를 요청하여 중도에 참여시키거나, 새로운 자료를 내 놓거나, 협상의 횟수를 늘이거나 하는 것은 상대에게 심리적인 압박을 가지게 만든다. 중국의 저우언라이는 항상 사전 통보도 없이 나타나 키신저와 협상을 하였다. 이는 아주 유명한 예이다.[65]

라. 경쟁입찰을 야기시켜라

상대와의 경쟁자 수를 늘리면 자연스럽게 자신의 협상지위가 강화된다. 예를 들어 소련이 1980년에 주최한 올림픽에서 콜롬비아 방송사, 미국국가방송사 및 전국방송사 등 미국의 3대 방송사 대표를 초청했다. 소련은 크루즈 유람선에서 만찬을 열면서 방송권을 경쟁입찰했다. 최종적으로 8천7백만 달러로 미국국가방송사에 낙찰되었다. 당시의 낙찰가격은 1976년 올림픽 방송권의 네 배나 되었다.[66]

마. 기정사실을 조성하라

기정사실(fait accompli) 조성은 쌍방의 협상역량을 변화시키는 하나의 강력한 전술이다.[67] 예를 들어 불법건축 주택문제에 있어서 먼저 철거하고 나서 보상 문제에 관한 협상을 한다면 불법건축주의 협상카드를 줄일 수 있다. 1962년 쿠바 미사일 위기가 있었다. 흐루시쵸프의 원래 의도는 빠르게, 은밀히 미사일을 쿠바에 설치하여 미사일이 쿠바에 설치된 기정사실을 이용해서 미국에 대항하려 했다. 이라크는 1980년 8월에 쿠웨이트를 침공해 역시 쿠웨이트 점령을

65) Kissenger, White House Years, pp.684-787.
66) Herb Cohen, You Can Negotiate Anything, 安纪芳译, 如何成为谈判高手, 台北市：丝路出版社, 1988, p.116.
67) 刘丽真译, 谈判大师手册：195则攻防经典, pp.125-128.

기정사실로 만들어 의도를 관철하려 했다. 그러나 이 두 예는 모두 실패하였다.

자동차 수리업자는 차주에 대해서 항상 이와 유사한 전술을 채택한다. 차를 운전하는 사람이라면 일상적으로 만나는 불유쾌한 경험이 있다. 수리업자는 차를 고치기 전에는 문제가 그다지 크지 않다고 말한다. 그러나 막상 차를 인도할 시에 카센터에서는 전동축 혹은 기타 부품을 갈아 끼워야 한다고 예상 밖의 부가적인 요구를 제시한다. 어쩔 수 없이 수리업자의 요구대로 할 수밖에 없다. 물론 예상했던 거 보다 더 많은 수리비를 지불해야 한다.

바. 위협 수단을 구사

협상에서 위협적인 수단을 구사하는 것은 늘상 있는 일이다. 협상 결렬을 위협하거나 협상이 달성되지 않는다면 징벌성 조치가 뒤따른다고 협박한다. 미국과 대만의 지적재산권 협상에서의 경우 미국은 『301조』를 들먹여 보복조치를 가하겠다고 위협했다. 1968년 8월 23일 체코 대통령 스포도바(Ludvik Svododa)는 크렘린을 방문할 때 브레즈네프에게 말했다. "만약 내가 여기서 자살한다면 나의 피는 당신의 손을 물들일 것이고 세계의 모든 사람들이 당신이 나를 살해했다고 믿을 것이다"라고 소련을 위협했다. 프라하의 봄 때 소련에 의해 억류되어 있던 체코의 자유파 영수의 석방을 요구한 것이다. 이 위협은 성공했다.[68]

그러나 위협을 사용할 때 반드시 고려해야만 하는 세 가지 원칙이 있다. 첫째, 상대의 보복을 두려워하지 말아야 한다. 둘째, 위협이 성공하기 위해서는 상대가 반드시 믿어야 한다. 셋째, 자신이 통제

---

68) Karass, The Negotiating Game, p.55에서 인용.

할 수 없는 위협은 구사하지 말아야 한다. 예를 들어 민진당 당적의 까오슝시(高雄市)의 시의원이 중국대륙에서 살해당한 불행한 사건이 있었다. 민진당은 중국에 가서 유해를 수습하고 중국에서 장례식을 치를 것을 요구했다. 그러나 중국은 이유 없이 거절했다. 민진당은 양안교류를 중단하겠다고 위협했다. 이는 양안문제에서 실현되기 매우 어려운 위협이었다. 이러한 위협은 효과가 제한적이다. 통상적으로 위협의 크고 적음은 문제의 중요성을 어떻게 보느냐에 달렸다. 가장 좋은 방법은 위협을 점진적으로 높이는 방식이다.

사. 선제적 질문을 함으로써 답변을 대체하라

노련한 협상가가 자주 동원하는 전략으로서 질문을 통한 협상운용이 협상초보자에 비해 한 배 이상 많다. 협상전문가는 서둘러 질문을 던짐으로서 경청하지 않는다는 인상을 주지 않는다. 반대로 협상의 고수는 협상의 초보자에 비해 상대방의 말을 더 많이 경청한다. 자신이 끊임없이 의견을 진술한다고 해서 자신에게 유리한 것은 아니다. 경청은 협상상대를 존중한다는 표시며, 서로 간의 우호적인 관계의 형성에도 도움이 된다. 다른 한편으로는 경청을 통해 유익한 정보를 얻는다.

상대의 말을 경청하는 것 이외에 적절히 문제를 제기함으로 중요한 정보를 얻고 질문으로서 답변을 대체한다. 이는 공수전환을 응용하는 훌륭한 기교다. 그러나 제기한 질문이 상대를 난처하게 만들지는 말아야 한다. 협상전문가 니렌베르그(Gerard I. Nierenberg)는 협상에서 문제를 어떻게 제기하는 것에 대한 중요성을 고찰했다.[69] 그가 쓴 책의 1/8을 질문을 제기하는 기교에 대해 할애했다. 질문은 상대의 수요와 자신의 입장과 느낌을 전달하는 수단이다. 질문의 3

---

69) Gerard I. Nierenberg, Fundamentals of Negotiating, 郑丽淑译, 谈判：赢得谈判策略与奇巧, 台北：常桥出版社, 1980年, 第8章.

대 요점은 첫째, 어떤 문제를 묻는가 둘째, 어떻게 묻는가 셋째, 언제 질문을 하는 가이다

문제의 제기는 현장의 경험과 관계있다. 그러나 여러가지 문제를 제기할 때는 사전에 치밀하게 준비해야 한다. 사전에 계획한 문제를 통해 자신이 알고 싶은 정보를 얻어내야 한다. 문제 제기는 상대의 마지노선을 측량하는 방법 중의 하나다.

아. 신중하게 사고한 후 다시 행동

협상에서 시간을 벌기 위한 기교는 많다. 상대의 말을 못 알아듣는 척 한다거나, 상대에게 다시 설명해주기를 요구하거나, 자신은 이 문제의 전문가가 아니라고 말하면서 문제에 대한 즉답을 회피하거나, 옆에 자료가 없다고 말하거나, 통역인을 이용하거나, 휴회요구, 심지어 음료수를 요구하거나 화장실에 가는 등, 이는 모두 사고할 시간을 확보하기 위한 기교들이다. 즉각적으로 답해줌으로써 잘못을 범할 가능성을 낮추게 해준다. 예를 들어 1950년 영국과 중국은 외교관계 수립에 관한 협상을 개최했다. 중국대표 장한푸(章汉夫)는 유엔에서의 중국대표권 문제와 국민당 정권의 홍콩재산권 두 문제를 꺼내자, 영국대표는 "이 두 문제는 모두 국제법에 관계된 문제고 나는 법률전문가가 아니라서 대답할 자격이 없다"고 하면서 중국의 압박을 회피했다.[70]

자. 상대와의 협상 내용 확실히 기록

협상에서 기록을 상세하게 할수록 상대의 평가와 마지노선에 대한 정확한 파악이 가능하다. 기록된 내용을 깊이 검토함으로써 상대의 말을 거꾸로 이용해서 자신의 입장을 지지하거나 상대의 제의를

---

70) 徐克利, 另起炉灶－崛起巨人的外交方略, 北京 : 世界知识出版社, 1998年, pp.234-235.

반박하기도 한다.

차. 동맹 맺기

　다자협상에서 다른 협상대표와 동맹을 맺어 협상역량을 증가하기
도 한다. 예를 들어 제3회 해양법공약협상에서 도서국은 하나의 그
룹을 결성하여 해양패권국가들과 대항했고, 개도국은 서로 후원을
통해서 선진국가들의 해양자원 약탈에 대항했다.

카. 내부모순을 화해시켜 협상카드로 삼는다

　내부의 모순은 자신의 협상역량을 약화시킨다. 그러나 경우에 따
라서 내부의 모순이 양보를 거부하는 빌미가 된다. 개인적으로도
돈을 빌려줘야 할 입장에 있는 사람이 거절하는 방법은 대체로 아
내와 사이가 안 좋아서 아내의 허락을 맡아야 된다고 하거나 가족
내부의 이견을 빌미로 삼아 제의를 물리친다. 또 다른 예를 들자면,
1971년 7월 키신저는 중국에 가서 닉슨의 중국방문 일정에 관한 비
밀협상을 하였다. 동년 10월에 재방문하여 협상을 진행했다. 그러
나 비록 초보적 협의는 있었지만 여전히 부분적인 쟁점이 남아 있
어서 타협을 이루지 못했다. 이 때, 미국 내부는 중화민국(대만) 지
지자 및 공산당을 반대하는 사람들의 항의에 직면하고 있었다. 그
결과 1972년 1월 말에서 2월 초에 국가안전사무 차관보 헤이그
(Alexander Haig)를 파견하여 또 다시 협상을 시도했다. 닉슨과 키
신저는 헤이그 편에 마오저뚱과 저우언라이에게 보내는 편지를 보냈
다. 편지에서 미국이 직면한 문제를 언급했다. 미국내부에서 중미관
계정상화 협상을 반대하는 힘이 너무 거세서 중국이 커뮤니케(공보)
초안에서 나오는 대만관련 부분의 어휘를 다시 고려해 달라고 요구
한 것이다.[71]

② 상대의 협상역량을 약화시키기

협상의 승부는 협상자 쌍방의 권력 보유정도에 영향을 받는다. 협상
역량(power)의 구성 요소는 협상카드 외에도 입장의 정당성, 협상의
기교, 쌍방의 협상에 대한 이해득실, 쌍방 협상의 투입상황, 시간요소,
전문적 지식, 시장경쟁 상황, 협상자의 용기 등도 포함된다.[72] 그러나
역량은 상대적이면서 수시로 변한다. 상대의 협상역량 약화는 두말할
필요도 없이 자신의 협상역량을 강화한다. 아래는 상대의 협상역량을
약화시키는 기교들이다.

가. 상대의 협상 비용을 증가 시키기

협상 시간이 늘어남에 따라 인력, 자금 투입도 증가하고 그에 따라
협상에 대한 승패의 관심도 역시 이에 따라 증가한다. 예를 들어 자
동차를 구매할 때 판매원이 고객에게 시간을 많이 소비할수록 더욱더
판매성공을 갈망한다. 그에게 투자된 비용이 증가되기 때문이다.

나. 상대의 협상압력을 증가 시키기

협상장의 배치, 협상진행 중의 상황에 대한 각종 장치(배치 중에
끊임없이 전화가 오도록 하는 방법으로, 협상대표의 중요성을 표시
하거나 바쁜 상황 연출), 제3자를 경쟁에 끌어들이거나, 협상기한을
설정하거나, 상대 상품의 결점을 비판하거나, 상대로 하여금 자신이
협상카드를 많이 가지고 있다고 인식시키거나 상대와 협의의 달성여
부를 개의치 않는 태도를 보이는 행위들은 상대에게 협상을 받아들
이게 하는 압력을 증가시키게 된다.

---

71) 王立, 破繭起伏－中美关系演变的曲折历程, 北京 : 世界知识出版社, 1998年, pp.190-191.
72) Karrass, The Negotiating Game, Pp.55-76.

다. 지연전술 채택

상대의 협상 시간표를 상세히 아는 상황이라면 지연전술을 채택하여 상대로 하여금 시간의 긴박감을 가지게 만든다. 예를 들어 부차적인 의제에서 선회한다거나, 협상의 횟수를 줄이거나 오락을 통한 교류활동을 증가시키거나 빈번하게 휴회를 요구하거나 하는 행위 등은 전형적인 지연전술에 속한다.

라. 분화전술 채택

상대진영의 주 협상자의 입장이 강경하여 타협의 여지가 없는 경우, 다른 협상구성원을 찾아가 설득을 시도한다. 또 다른 하나는 직접적으로 상대협상자 보다는 언론이나 다른 매체들을 활용하는 것이다. 중국을 포함한 많은 국가들은 외교협상에서 모두 일상적으로 언론매체의 역량을 이용하여 상대방 내부의 의견 차이를 확대시켜 상대가 양보하도록 만든다.[73]

③ 교착상태를 풀어 협의 달성을 도모

때로는 교착상태(deadlock)로 빠트리는 전술을 사용한다. 그러나 계속된 교착상태는 협상결렬로 이어질 가능성이 높다. 교착 자체가 협상목표가 아니라면 적당한 시기에 교착상태에서 벗어나야 한다. 일반적으로 교착상태를 벗어나 협의 달성을 도모하는 기교는 크게 6가지가 있다.

가. 제삼자 개입 모색

협상이 교착상태에 빠지면 제3자의 개입을 요청할 수 있다. 제3자는 협상을 주재하고 수수료를 받는 알선(good officer)자다. 제3자

---

73) 程建人编, 媒体与两岸谈判, 台北：台北论坛基金会, 1994年.

의 역할은 충돌하고 있는 쌍방에게 이미 중단된 협상을 회복시키는 것이다. 그러나 제3자가 참여하지 않는 협상에서는 쌍방이 개별적으로 접촉하여 협상이 회복되도록 설득해야 하는 어려움이 있다.

제3자는 조정(mediation)의 일에 종사할 수 있다. 조정과 알선의 다른 점은 조정자는 적극적으로 회담에 참여하고, 쌍방이 참고하도록 건설적인 방안을 제출하고 쌍방이 대치하고 있는 곤경을 화해로 이끈다. 1858년 제2차 아편전쟁에서 청나라 공친왕과 영－프 연합군의 협상에서 러시아가 중재하여 베이징 조약이 체결되었다. 이후 베이징 조약을 체결시키는 중재대가로 러시아에 연해주(沿海州)를 할양했다. 그러나 조정자가 제출한 방안이 단지 건의하는 기능만 가진다면 협상쌍방에 대해서 결코 구속력을 지니지 못한다.

나. 임시휴회

임시휴회는 냉각작용을 한다. 쌍방 협상자들이 대치하는 화약연기를 풍기는 분위기 속에서 냉정하게 가라앉히는 작용을 한다. 당사자들에게도 시간적 여유가 있어 전문가, 친구, 동료, 상사에게 자신의 의견을 개진할 시간이 생긴다. 협상이 자신의 방향으로 진행되지 않을 때, 혹은 교착상태에 이르고 싶지는 않을 때 임시휴회는 필요하다. 이는 각자가 제의한 문제에 대해서 깊이 있는 평가를 가능하게 만들고 새로운 전략을 연구하고, 쌍방이 충돌을 해결하기 위한 방법이 된다. 협상 입장에 대한 새로운 사고, 새 전략의 수립, 협상에서 제기한 새로운 문제들, 동료와의 협의, 상사로부터의 지시 등이는 쌍방 모두에게 기회가 될 수 있다. 쌍방이 제출한 방안의 검토를 위하여 휴회를 요구하거나 순수하게 체력의 고갈로 지탱하기 어려울 때에도 대부분 휴회를 요구한다.[74]

다. 협상대표 교체

협상과정에서 협상대표들이 귀밑까지 빨개질 정도로 화가 나있거나, 부끄럽거나 흥분하는 경우 쌍방은 이미 개인적 감정문제로 비화된 것이다. 서로의 마음에 매듭이 있으면 협상은 교착국면에 빠질 가능성이 높다. 이때 협상대표를 교체하거나 보다 상급의 인사를 협상에 투입하여 한편으로는 냉각된 분위기를 부드럽게 하고, 다른 한편으로는 '좋은 경찰 나쁜 경찰(good cop, bad cop)'책략의 응용이 된다. 두 사람 중 한 사람은 악역을, 한 사람은 선한 역을 맡아 협상을 유리하게 진행한다. 1999년 11월 중국의 WTO가입에 관한 중미간의 협상이 교착상태에 빠졌다. 미국의 협상대표는 미국으로 돌아가겠다고 위협했다. 이때 중국 총리 주룽지(朱鎔基)는 적당한 때에 출현하여 미국협상대표를 만나, 협상분위기를 완화시키고 미국협상대표를 설득하여 마침내 협의를 달성했다.

라. 상징성 있는 양보

양보는 협상에서 피하기 어려운 법이다. 그러나 세밀한 문제에서 양보를 하는 게 좋다. 상대가 요구하는 폭으로 양보를 피하기 위해서거나 아니면 또 한 차례의 대폭적인 양보를 피하기 위해서다. 매 차례 양보한 후에 자신이 양보했다는 것을 주지시킴으로써 상대에게도 이에 대응하는 양보를 요구할 수 있다.

마. 먼저 쟁의성이 적은 의제부터 논하고, 대체방안을 제출하라

쌍방이 만약 어느 특정한 의제에 대해 서로 양보하지 않는다면 이 의제는 제쳐놓고 쟁점이 적은 사안부터 먼저 논의하는 게 좋다. 쟁

---

74) George Fuller, Manager's Negotiating Answer Book(Englishiwood Cliffs, New Jersey: Prentice Hall, 1995), p.167.

점이 적은 의제는 협상의 진전이 비교적 용이하고 피차 간의 신뢰를 증가시킨다. 그 다음으로 협상이 교착상태에 빠지게 된 근본적 원인을 깊이 이해했다면 대안(alternatives)을 제출해야 한다. 대안의 제출은 한편으로는 교착상태를 벗어나고 다른 한편으로는 상대방에게 성의를 보여준다. 예를 들어 미국과 중국은 상하이 커뮤니케(상해공보)의 협상에서 키신저가 먼저 미국측 방안을 제출했다. 쌍방의 충돌을 막기 위해 단지 쌍방의 공동의견만 제기했으나 중국의 반대에 직면했다. 그러나 저우언라이는 각자가 하고 싶은 말을 하는 병렬방안을 제출했다. 최후에 키신저는 이를 받아들여 교착상태에서 벗어날 수 있었다.

바. 비공식 장소를 이용하여 교류와 소통을 하라

공식적인 장소에서의 협상진행은 비공식적 장소에서의 협상진행에 비해 쌍방은 모두 비교적 큰 압력을 받는다. 공공장소를 의식해 현실에 맞지 않는 조건을 제시함으로써 고의로 협상을 결렬시키는 것이다. 그러나 비공식적 장소에서의 협상은 압력이 적고 분위기도 가볍다. 협상이 성공하지 못하더라도 손실은 적고 반대로 협상을 돌파할 가능성이 높아진다. 협상이 교착상태에 빠지면 협상대표를 공식만찬에 초청하거나, 골프를 치거나, 가벼운 활동의 일정을 통해 공식협상 장소에서의 교착적인 분위기를 화해시킨다. 저우언라이와 키신저의 협상과정 중, 쌍방이 첨예한 대립적 상황에 빠지게 될 때면 저우언라이는 휴회를 제의했다. 먼저 식사를 하고, 식사에서 가벼운 분위기로 쌍방의 대립과 고집을 완화시켰다.[75]

---

75) 杨明伟、陈杨勇, 周恩来外交风云, 二版, 北京：解放军文艺出版社, 1998年, pp.254-71.

④ 기타의 기교들

아래는 협상전문가들이 일반적으로 응용하는 기교들이다.

가. 성동격서(声东击西)

분명히 갑(甲)의 상품에 관심이 있지만 오히려 줄곧 을(乙)의 상품과 흥정을 한다. 그리고 고의로 을의 상품과의 협상을 교착상태에 빠뜨린다. 이후 무의식적으로 을의 상품에서 갑의 상품으로 전환하여 협상을 진행한다. 상대가 갑의 상품에 큰 흥미를 느끼지 못한다는 오해를 불러일으켜 상대의 경계심을 낮추기 위해서다.

나. 강온 동시구사 전술

서로 다른 대표를 파견시켜 서로 다른 시간에 상대와 협상을 진행하여, 그 중에 한 명은 악역을 맡아 강경한 태도를 보이고 다른 한 명은 착한 역을 맡아 온화한 태도를 보인다. '좋은 경찰 나쁜 경찰(good cop, bad cop)'전술로 상대입장을 누그러뜨린다.

다. 권위를 빌어 양보를 받아낸다

협상학자 케네디는 막후 실력자가 없어도 허구의 실력자 한 명을 만들어 내야 한다고 말했다.[76] 다시 말해 비록 자신이 결정할 전권을 지녔음에도 불구하고 여전히 자신은 상대의 요구에 답할 충분한 권한이 없다고 말한다. 이러한 전술의 장점은 협상장에 있지도 않는 허구의 권위 있는 인사를 방패막이로 하여, 상대의 요구를 거절하고 상대의 협상압력에 대항한다. 예를 들어 고객이 값을 깎을 때 판매

---

76) Garvin Kennedy, Everything is Negotiable, 林宪正译, 谈判谋略：谈判能力测验评估, 台北：业强出版社, 1985年, pp.2-17.

원은 과장의 허락을 맡아야 한다는 빌미로 이용하여 가격 깎는 것을 거절한다. 역시, 영국의 아미티스트(Amethyst)호 충돌 사건77)에서 영국과 중국은 협상을 진행했다. 영국협상대표는 수권(授权)을 받지 않음을 이유를 들어 중국이 제출한 의제를 거절했다. 이들이 채택한 것은 모두 권위 있는 가상의 인물을 빌려 이용한 기교다. 이러한 책략을 운용할 때의 반격법은 상대방 진영의 직접적으로 권한이 있는 결정권자와 협상을 하자고 요구하는 것이다.

라. 최후통첩

자신이 협상의 매우 유리한 위치에 있거나 혹은 기타의 모든 방법을 다 동원했는데도 협상이 아무런 진전이 없거나 혹은 자신은 이미 마지노선까지 양보를 해서, 더 이상 양보할 수 없는 상황에 처했다면 차라리 협상이 결렬되더라도 최후통첩(ultimatum) 카드를 꺼내 들어야 한다. 기한을 설정하고 상대에게 조건을 수용하라고 압박한다. 그렇지 않으면 협상결렬을 선고하고 동시에 보복을 가한다. 최후통첩을 사용함에 있어서 태도는 분명하고, 강경해야 하며 다른 행위와 연결시켜 구사하면 좋다. 미국과 중국은 중국의 세계무역조직(WTO) 가입에 관한 양자협상에서 미국협상대표 바세프스키(Charlene Barshefsky)는 호텔에서 체크아웃하는 행동을 보여줌으로서 협상중단이라는 위협적 카드를 사용하였다. 그러나 최후통첩을 꺼낼 때에는 상대가 받아들이지 않을 때를 고려해야 한다. 오히려 협상을 계속하거나 회담을 재개할 의도가 깔려 있다면 이 책략의 신뢰도는 현저하게 떨어진다.

---

77) 아미티스트(Amethyst)호는 영국황실해군 원동함대의 호위함이다. 1949년 4월 20일 중국공산당이 장강도하(長江渡河) 전투를 발동하기 하루 전, 아미티스트 호는 장강을 거슬러 올라 항해하던 중, 중국공산당 해안포의 포격을 받아 큰 손상을 입었다.

마. 신체언어 응용

협상은 일종의 쌍방향 소통 과정이다. 문자와 언어 이외 신체언어, 소위, 보디랭귀지를 잘 구사해 자신의 입장을 상대에게 전달해야 한다.

3) 협상종결단계의 전략과 기교

만약 협상조건이 이미 받아들일 수 있는 범위 안에 있고 상대에게서 더 이상 진일보한 양보를 얻어 낼 수 없다는 것을 파악하거나 혹은 자신의 양보가 이미 마지노선이라면 이때는 협상을 종결해야 할 시기다.

협상의 결과는 크게 두 종류로 나뉜다. 하나는 성공적인 협상이다. 쌍방은 협상결과에 대해 공통된 인식에 도달하여 협의서에 서명한다. 또 다른 하나는 쌍방은 더 이상 타협의 여지가 없는 경우 협상 결렬을 선언하고 원점으로 돌아와서 다시 협상을 재개해야 하는지를 고려해야 한다. 적지 않은 사람들이 협상이 성공하여 협의를 달성하는 순간에 갑자기 병력을 되돌려 적을 습격하는 회마창(回马枪) 전법을 구사함으로써 잠시나마 조그만 요구를 얻어낸다. 예를 들어 상품을 구입하면서 경품증정을 요구한다. 통상적으로 이러한 작은 요구는 거절하기 어렵다. 또 협의서를 쓸 때에는 쌍방이 같이 참여해서 써야 한다. 문자 운용의 함정에 빠지게 되는 것을 경계해야 한다. 서명하기 전에 법률전문가들을 통해서 협의에 관련된 권리와 의무의 규정에 관한 조문을 검토해야 한다. 협상이 결렬되는 경우 협상결렬을 목표로 삼는 협상이 아닌 한, 협상결렬의 책임을 상대방의 성의의 부족으로 돌려 상대에게 책임을 전가시키는 것이다. 이는 나중에 협상 재개의 기초가 된다.

4) 협상 후 단계의 전략과 기교

협상종결 후에 협상의 과정, 전략과 기교의 응용을 매번 검토해야 한다. 협상능력의 배양에 가장 중요한 것은 경험의 축적이기 때문이다. 전략과 기교의 운용에 대한 검토가 적당했는지, 협상의 목표가 적절했는지, 협상결과가 자신이 협상 전에 설정한 목표에 부합했는지 여부를 검토하고 이외에도 협상단의 구성과 협력이 이상적이었는지, 협상준비는 충분했는지, 착오가 있었는지, 상대방의 협상목표, 협상전략, 협상결과가 만족스러운지를 종합적으로 평가하여 또 다른 종류의 협상의 참고로 삼아야 한다.

5) 협상전문가의 구비 조건

훌륭한 협상인재가 구비해야 할 특질과 행위에 대하여 협상학자들은 여러 가지 견해를 밝혀왔다. 초기의 학자들은 상호 대립이라는 국면을 통해서 협상을 보는 경향이 있었다. 이 입장에서 본다면 훌륭한 협상전문가는 꿍꿍이 속을 지닌 교활한 인격을 구비해야 한다. 초기의 협상학자들은 외교관을 "해외에 파견되어 국가를 위해 거짓말을 하는 순박한 사람"으로 보았다. 임기응변을 강구하는 것이 정당화 되는 시대는 결과로서 수단의 정당성을 평가하기도 했다. 오직 목적을 달성하기 위해 사기를 치는 비열한 수단도 허락되었다. 17세기 말 프랑스 외교관 프랑스와 칼리에르(Francois de Callieres)는 협상자는 오만한 행위를 해서는 안되며, 깔보는 태도를 보여서도 안 되고, 즉흥적으로 상대를 위협하고, 적대적인 태도를 취하고, 크게 화내거나 굴복되거나 자신을 뽐내서는 안 된다고 하였다. 자신의 진정한 감정이나, 이익을 숨기고, 상대에게 조종에 능하다는 인상을 주어서도 안 되며, 상대의 약점을 이용하고, 때로는 아첨하고 빌붙고 알랑거리고, 술과 미인계를 사용하는 효과도 익혀야 한다고 보았다.[78] 이러한 것들이 초기협상자들의 전형적인 견해였다.

현대의 학자들은 협력의 측면에서 협상을 보는 경향이 강하다. 협상은 쌍방이 공통된 인식을 찾아내서 결정하는 과정으로 보며, 상호 간최대이익의 증가를 그 목적으로 한다. 따라서 협상전문가는 진실한 태도와 조화시키는 능력을 구비해야 한다. 예를 들어 자트만과 버만은 협상전문가는 감정이입(empathy)의 능력을 통해 상대의 약점을 이해하고, 충만한 인내심과 체력(stamina)으로 협상에 임해야 한다. 또한, 충만한 자신감(self assurance) 이외에도 이견을 없애는 대안을 구상하는 능력을 구비해야 할 뿐만 아니라 성심성의를 다하여 상대에게 신뢰감을 줄 수 있어야 한다고 주장했다.[79] 대만의 걸출한 외교관 구웨이 쥔(顾维钧)은 특히 정서의 통제를 강조했다. 외교협상에서 자신의 감정통제가 제일 중요하다. 상황이 아무리 불리하더라도 침착하고 냉정을 유지해야하며 절대 화를 내서는 안 된다는 것이다.[80]

성실한 태도를 통해 달성한 협의라야만 그 효력이 오래 지속되고 쌍방의 관계 역시 원만하게 유지된다. 상호신뢰가 협상성공의 기초이지만 동시에 심리적으로 방어하는 마음 또한 없지는 않다. 협상전문가는 상대를 향해 구사하는 각종 기교의 인식과 방법을 구비하고 있어야만 협상불패의 자리에 오른다. 필경 어떤 국가 혹은 개인은 교활한 태도와 수단을 통해 협상을 한다. 이는 적대적 협상에서 중국이 자주 구사하는 기교다. 특히 중국은 적대적인 협상에서 외국에게 적대시하는 태도를 자주 보여왔다.[81]

78) Willem F. G. Mastenbroek, "Development of Negotiating Skills," in Kremenyuk (eds.), International Negotiation, pp.380-382.
79) Zartman and Berman, The Practice Negotiation, pp.16-41.
80) 董霖, 顾维钧与中国战时外交, 台北 : 传记文学出版社, 1987年, p.171.
81) Alfred A. Wilhelm, The Chinese at the Negotiating Table: Style and Characteristics (Washingtong D.C. : National Defense University Press, 1991).

협상전문가의 특질을 구성하는 일부분은 선천적이다. 하지만 후천적인 학습과 실전에서의 경험 모두 협상전문가의 성장을 도와주는 중요한 요소다. 먼 길을 떠나는 자는 신발 끈을 매는 방법부터 다르다. 한 푼 한 푼의 노력에 의한 수확이야말로 시련을 견뎌낸다. 그래서 카라스는 균형 잡힌 지식(balance of knowledge)과 시간과 노력 간의 균형(balandce of time and effort)은 쌍방의 세력균형에 영향을 미치는 요소라고 보았다.[82] 협상대표가 보유한 지식이 상대보다 광범하고, 협상 대상 표적물에 대한 전문지식에 있어서도 상대보다 더 깊고, 투입한 시간과 노력도 상대보다 많으면 당연히 협상에서 우위를 차지한다. 지식의 축적, 시간과 노력의 투입은 모두 후천적으로 노력한 결과며 유전적인 것이 아니다.

6) 협상의 흐름(과정) 정리

라이파는 협상의 각 단계에 준하는 협상준비 체크리스트를 만들었다. 위의 분석에서 이미 소개한바 있으나 다시 강조함으로써 협상을 준비하는데 참고가 되었으면 한다.

① 협상전의 준비 단계

가. 자신의 이해 : 자신의 환경을 고려한다. 만약 협상을 달성하지 못하면 자신에게 어떠한 영향이 있는가? 대체방안을 분석 평가하고 자신의 마지노선을 예측한다.

나. 협상상대 이해 : 협상상대에 관한 각종 자료 수집(협상대표의 개인자료, 상대진영 내부에 이견이 있는지 여부), 협상이 달성되지

---

82) Karrass, The Negotiation Game, pp.61-63.

못하면 상대에게 어떠한 영향을 미치는지 평가하고 상대의 가능한 대체방안을 분석한다.

다. 협상의 규칙 고려 : 믿음직한 상대인지, 자신이 구사할 책략이 관례에 부합되는지, 불리한 정보를 은폐하는지, 협상의 단계를 나누어 실행하는지 등을 분석한다.

라. 관리문제 고려 : 누가 와서 협상하는가? 협상단의 업무분담과 전문인사의 협조가 필요한가 여부, 언제 어디서 협상하는가?

마. 모의연습 : 적당한 인사를 찾아 상대역을 맡긴 뒤에 상대가 채택할 수 있는 전략과 전술을 응용하여 연습한다.

바. 기대목표 설정 : 협상은 물론 많이 가져오면 좋지만 합리적인 거래가를 설정하여 기대목표를 설정한다. 기대한 목표는 협상과정에서 수정되기도 하지만 마지노선은 반드시 고수해야 한다.

② 협상대국이 열린 후

가. 누가 값을 부르는가 : 본문에서 누가 먼저 첫 값을 불러야 이익인지는 분석했기에 여기에 부연하지 않는다. 그러나 처음 값을 부를 때에는 상대가 받아들일 수 있는 합리적인 범위보다 높아야 한다. 무엇보다도 먼저 값을 부르는 것은 기조를 정하는 것으로서 이는 쌍방의 흥정에 영향을 미친다.

나. 어떻게 상대의 불합리한 가격 요구에 응하는가 : 상대의 불합리한 가격흥정이라는 함정에 빠지지 말아야 한다. 이때는 협상을 중지하고 상대가 가격을 다시 정하기를 기다린 후 재개하거나 즉각적으로 이쪽이 원하는 가격을 건의한다.

다. 보전업무 : 정보가 새 나가지 않도록 막아야 하고 거짓정보 제공도 고려한다.

③ 협상진행 중

가. 양보의 모델 : 가장 널리 보이는 양보의 형태는 단조롭게 자신의 양보를 조금씩 줄이고, 쌍방의 입장차이를 지속적으로 줄인다. 그러나 자신의 양보와 상대의 양보가 연결되어야 한다.

나. 자신의 인지를 다시 평가 : 예를 들어 자신의 마지노선, 목표, 책략의 인지, 기만의 게임을 진행시킬지의 여부 등을 다시 평가한다.

④ 마지막 협상

가. 승락 : 협상을 종결하고자 하면 협상상대에게 더 이상의 양보가 없음을 확신시켜야 한다. 예를 들어 협상중단이라는 위협전술을 쓴다면 상대는 더 이상 양보를 얻어 낼 수 없음을 알게 된다.

나. 정교하게 승락 파기 : 만약 이미 협의에 도달한 승락을 이행하기를 원하지 않는다면 정교한 방법으로 이 승락을 뒤엎어야 한다. 예를 들어 협상대표를 교체하든가 새로운 의제를 제시하던가, 새로운 지시를 받았다거나 혹은 새로운 정보 획득의 이유를 들어 이미 협의에 도달한 승락을 뒤엎는다.

다. 상대의 승락을 깨는데 도와주기 : 때로는 상대가 자신의 동의한 승락에서 빠져 나오게 하여 상대의 체면을 잃게 만듦으로써, 자신의 이익에 부합되게 만든다. 이 때 교묘한 전략으로 합의된 승락을 깨도록 도와주어야 한다.

라. 제삼자를 끌어들임 : 쟁의 있는 가격이 이미 자신의 예상보다 낮고, 협상이 여전히 교착상태에 빠져있어, 협상결렬을 선포하기 직전이라면 제3자를 찾아 조정 혹은 중재를 고려해 본다. 제3자에게 얼마의 권한과 얼마의 정보를 줘야 하는지를 염두에 두어야 한다.

마. 협상범위 확대를 고려 : 협상이 최후의 단계에 왔을 때, 쌍방 간

에는 결코 예상하지 않았던 존재하지 않는 협의의 영역이 생겼거나 근본적으로 쟁점을 해결할 수 없을 때에는 협상범위를 보다 확대시킬 것을 고려해 본다. 예를 들어 협상의 의제를 늘려서 보다 더 복잡한 이익교환을 진행한다.

다음에 제시한 도표는 본 장에 의해 진행된 분석에 따라 협상의 결정과정과 진행의 흐름이며, 데이비드 이스턴의 정책결정 모형이다.[83] 그림 2-2에 도시하였다.

7) 결어

협상이라는 단어를 떠올릴 때 대립과 충돌이라는 단어를 떠올리게 하지만 협상은 이미 일상생활의 중요한 부분이다. 무리를 떠나서 외롭게 살지 않는 한 원하든 원하지 않든 우리는 거래의 장소에서 만난다. 협상은 권익을 보호하거나 혹은 이익을 증진하는 중요한 기능을 가지고 있다.

협상전략과 기교는 협상결과에 영향을 미치는 중요한 요소다. 스나이더(Gleen H. Snyder)와 디에싱(Paul Diesing)은 협상기교의 정교함이나 세련된 정도에 따라 서로 다른 결과를 가져온다고 보았다.[84] 약자가 강자와 대결하는 열세적인 상황에서 협상의 기교를 동원하여 전세를 역전시킬 수 있다.[85] 본서에서는 지면의 제약상 협상전략과 기교

83) David Eastern, A Framework for Political Analysis(Englewood Cliffs, New Jersey: Prentice-Hall, 1965), p.112 ; David Easton, A Systems Analysis of Political Life(New York: John Wiley and Sons, 1965), p.30 ; and 张晓豪、焦志忠编著, 谈判控制, 北京 : 经济科学出版社, p.42.
84) Glenn H. Snyder and Paul Diesing, Conflict among Nations(Princeton, New Jeorgy: Princeton University Press, 1977), p.498.
85) Habeeb, Power and Tactics in International Negotiation, pp.1-33.

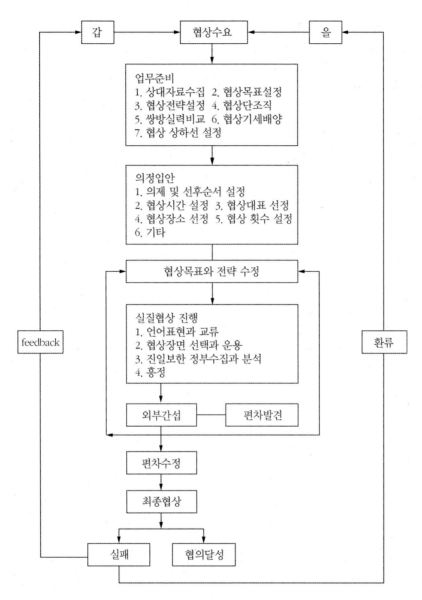

그림 2-2 협상과정도

를 모두 다루지 못했다. 사실상 협상은 일종의 예술이다. 규칙이 없기 때문에 한 마디로 정의하기 어렵고 그 결과 역시 예측이 어렵다. 협상의 전략과 기교는 협상대상과 협상성질에 따라 각기 다르기 때문에 일일이 거론하기도 쉽지 않다. 또한 전략과 기교의 응용은 융통성이 크게 작용한다. 대부분의 기교는 실전협상과정에서 체득된다. 가깝게는 주변에서 자동차나 주택을 사고팔거나 시장에서 채소를 흥정하는 일상생활의 사소한 거래의 경험을 협상 학습의 과정으로 삼는다면 협상에 대한 부정적 인식이 바뀌어 생활 속의 즐거움이 될 수 있다.

제 3 장

중국의 협상전략

제1절 중국협상스타일의 형성

일반적으로 중국의 협상에 대한 인식과 협상스타일은 서구의 국가들과는 상당한 차이를 보인다. 중국은 서방국가들이 비교적 중시하는 윈 − 윈(쌍영, 双嬴)의 협상결과를 강조하지는 않는다.[1] 중국의 협상행위는 각기 다른 시간과 공간의 환경 속에서 변화되고 발전되어 형성되었다. 중국협상스타일에 영향을 미치는 요소를 아래 몇 개의 부류로 나눠서 설명하고자 한다.

---

1) Blackman, Negotiating China, pp.24-26.

1 긍지(자부)와 굴욕의 역사

시경(诗经)에 이르기를 온 하늘 아래가 왕의 땅이 아님이 없으며 온 천하 사람이 왕의 신하 아님이 없다(溥天之下, 莫非王土, 率土之濱, 莫非王臣)고 했다. 청나라 중엽 이전까지 중국인들은 스스로를 세계의 중심이라 여겼기 때문에, 주변국과의 관계 역시 대등한 것으로 보지 않았다. 문화로서 화하(华夏)와 이적(夷狄)을 구분했고, 주변 국가 역시 전부 중국의 번속(藩属) 혹은 봉방(封邦)이었다. 오랑캐 나라(蛮夷之邦)인 서방국가 들은 모두 천자의 나라(天朝)인 중국과 대등한 자격이 될 수 없었다.[2] 1793년 8월 영국 국왕은 매카트니(George Lord Macartney) 경을 특명전권대사로 임명해 80여 명의 수행원을 베이징에 파견했다. 그러나 건륭(乾隆)황제를 알현(觐见)함에 있어서 의전문제가 발생했다. 청나라는 영국대사 매카트니에게 삼궤구고두례(三跪九叩頭禮)[3]를 요구했다. 매카트니는 자신의 국왕을 알현할 때와 동일한 의전을 고집하였다. 당시 영국의 예의는 반무릎를 꿇고 고개 한 번 숙이면 그만이었다. 이는 결국 건륭의 심기를 건드려 쌍방의 첫 만남은 유쾌하지 못한 상태로 끝났다. 청나라는 스스로 상국(上国)임을 자처했고, 영국왕에 대한 칙서에서도 완전히 상국의 어투를 사용했다.[4]

중국인들은 하늘과 땅 황제를 제외 하고는 무릎 꿇지 않는다. 무릎을 꿇고 절을 하는 행위는 사죄의 뜻이 더 담겨 있다. 이러한 관념은

---

2) 중국의 전통세계관에 대해서는, John F. Fairbank(ed.), The Chinese World Order: Traditional China's Foreign Relations(Cambridge, Massachusetts: Harvard University Press, 1968)을 참조하라.

3) "일고두"(一叩頭), "재고두"(再叩頭), "삼고두"(三叩頭)의 호령에 따라 양 손을 땅에 댄 다음에 이마가 땅에 닿을 듯 머리를 조아리는 행동을 3차례 하고, "기"(起)의 호령에 따라 일어선다. 이와 같은 행동을 3회 반복한다.

4) 郭廷以, 近代中国史纲, 上册, 香港：中文大学出版社, 1980年, pp.40-41；王曾才, 中国外交史论集, 台北：联经出版社业公司, 1979年, pp.17-40.

아직도 찾아 볼 수 있다. 예를 들어 2016년 11월 약 20명의 삼성 모바일(SamMobile)의 중국 및 한국임원들은 노트 7 재앙에 대한 사과와 중국인들의 지속적인 후원에 대한 감사 표시로 큰 절을 했다. 하지만 중국 사람들은 국제적인 회사인 삼성이 중국문화에 대한 존경심이 없는 것을 보여주는 것이라고 분노했다.[5]

인도에서 불교가 전래되는 과정에서도 승려들의 황제에 대한 예의문제가 발생했다. 인도에서는 황제를 만나도 간단한 합장이면 된다. 중국은 그렇지 않았다. 결국 불교 역시 황제권을 인정하고 나서야 중국에 뿌리를 내릴 수 있었다.

중국과 주변국과의 관계 역시 계서(階序)적 질서를 형성하고 있었고 불평등한 외교관계였다. 이는 조공제도에 잘 나타난다. 주변국가는 천조(天朝)인 중국에 정기적으로 공물을 바치고, 천자의 신하임을 인정해야만 했다. 천조인 중국이 진정으로 마음에 둔 것은 속방이 바치는 공물이 아니라 속방들이 천조를 향해 신하라 칭하는 그 태도였다. 그래서 천조가 속방에 내리는 하사품은 왕왕 조공국이 바치는 공물보다 더 가치가 높았다.

하지만 1840년 아편전쟁 이래 서방국가의 침략과 굴욕을 경험하면서 잘난 척하고 거만하고 오만한 행위가 자기비하로 바뀐다. 이와 동시에 중국민족주의를 격발시켰고 중체서용(中体西用)에서 전반서화(全盘西化, 서양문화를 전부 그대로 받아들임)로, 부강의 도를 찾지 않는 이가 없었다. "개와 중국인은 들어 올 수 없다(狗与中国人不得入内)"고 하는 서방제국주의자들에 의한 중국인들의 굴욕은 전통적 보수심리, 배외심, 외국인 불신이 결합되어 중국인의 골수에 박히게 된다.

서구의 학자들은 마오쩌둥 주의를 일컬어 '중국문화와 서양 공산주

---

5) http://kr.whowired.com/news/articleView. html?idxno=417732.

의의 사악한 결혼'이라고까지 했다.[6] 이러한 전통문화를 계승한 중국의 대외행위는 여전히 자기중심적인 거만한 심리가 깔려있다. 덩샤오핑이 한때 말했듯이 "소위 말하는 다극(多极), 중국도 한 극이다. 중국은 자신을 깎아 내리지 말아야 한다. 어떻게든 하나의 극이다."[7] 이는 중국의 강권적이고 패권적인 심리상태를 잘 보여준다. 중국은 줄곧 국가 간 상호평등을 강조했고, 영원히 패권자로 자처하지 않으며, 영원히 제3세계에 속할 것이라고 강조해왔지만 그 실상은 중국이 전통적으로 받은 자기중심적인 세계관이 깔려있기 때문이다. 그러므로 중국은 기타국가들 간의 협상에서 진정으로 상대를 평등하게 대하지 못한다.

약소국가와의 협상에서 중국은 상국이라는 대국행태를 보인다. 이 또한 장점이 있다. 관대하게 특혜를 베푼다. 이는 중국과 미얀마[8], 중국과 네팔의 국경회담[9] 및 아시아, 아프리카, 라틴아메리카에 대한 원조계획을 위한 협상의 예에서 충분히 알 수 있다.[10] 사실 1961년 중국

6) Jonathan Dimbleby, The Last Governor-Chris Patten & Handover of Hong Kong, 张宏远、管中祥、林孟贵译, 香港末代总督彭定康, 台北：时报文化, 1997年, p.50.
7) 邓小平文选, 第3卷, 北京：人民出版社, 1993年10月, p.353.
8) 중국과 미얀마 국경협상에 관한 경과는 王峻彦, 大外交家周恩来, 上册, 经济日报出版社, 1988年, pp.120-142를 참조하라. 전 주유엔인도대사 랄(Arther Lall)은 중국은 미얀마에 대한 절대적 권력 우세에 있었다. 그러나 미얀마와의 국경협상시에 오히려 미얀마에 양보를 했다. 이로서 쌍방은 상호 접수할 수 있는 협의를 달성했다. Lall, How Communist China Negotiates, p.188.
9) 1961년 10월 5일 중국과 네팔 간의 국경협정은 쌍방이 쟁의 있는 영토 중에 중국은 900평방 제곱미터를 양보했고 단지 56평방제곱미터만 취득했다. Lall, How Communist China Negotiates, p.200. 중국방면의 기재는 中国人民共和国外交部中共中央文献研究室编著, 毛泽东外交文选, 北京：世界知识出版社, 1994年, pp.389-397 마오저뚱과 네팔왕국 수상 코이라라(Girija Prasad Koirala) 간에 있었던 1960년 3월 18일의 대화를 참고하라.
10) 중국이 탄자니아-감비아 철도 건설의 원조를 예로 든다면, 何英,「我在坦桑尼亚开展外交活动的片断回忆」, 外交部外交史研究史篇, 当代中国使节外交生涯, 第二辑, 北京：世界知识出版社, 1995年, p.39를 참조하라. 탄자니아 대통령은 1965년 2월 마오저뚱과의 회견에서 이 철도의 시공 지원을 요청했다. 마오저뚱의 답은 차라리 우리의 철도는 건설하지 못하더라도 탄자니아 철도는 도와주겠다고 밝혔다.

과 북한간의 국경조약도 북한에 다소 유리하게 맺어졌다. 이러한 심리 상태는 과거 중국의 조공제도와 상당한 유사점이 발견된다. 중국의 주변 소국 및 아시아, 아프리카, 라틴 아메리카의 약속국에 대한 관대한 마음은 얼굴을 때려 뚱보로 보이게 하는 심리를 보여준다. 반대로 백년 이상 서방국가의 침략을 받은 역사의 그림자는 서방국가들과 기타 중국을 수탈한 국가들에 대해서 의심과 적대적인 태도를 보인다. 중국이 공산주의 가치관을 전격적으로 받아들인 이유의 하나로서 반제국주의 투쟁에 대한 공산주의 이념의 특징 덕분이었다.

백 년의 굴욕적 역사가 격발시킨 민족주의는 중국을 다시 일어나게 했고, 실제로 마오쩌뚱은 1949년 9월 21일 중국인민정치협상회의 제1기 전체회의의 개막 치사에서 "중국인민이 일어났다(中國人民站起来了)"고 했다.[11] 마오는 중국이 낙후한 이유는 제국주의와 국내의 반동분자들이 결탁한 결과라고 말했다. 이러한 심리적 태도에서 알 수 있듯이 중국은 서방국가를 적대시하고 불신한다. 그 결과 서방국가와의 협상에서 도덕심과 정의감은 중국에 있다고 스스로 여긴다. 서양국가는 역사적으로 모두 중국에 빚을 졌으므로 협상테이블에서도 양보와 보답으로 중국에 속죄해야 한다는 인식이 뿌리 깊게 박혀 있다. 일본과 중국과의 수교협상 역시 이와 같은 맥락으로 볼 수 있다.

---

11) 毛澤東選集, 第5卷, 北京 : 人民出版社, 1977年, pp.3-7.

2 맑스-레닌주의의 영향

"공산당이 없다면 신중국도 없다(沒有共産黨就沒有新中國)"라는 노래는 1943년 중국공산당원 자오휘싱(曹火星)이 창작한 곡이다.[12] 이 말은 공산당이 국가를 만들었기 때문에 국가보다는 당이 앞서며, 인민해방군도 당의 군대이지 국가의 국군이 아니다. 그러므로 공산당을 논하지 않고 중국의 협상특징을 논하기가 어렵다.

맑스-레닌주의는 외국에 대한 배타성을 강화했을 뿐만 아니라 서양 제국주의가치관을 적대시했다. 중국공산당은 『당대중국외교(当代中国外交)』라는 책을 통해 외교관계를 기록했는데, 기본적으로 맑시즘, 레닌주의 및 모택동 사상을 과학이론으로 삼아 국제형세와 외교정책 수립의 지침으로 삼았다.[13] 현재의 공산당 당강(党纲)에도 맑스레닌주의, 마오저뚱 사상, 덩샤오핑 이론, 삼개대표론, 과학발전관을 공산당의 행동 나침반으로 삼는다고 못 밖아 놓았다.[14]

중국의 엘리트들은 구소련의 국제공산당과 교류를 통해 맑스레닌주의를 흡수했고 이는 중국의 협상에 대한 관점과 협상전략운용에 영향을 미쳤다. 다시말해 중국은 협상을 어떻게 대외투쟁의 무기로 적용하는가를 소련으로부터 학습한 것이다. 소련의 협상에 대한 견해 역시 서방국가와 크게 달랐다. 스탈린에게 있어서 "협상은 시간을 얻고 역량을 준비하여 장래에 도래할 새로운 결전을 준비하기 위함이고, 협상은 숨돌릴 여유를 얻어서 새로운 군대를 건설하고, 이로서 전쟁에서의

---

12) 北京青年报, 2014年9月30日.
13) Quoted in Samuel S. Kim, "China and the World in Theory and Practice," in Samuel S. Kim(ed.), China and the World: Chinese Foreign Relations in the Post-Cold War Era, third edition(Boulder, Colorado: Westview Press, 1994), p.6.
14) 원래는 '공산당이 없으면 중국도 없다'이나 마오쩌뚱이 신 "新"자를 보충했다. 공산당신문, 中国共产党章程, http://dangshi. people. com. cn/n/2012/1119/c234123-19618241.html.

우세를 확보한다"는 관점을 취하고 있다.[15]

공산당에게 있어서 적과의 모순은 평화적인 방법으로는 결코 해결되지 않는다. 물론 잠시의 타협은 가능할지 모르나 장기적인 투쟁은 멈추지 않는다. 협상은 단지 자유세계에 대한 혁명외교(revolutionary diplomacy)의 전술일 따름이며 역시 적대투쟁의 다른 형식이고 교전의 장소가 전장에서 협상테이블로 옮겨진 것뿐이다. 중국공산당의 10대 원수(元帥) 중의 한 사람이고 외교부장을 지낸 천이(陈毅)는 협상을 '무희문창(武戏文唱)'이라고 말했다.[16] 즉 입으로 하는 무술이다. 매우 적절하게 중국의 협상에 대한 견해를 표현했다.

마오저뚱 역시 "제국주의와의 협상은 투쟁의 과정이며 투쟁과정에서 절대로 협상에 의지해서는 안 되고 협상은 특정한 시기에 보복을 가하는 것이다"라고 말했다.[17] 국민당과 공산당 간의 평화협상은 단지 국제적으로 공산당이 평화를 원한다는 것을 선전하기 위함이었다.[18] 종이에 쓰여진 것은 결코 현실의 것과 같을 수 없다.[19] 마오의 관념에서 보자면 협상은 일종의 투쟁의 도구며, 선전의 수단이고, 적을 보복하는 도구일 따름이다.

저우언라이도 "승리를 위한 협상이라야 비로서 의의가 있다. 그렇지 않으면 협상은 대담일 뿐이며 결과도 없다"[20] 또 "투쟁하고 있는 쌍방은 투쟁의 기본방침에서 절대로 양보할 수 없고 변동할 수 없다 …… 단, 쌍방이 협상의 가능과 타협의 여지가 없는지의 여부는 바로 정세

---

15) 法务部调查局遍, 认识敌人, 台北：法务部调查局, 1984年, p.93.
16) 赵祥龄, 「毛泽东高屋建筑的策略思想和斗争艺术-学习中美大使级会谈策略运用的点滴体会」, 中华人民共和国外交部外交史研究室编, 毛泽东外交思想研究, 北京：世界知识出版社, 1994年, p.196.
17) 毛泽东选集, 第4卷, p.1154.
18) 동상주, p.1159.
19) 往徐和、任向群, 二十世纪十大谈判, 北京：世界知识出版社, 1998年, p.175.
20) 周恩来选集, 上卷, 北京：人民出版社, 1984年, pp.206-207.

로서 결정해야 한다"고 말했다. 전략은 형식에 근거 하여 변하지만 책략은 또 기본방침을 실현하기 위한 것이기도 하다.[21] 중국 대변인은 1963년 9월 1일 "협상은 제국주의에 대응하는 일종의 투쟁의 형세며, 오직 인민의 기본이익이라는 원칙을 받들어야 한다. 필요하다면 타협도 가능하다. 그러나 만약 협상을 평화공존을 달성하기 위한 수단으로 삼는다면, 심지어 유일한 수단으로 삼는다면 조금의 거리낌 없이 인민의 기본이익을 팔게 될 것이다. 이는 평화공존이 아니라 오직 투항주의와의 공존이다. 투항주의자와 함께 한다면 세계평화가 해를 입게 되는 결과를 초래하게 될 것이다."[22]고 밝혔다. 이러한 생각은 맑스-레닌주의의 영향을 깊게 받은 것이다. 협상은 전투다. 글로서, 입으로서 싸우는 전투다. 다만 무력으로 싸우는 전투가 아닐 뿐이다.[23] 중국의 역대 지도자들이 가지고 있었던 협상에 대한 인식은 아직도 전승되고 있다. 물론 서방국가가 지닌 협상에 대한 인식과는 매우 다르다.

3 중국의 전통정치문화

먼저 중국의 전통적 정치문화는 집단주의를 강조하고 개인주의적 가치를 낮게 본다. 한 연구에 따르면 한 국가의 정치문화의 개인주의 경향을 0에서 100까지 점수를 부여했는데 점수가 높을수록 개인주의의 경향이 강하다. 결과는 미국은 91, 호주 90, 캐나다 80이었으며 중국은 단지 36에 불과했다.[24] 이러한 집단주의(collectivism) 경향은 중국의

21) 동상주, pp.260-261.
22) 文厚, 談判桌上的中国人, p.5.
23) 柴成文, 赵金勇, 板门店談判, 2版, 北京 : 解放军出版社, 1992年, p.125.
24) T.L.G. Lai and Y.W.C. Lam, "A Study on Workrelated Values in the People's Repoublc of China," Parts 1, 2, 3, The Hong Kong Manager, December/January,

협상대표들에게 체면을 중시하게 만들고, 집단 안과 집단 밖의 구별을 강조하고, 꽌시(关系, 관계)를 중시하며, 쉽게 결정을 내리지 못하는 속성으로 나타난다.[25] 또한 중국의 정치문화는 권위를 두려워하거나 존경한다. 제왕의 시대에 신하에 대한 징벌은 매우 엄격했다. 한 사람이 잘못을 범하면 구족(九族)이 멸화를 당할 수도 있다. 이러한 문화는 중국인들로 하여금 권위를 두려워하게 만든다. 그 결과 중국협상대표는 협상과정에서 결정 내리기를 두려워하고, 비교적 융통성이 약하고, 일체를 윗사람의 지시에 의지한다.

4 중국공산당의 실천 경험에서 형성된 특질

먼저, 1949년 중화인민공화국이 건국된 이래, 중국공산당은 인민을 옥죄는 대규모의 정치운동을 전개했다. 1950년대 초기의 삼반오반(三反五反), 50년대 말의 반우(反右)투쟁, 1966-1976까지의 문화대혁명, 1980년대의 정신오염반대운동(反精神汚染), 1989년 천안문 사태 진압 등은 중국인들에게 권위에 대한 두려움을 심화시키고 집단성을 지나치게 강조해 개인적 자아를 억압하여 개인의 자율성이 제약되고, 민주적인 탄력성이 발휘되기 어려운 정치심리적 억압상태에 놓여 있게 만들었다.

또한 공산당의 개인에 대한 엄밀한 통제 시스템은 협상대표단으로 하여금 고도의 기율을 갖도록 만들었다. 예를 들어 1954년 제네바 회담에서 협상단 전원은 검은색의 중산복(中山服)을 모두 입었으며 마음대로 외출도 하지 못하게 막았다.[26] 문화대혁명 기간에도 마오저뚱,

February/March, and June/July, 1986, quoted in Blackman, Negotiating China, p.11.
25) Blackman, Negotiating China, pp.10-23.

린뱌오(林彪), 캉성(康生) 등의 그룹들은 류사오치(刘少奇), 펑더화이(彭德怀), 덩샤오핑(邓小平), 천이(陈毅), 허룽(贺荣) 등과 같은 원로급인 우파들에 대해서 잔혹한 숙청을 가했다. 이는 중국협상대표들이 더욱더 서방접촉을 두려워하게 만들었고, 조그마한 잘못에도 벌을 받을까 무서워하며 스스로 결정 내리기를 주저하고, 집단으로 위험을 분담하는 방식의 관료주의의 나쁜 습관을 지니게 되었다. 예를 들어 1969년 닉슨 정부가 연속해서 세 개의 전보를 쳤다. 주폴란드 미국대사와 주폴란드 중국대사관 간의 바르사뱌 대사급회담을 재개하자는 내용이었다. 바르샤바 과학문화궁에서 열렸던 남슬라브패션전람회에서 미국대사는 중국대표 레이양(雷阳)에게 전하려 하였으나, 레이양은 계속해서 만남을 피하려고 하였다.[27] 훗날 저우언라이는 키신저에게 중국대표 레이양이 하마터면 심장병에 걸리는 줄 알았다고 조크를 던졌다.[28] 중국협상대표는 중앙의 신임을 잃어버릴까 봐 두려워했고, 패권국가에 대해서 연약하다고 지적 받는 것을 우려한다. 따라서 오직 강경한 태도로서 거절해야 능히 골칫거리 문제를 피할 수 있게 된다.

5 대외개방의 영향

1978년 중공11기 삼중전회에서 개혁개방노선을 채택하고 나서, 외국자본은 중국으로 쇄도했고, 외국과의 무역규모도 폭발적으로 증가했다. 이로써 중국은 서방국가와 협상테이블에 앉을 수밖에 없었다. 더

26) 王峻彦, 大外交家周恩来, 上册, 北京：经济日报出版社, 1998年, p.142.
27) 骆亦粟,「在波兰的岁月」, 当代中国使节外交生涯, 第四辑, p.179. 苏骆, 美国对华政策与台湾问题, 北京：世界知识出版社, 1998年, p.365.
28) 龚惠平,「周恩来同柯锡金机场会晤及其启示」, 中华人民共和国外交部、外交史编辑室编, 研究周恩来－外交思想与实践, 北京：世界知识出版社, 1989年, p.176.

욱이 상업협상의 기회와 횟수는 현재에도 계속 증가하는 추세에 있다. 상업협상은 상호 간 윈-윈의 특징을 강조하기 때문에 중국의 협상스타일 역시 점차 이러한 영향을 받았다. 개혁개방이 심화되는 과정에서 베이징 경제과학출판사는 협상에 관한 총서를 간행했다. 그 서문에서 중국협상 발전의 요소 중의 하나로 윈-윈의 특징을 강조했다. 이는 시장경제를 발전시키기 위해서다.[29]

그럼에도 불구하고 앞에서 서술한 협상 즉, 중미 간의 대사급회담과 관계정상화 협상, 소련과의 동맹협상, 남중국해 문제와 관계된 제네바 국제회의, 소련과의 국경선 확정 협상 등 개혁개방 전의 협상의 절대 다수는 모두 매우 농후한 적대적 성질을 띠고 있다. 이는 상업협상이 강조하는 윈-윈의 특징과는 크게 다르다. 개혁개방은 중국과 서방국가 간에 밀접한 왕래를 가능하게 했고, 이는 중국의 협상에 대한 관점을 바뀌게 하였다.

중국의 협상전략 역시 개혁개방의 영향을 받았다. 1980년대 초, 루시안 파이는 중국의 상업협상은 두 종류의 상호모순적인 성질이 발견된다고 하였다. 한편으로는 고집, 확고부동, 끝까지 버팀, 극도의 인내심 등 상대가 양보하기를 기다리는 동양적 스타일이고, 다른 한편으로는 현실주의를 드러낸다. 즉 필요한 사항에 대해 빨리 결정하고 화해를 강조하는 태도를 보인다고 분석했다.[30] 중국의 협상전략은 기본적으로 중국전통과 개혁개방을 통한 자본주의의 영향을 받았다. 이제 개혁개방 30년을 넘어서 중국은 자본주의에 대한 적응, 학습, 미국 등 서양국가들의 협상을 경험했고, 이러한 협상의 관찰에 근거하여, 경제, 상업, 기술문제에서 중국은 점점 서방의 협상표준과 규범에 적응했다. 초기의 정치적 공격이나 이데올로기적인 욕설을 퍼붓거나 하는 현상은

---

29) 齐宪代、王子升、石翼中编著, 谈判策略, 北京：经济科学出版社, 1995年, pp.6-14.
30) Psy, Chinese Commercial Negotiating Style, p.68.

거의 찾아보기 어렵다. 중국은 유엔, 국제금융기구 등 다자협상에서도 현대적인 협상스타일을 보이고 있다.

그러나 비록 중국의 협상스타일이 변화 중에 있지만 대외협상의 결정은 여전히 정책결정을 내릴 수 있는 개인의 영향이 강하다. 중국은 서양과의 협상에서 여전히 의구심과 경계심으로 가득 차 있다. 상대에 대해서는 아직도 불신이 존재한다. 흥정거래 중에 항상 기만의 수단을 동원하며, 자신의 이익을 극대화하고 상대의 상황은 고려하지 않는다.[31] 이는 서양국가들이 강조하는 윈 – 윈의 정신과는 아직도 거리가 있다. 상업협상에서 상대가 제안한 방안이 중국협상대표의 권한을 넘어서거나 중국이 고려하는 계획과 무관하고, 꽌시의 원칙이 도전을 받거나 혹은 그들의 장기적인 목표가 곤경에 처하면 중국의 협상대표는 경직되고, 고집스럽게 변한다. 이러한 태도는 정치협상에서 보다 더 분명해지며 상대를 수세에 처하게 만드는 구식 수단이 여전히 성행한다.

이로써 알 수 있는 것은 중국의 협상에 대한 견해 및 행위는 아직도 변화의 과정에 있다는 사실이다. 한편으로는 여전히 전통중국문화와 세계관, 맑스 – 레닌주의 및 과거 실천경험의 영향을 받고 다른 한편으로는 서방의 협상관념의 충격을 점차 흡수하고 있는 과도기에 처해 있다. 전자의 요소가 후자의 요소보다 더 영향력을 가지는 것으로 보인다. 양안관계를 예로 들자면 중국대외 상업협상은 여전히 정치적인 고려의 영향 하에 있다. 국민당이 재집권한 2008년부터 양안은 급격하게 협상의 시대로 진입했다. 2016년 민진당이 재집권하기까지 8년 동안에 대삼통과 경제무역기본협정(ECFA)을 비롯해서 23개의 협의가 성사되었다. 모두 다 경제에 관련된 분야지만, 중국은 협상에 임함에 있어서 정치이익과 경제이익을 동시에 고려하였다. 그 결과 비록 경제적으

---

31) Blackman, Negotiating China, pp.52-53.

로는 적자를 보더라도 훗날 정치적인 흑자로 돌아온다고 판단했다. 이런 원칙으로 인해서 대만에 대해서 대폭적인 양보(让利)를 취했다. 이는 경제를 부흥시키고자 하는 마잉주의 실리와 경제를 통해 정치분야로 확장해 나가고자 하는 중국 간의 이해가 맞아 떨어졌기 때문이었다. 특히 대만 남부의 농업, 어업은 더욱더 특혜를 부여 받았다. 대만의 열대과일과 양식 물고기들이 거의 무관세로 중국에 진출했다. 중국과 좋은 관계를 유지하거나 특수한 영향력을 가진 다국적 기업 및 대만에 정치적인 영향력을 지닌 대만기업은 중국으로부터 비교적 유리한 투자조건을 얻는다. 심지어 중국공산당 중앙의 특별 비준으로 법령의 한계를 극복할 수 있다. 왜냐면 중국공산당이 착안하는 것은 경제이익이 아니라, 이러한 기업, 단체, 혹은 개인이 중국에게 가져다주는 정치이익을 고려하기 때문이다.

이외에도 꽌시, 호혜의 전통문화는 중국의 상업협상행위에서 그 영향력은 여전히 매우 크다. 중국공산당과 협상했던 사람들에 따르면 중국협상대표와의 좋은 꽌시를 맺고, 중국협상대표의 체면을 살려주려 애쓰고, 선물을 주는 행위 등이 중국과의 협상 성공의 중요한 요소라고 보았다. 과거 재홍콩미국상회(America Chamber of Commerce in Hong Kong)가 홍콩의 주재미국기업 136개를 조사했는데 이 중 꽌시가 매우 중요하며, 설득업무(persuasion)는 막후에서 하는 게 협상달성에 매우 중요하다고 조사되었다.[32] 또 다른 연구로서 홍콩중소기업의 조사에 따르면 168개의 회사에서 협상달성의 가장 중

---

32) K. H. Lee and W. C. Lo, "American Businesspeople's Peceptions of Marketing and Negotiation in the People's Republic of China," International Marketing Review, summer 1988, pp.41-51, quoted in Thomas Leung and L. L. Yeung, "Negotiation in the People's Republic of China: Results of a Survey of Small Business in Hong Kong," Journal of Small Business Management, Vol.33, No.1(January 1995), p.71.

요한 요소로 역시 꽌시를 꼽았다. 회사의 전문적 지식, 납품능력, 회사의 명예 이런 항목은 그렇게 중요하지 않았다.

꽌시를 중시하는 전통문화 아래에서 연회초청이나 선물증정은 중국과의 협상성공을 이루는 중요한 수단이다. 168개의 회사에서 73.2%가 협상 전 단계에서 중국의 협상대표를 주연에 초청했으며, 67.9%가 예물증정, 27.4% 중국협상대표에게 관광을 시켰다.[33] 협상테이블에서의 실질협상은 반대로 상대적으로 그렇게 중요하지 않다. 이는 서양국가들의 협상에 대한 인지와 예상과는 사뭇 다르다. 이렇게 꽌시를 중시하고 비공식장소에서의 교류는 동양국가 협상의 특질이다. 전통중국문화의 영향을 받고 꽌시를 중시하는 중국의 협상스타일은 대외개방에도 불구하고 여전히 그 특징을 이어오고 있다.

제2절 중국협상의 기본모델

중국의 협상태도와 전략의 응용은 협상의 의제, 중요성, 중국의 내부정치, 중국의 협상 주제에 관한 국제규범의 숙지 정도, 협상상대와의 관계, 다자 혹은 양자협상, 기술적 혹은 정치적 특성의 차이에 따라서 다소 다르다.[34] 이를 종합하여 중국의 협상행위를 구분해 본다면 적대적 협상, 양보형 협상, 충돌과 협력의 협상 3대 유형으로 나눌 수 있다.

---

33) Thomas Leung and L. L. Yeung, "Negotiation in the People's Republic of China," p.75.
34) Paul H. Krisberg, "China's Negotiation Behavior," pp.469-472.

1 적대적 협상

2장에서 소개한 바와 같이 적대적 협상은 일방에 대해 불신임, 선의의 결핍, 협의의 달성이 요원하거나 심지어 충돌을 확산시키고자 하는 의도로서 진행하는 협상이다. 그러므로 협상은 지루하고 그 결과도 기대하기 어렵다. 한국전쟁의 정전협정 및 미국과의 대사급 회담은 적대적 협상의 전형적인 예다. 이 두 협상에서 중국은 미국 육군 중장 윌리엄 K. 해리슨(William Kelly Harrison Jr.)과 딘(Arthur Dean) 대사, 존슨(U. Alexis Johnson)대사, 빔(Jacob Beam)대사와 만났다. 중국은 처음부터 협상과정에 의심을 품었으며, 욕설하고 매도하는 방법을 채택했다. 완강하게 아젠다를 설정했을 뿐만 아니라 또한 교묘하고도 숙련된 방법으로 언론매체를 이용하여 미국에 압력을 가했다. 대사급회담과 한국전쟁 휴전협정을 예를 들어 중국의 적대적 협상의 행위와 책략을 보자 자세히 살펴보자.

1) 한국전쟁 휴전협정 협상

1950년 6월 25일 북한의 남한 침략으로 한국전쟁은 시작되었다. 이틀 후 유엔 안보리 결의를 통해 미군 위주의 연합군을 결성하고 남한에 대한 군사적 지원을 결정했다. 동년 10월 19일 중국은 압록강을 넘었고 곧 이어 남북한의 전황은 교착국면에 들어갔다. 결국 쌍방은 협상을 통해 전쟁을 종결하기로 결정했다. 중공, 북한과 미국을 위주로 하는 유엔군대표단이 정전협정을 위한 협상에 참가했다. 매우 전형적인 적대적 회담이다. 쌍방은 1951년 7월 10일 개성에서 협상을 시작했으나 후에는 38도 선상의 판문점에서 진행했다. 1953년 7월 27일 정전협정을 체결하기까지 747일을 소비했다. 협상의 주요 의제는 네 가지다. 첫째, 군사분계선 확정 둘째, 정전의 처리와 감독 셋째, 일체의 외국군대 철수 넷째, 포로교환이다.

① 협상은 다른 형식의 투쟁이다.

쌍방은 전장에서 서로를 처참하게 죽였으며, 협상테이블에서도 한 치의 땅도 양보하지 않았다. 전장에서 얻을 수 없었던 목표를 협상테이블에서 모두 얻고자 하였다. 이 목적을 협상테이블에서 달성하지 못하게 되면 쌍방은 다시 전쟁터로 나아갔다(让飞机大炮去辩论)[35]. 아이러니하게도 협상과 전쟁이 동시에 진행됐으며 사망하거나 부상당한 숫자가 협상전보다 협상기간 중에 더 많았다. 협상장소의 소재지에서도 매복 습격, 폭격이 뜻하지 않게 발생했다. 쌍방은 이러한 의외의 사태를 빌미로 상대를 제압하려 하였고, 국제여론의 지지를 얻고자 하였다. 협상테이블은 전장터에서와 마찬가지로 화약 냄새로 가득 찼다. 이들은 수단을 가리지 않고 격렬하게 경쟁했다. 다른 점이 있다면 혈육이 낭자한 대규모의 주검이 없었을 뿐이었다.

② 고의로 상대에게 모욕을 가한다

중공과 북한은 극단적 언어, 보디랭귀지를 동원해서 상대를 욕했다. 중공의 언론 매체에서는 연합군 수석대표가 백기를 들고 개성까지 와서 회담을 연다고 발표했다.[36] 바꿔 말한다면 연합군 수석대표가 강화를 요청하러 왔다고 모독한 것이다. 이외에도 협상장의 배치 역시 상대를 모욕하려는 의도가 깔려 있었다. 회담장은 북한과 중공이 통제하는 구역이다. 전체지역에 무장된 북한군과 중공군의 감시 아래서 유엔

---

35) 柴成文、赵金勇, 板门店谈判, p.17.
36) 동상주, p.133.

대표는 나갈 수 있는 자유가 없었다. 중공과 북한은 미국이 패전함으로서 정전을 요청하고자 회담장에 왔다는 모양새를 만들었다.[37] 중공은 상대를 유린하고 모욕하는 방법으로 상대의 기세를 꺾고자 하였고 나아가 자신의 협상 주도권을 강화하려고 했다.

③ 쌍방 간에는 전혀 사적인 접촉은 없었다.

1953년 판문점에서 황화(黃华)와 협상한 딘(John Gunther Dean) 대사는 그의 회고록에서 "협상 쌍방은 그 누구도 상대와 사적인 대화를 나누지 못했으며, 회담 전과 회담 후에도 역시 인사말조차 나누지 않았다. 중국협상대표는 전방을 주시하고, 미국협상대표의 존재를 무시했다. 유엔협상대표단도 상대를 요청해 술을 마시거나 차를 마시거나 하는 등의 만남을 허락하지 않았다".[38]

④ 대립의 분위기 충만

쌍방은 회담장에서 날카롭게 맞섰다. 북한의 수석협상대표 남일(南日)은 72분의 협상시간 중에 19번이나 유엔대표단의 제안이 오만하고 황당무계하다고 비판했다.[39] 협상이 교착상태에 접어들자 쌍방은 경직된 자세로 마주 앉아 상대에게 새롭게 할 말이 있느냐고 물었다. 쌍방은 이구동성으로 "없다"고 했다. 어느 일방이 다음의 만남을 건의하고 다른 일방은 동의함으로서 회의 종결을 알렸다. 때로는 회담은 3분 또는 5분 만에 종결됐다. 어떤 때는 막 회담장에 들어오자마자 앉지도 않은 상태에서 급하게 임시휴회를 건의하고 회담장을 나가버렸다. 가

---

37) Goodman, Negotiation while Fighting, p.17.
38) Quoted in Soloman, Chinese Political, Negotiating Behavior, p.31.
39) Goodman, Negotiating while Fighting, p.17.

장 짧은 회담은 25초였다.[40] 어떤 때는 쌍방은 바늘 끝과 바늘 끝이 마주한 것처럼 첨예하게 대립했고, 어떤 때는 침묵으로 대치하면서 책략을 구사했으며, 심지어 132분 동안 침묵한 기록이 있다.[41] 쌍방은 털끝만큼의 양보도 없었다. 첫 회담에서 중공과 북한의 언론기자가 현장의 사진촬영을 하자, 미국 역시 곧바로 서방의 언론기자를 불러들였다. 미국은 당시 훌륭한 녹음설비를 가지고 있었지만 중공과 북한은 이러한 기술이 없었다. 중공과 북한은 쌍방 발언기록에 관한 녹음을 허용하지 않았다.[42]

2) 대사급(大使级) 회담

1950년대 중국은 대소련 일변도(一边倒) 외교정책을 채택했다. 미국이 먼저 중국과의 외교적 연계의 가능성을 가로막았기 때문이었다. 한국전쟁 발발 후에는 미국과 중국 간 외교적 교류의 가능성마저 완전히 사라졌다. 그러나 미국과 중국 간에는 해결해야 할 문제가 남아 있었다. 첫째, 미국은 중국대륙에 구류되어 있는 미군과 미국교민의 귀국문제를 해결 해야만 했다. 둘째, 1954년에 발생한 것과 유사한 대만해협 위기를 어떻게 방지하는가의 문제였다.

1955년 4월 18일 인도네시아 반둥에서 아시아-아프리카 회의가 개최되었다. 4월 23일 저우언라이는 인도총리와의 오찬 도중 참석한 기자들을 향해서 미국정부와 마주 앉아 협상하기를 원한다고 밝혔다.[43] 미

---

40) Ibid, p.211 ; 杨冠祥, 「板门店停战谈判纪事」, 外交部新中国外交风云编, 新中国外交风云, 第四辑, 北京 : 世界知识出版社, 1996年, p.138.

41) 柴成文、赵金勇, 板门店谈判, p.169. 미국 수석협상대표의 일기에 기재된 시간은 2시간 11분이다. Goodman, Negotiating while Fighting, p.169쪽을 참고하라.

42) 过家鼎, 参加朝鲜停战谈判翻译工作的回忆」, 外交部新中国外交风云编委会编, 新中国外交风云, 第四辑, p.131.

국 국무장관 덜레스(Jonh F. Dulles)는 25일 중국과의 양자협상을 배제하지 않는다고 밝힘으로서 중미 간에 대사급회담이 열리게 되었다.

1955년 8월 1일부터 1970년까지, 중국과 미국은 136차례의 대사급 회담을 개최했다. 1957년 12월 12일 전까지 스위스 제네바에서 73차례 협상을 개최했다. 73차례의 회담을 진행한 후에 미국의 협상대표는 태국대사로 파견되었고 즉시 후임이 결정되지 않았다. 협상을 1등 비서급으로 낮추겠다는 뜻이 있었다. 중국의 반대에 직면하여 대사급회담은 중단되었다. 1958년 8월 23일 중국은 2차 대만해협의 진먼(金门) 포격이 있었고, 아이젠하우어 대통령은 핵무기를 사용하겠다고 위협했다. 이 위기는 쌍방이 다시 대사급 회담을 열게 되는 촉매제가 되었다. 9개월 간 중단된 후에 중미 간의 대사급 회담은 1958년 9월 15일 미국은 빔(Jacob D. Beam) 주 폴란드 대사를 대표로 삼아 바르샤바에서 회담을 재개했다. 1961년 9월 카보트(John Moors Cabot) 주 폴란드 대사가 대사급 회담을 이어 맡았다.

1970년 1월 20일 및 2월 20일의 제135차, 136차 협상은 스토우셀(Walter Stoessell)이 맡았다. 이 시기 중미의 긴장관계는 점차 완화되고 있었고 쌍방 간의 일촉즉발의 위기도 없었다. 비록 이 두 차례의 회담에서 중국의 레이양(雷阳)이 협상의 대리대표를 맡아서 쌍방의 직급이 맞지 않았지만 미국은 개의치 않았다. 레이양이 참가한 이 두 차례의 회담을 제외하면, 134차례의 회담에서 단지 두 명이 중국협상대표를 맡았다. 1964년 이전에는 주 폴란드 대사 왕빙난(王炳南)이, 왕빙난이 1964년 중국의 외교부 부부장을 맡은 후에는 왕궈치앤(王国权)

---

43) 저우언라이의 담화는 다음과 같다. "중국인민은 미국인민과 같이 우호적이다. 중국인민은 미국과 싸우기를 원하지 않는다. 중국정부는 미국정부와 마주 앉아서 협상하고 원동의 긴장정세를 완화시키기를 원한다. 특히 대만지구의 긴장정세를 누그러뜨리고자 한다." 中华人民共和国公报, 第6号, 1955年.

이 협상대표를 맡았다. 15년 이라는 비교적 긴 세월 중에 쌍방은 1955년에 단 한차례의 협의 달성만 있었다. 이후의 긴 시간은 협의를 이행할 성의가 없다고 서로를 비판했다. 대사급회담은 전형적인 적대적 협상을 보여준다. 아래는 중-미 간 적대적 협상의 특징과 전술응용이다.

① 판에 박힌 상호작용 패턴

먼저, 협상대표 쌍방은 각기 다른 문으로 들어왔다. 겨우 머리를 까닥거리는 인사치레 외에 인적 접촉은 없었다. 제1차 회의를 제외하고, 쌍방은 교민문제 송환 및 쟁점이 있는 기타 실질문제를 제외한다면 아젠다를 설정하는 일은 거의 없었다. 쌍방은 어떠한 결과를 기대하지 않았다.

둘째, 미국대사가 개막사를 하고 중국대사는 종결사를 했다. 그 다음엔 다음 협상의 시간을 제의했다. 다음 협상에서 중국 대사가 개막사를 하면 미국대사는 종결사와 다음 협상의 시간과 날짜를 제의했다. 셋째, 쌍방의 개막사와 답변사는 천편일률적으로 쓰인 대로 읽었다. 전형적인 개막사는 "나는 깊은 실망감을 느낍니다. 지난번 회담이래 귀측은 계속해서 침략정책을 추구했고, 사실상 귀측의 침략정책은 추호의 변화도 없었습니다" 또한 전형적인 답변사는 "우리의 정책과 목표를 완전히 곡해하였고, 우리가 취한 모든 조치는 방어적인 것이며, 귀측의 침략정책이 야기한 우리의 필연적인 조치입니다".[44] 1958년 9월 15일 대사급 회담이 바르샤바에서 열렸다. 쌍방의 협상대표단이 각각 회담장의 호텔 앞문에 도착했다. 서로 대면도 없이 그들은 각자의 방으로 들어갔다. 폴란드의 의전관원 역시 쌍방대표단을 서로 다른 문으로 들어오게 해 각자가 협상테이블에 앉았다.

---

44) Young, Negotiating with the Chinese Communists, p.9.

② 상호비난

쌍방은 적극적인 태도와 노력을 통해 상호관계 개선을 견지한다고 주장했지만 실제적으로는 서로를 향해 비난하고 규탄했으며 상대의 경직된 자세와 협상교란행위를 질책했다.[45] 영(Young) 대사는 '거절'(denials), '논박'(rebuttals), '비난'(accusations), '되풀이'(repetitions) 등의 단어를 동원해서 끊임없이 논쟁했다고 밝혔다.[46] 예를 들어 1958년 9월 15일에 협상은 재개되었다. 그러나 8월 23일 시작된 중국의 진먼(金门) 포격은 진행 중이었다. 중국은 미국의 대만해협에서의 군사도발, 전쟁위협과 침략행위를 비난했고, 미국 역시 이에 대해 일일이 반박했다.[47] 중국은 미국이 제기한 방안에 대해 속임수(trick), 음모(conspiracy), 사기(fraud), 사취(swindle), 엉터리(sham)라는 단어를 사용하여 미국을 비판했다.[48] 중국은 협상장에서의 상호비난 외에도, 미국과 비공개협상을 약속했음에도 불구하고 신문발표를 통해 협상의 의제를 공개하기도 했다. 중국에 유리하고 미국에 불리한 회의 내용을 발표해 미국을 모욕했다. 미국도 이에 대응하여 그 입장을 공개하면서 중국의 주장을 반박했다.[49]

③ 구체적 성과 결핍

중미가 상호 적대시하는 상황에서 열려진 대사급회담은 쌍방 간 대화 채널의 기능을 가지고 있었다. 상대방에게 자신들의 입장을 통지하거나 그 동기와 입장을 전하는 통로로 삼았다.[50] 그러나 대사급 회담

---

45) 王炳南, 中美会谈九年回顾, p.80.
46) Young, Negotiating with the Chinese Communists, p.9.
47) Ibid., p.164.
48) Ibid., p.363.
49) Ibid., p.11.

에서 얻은 구체적 성과는 없었다. 단지 세 건의 서면합의 초안만이 토론되었다. 상대방 관할내의 국민 송환, 무력사용 포기, 신문기자 교환이었다. 1955년 8월 1일부터 9월 10일까지 14차례의 험란한 협상을 가진 후, 1955년 9월 10일 중국에 구류된 미국인에 대한 송환협정이 달성되었다. 이것이 유일한 협의였다. 이후에는 이 협의를 충실히 이행하지 않는다고 서로 상대방을 비방했다.

회담의 구체적 성과가 적은 이유는 협상의 목적이 서로 달랐고, 상호신뢰의 결핍, 협의를 달성하고자 하는 성의의 부족이다. 미국은 중국을 외교적으로 승인한다는 분위기를 피하기 위해 최선을 다했고, 중국은 자신들의 국제지위를 높이고, 미국이 중국을 승인하는 국면을 만들고 싶어 했다. 어떤 때는 국제선전전에 착안하기도 했다. 미국이 절대 받아들일 수 없는 일련의 조건을 거듭해서 제출했고, 미국이 흥미를 표시하면 중국은 생각을 또 바꿔버렸다. 예를 들어 중국이 먼저 신문기자 교환을 제의했지만 이는 미국에 의해 거절당했다. 그러나 1959년 봄, 중병을 앓고 있는 덜레스를 대체해서 허터(Christian Herter)가 국무장관이 되었을 때 미국측은 신문기자 교류에 관한 문제를 중국에 제의했다. 그러나 이번에는 중국이 관심을 표시하지 않았다.[51] 협상은 당연히 성과가 없었다.

④ 각자가 자신의 말만 하고 교집(交集)이 없었다.

쌍방이 관심을 가지는 의제는 눈에 띄게 달랐다. 미국의 관심사는 중국에 구류중인 전쟁포로의 송환, 중국의 대만에 대한 무력사용 포기에 초점이 모아졌다. 중국의 목적은 대사급회담을 빌어 중국의 국제적

---

50) Ibid., p.302.
51) Ibid., p.134.

지위를 높이는데 있었다. 중국의 요구는 대만에서의 미국 군인 및 군장비의 철수, 중국에 대한 금수 해제, 미국과의 외교부장 회담이 주안점이었다.[52] 대만문제에 관해선 각자가 자기 말만 되풀이했다. 그 결과 상호 공통교집합이 도출되지 못해 시간만 허비했다.

2 양보형 협상

개혁개방 이전에 대표적인 중국의 양보형 협상은 제3세계와의 협상이었다. 그 이후에는 국민당의 마잉주 정부 시기에(2008-16) 양안이 맺었던 23개 협의가 대표적이다. 이는 앞서 지적한 바와 같이 과거 자신을 천조로 여기고 주변국과 행한 조공식 협상과 유사하다. 조공식 협상은 정치이익과 경제이익을 고려한다. 정치이익을 위해 경제이익의 희생을 감수한다. 다시 말해, 경제상의 적자는 정치상의 흑자로 만회할 수 있다는 협상이다.

1) 개혁개방 전 아프리카 원조에 관한 협상

첫째, 중국은 스스로 제3세계의 대변자임을 자처했다. 아프리카는 제3세계를 구성하는 중요세력이다. 비록 제3세계 국가는 중국과는 지리적으로 먼 거리에 위치하지만, 그 역사적 운명에서 유사성이 있다고 여겼다. 양자는 모두 서구제국주의의 박탈을 경험했고, 가난하고 낙후했으며, 경제적 낙후의 원인을 서구제국주의 탓으로 돌렸다. 그러므로 제3세계 국가는 중국의 경험을 본 받아 서방국가로부터의 통제를 벗어나야 한다고 부추겼다. 중국은 아시아, 아프리카, 라틴 아메리카의 반

---

52) 王炳南, 中美会谈九年回顾, p.47.

서방적 성향의 국가를 지지했으며, 이를 국제주의의 의무로 인식했다.

둘째, 중국의 전체적인 전략에 있어서 제3세계 국가는 반패권주의에 대항하는 중요한 동맹세력이며 중국의 국제적 지위를 높이는 중요한 밑받침의 하나였다. 이러한 인식에 따라서 중국은 자국의 낙후에도 불구하고 제3세계를 중시하고 많은 원조를 제공하였다.

셋째, 1950년에서 1960년 초, 중국은 동서 냉전이라는 이데올로기적 구조 속에서 미국을 우두머리로 하는 서방국가들에 대항하는 진지로서 제3세계를 보았다. 제3세계의 민족해방전선에 자금, 인력 및 무기를 제공했고, 서양의 식민세력에 타격을 가하고자 했다.

넷째, 1960-70년대 중국과 소련은 공개적으로 분열했다. 소위 중소분쟁이 그것이다. 문화대혁명의 열광은 소련과 대치하고 미국과도 대치했다. 소련의 수정주의와 미국의 제국주의에 대해서 분명히 반대했다. 그 결과 중국은 소련과 미국이란 두 초강대국의 동시적 위협에 직면하게 되었다. 그 돌파구로서 중국외교정책의 중점은 제3세계 국가와의 관계를 적극적으로 강화하는데 모아졌다. 하지만 1969년 3월 진보도(珍宝岛) 사건이 발생했다. 중소 간 국경변방의 영토 문제로 인한 군사 충돌이었다. 소련이라는 위협의 절박성을 체감하면서 중국의 외교정책은 1970년대에 반소통일전선(反苏统一战线)이라는 하나의 노선으로 전격 조정되었다. 즉 일조선 일다편(一条线、一大片)53)의 외교전략은 1973년 2월 17일 마오저뚱과 키신저와의 회견에서 제시한 것이다. 중국은 1970년대 일조선과 일대편의 대전략에서 70년대에 미국과 연합

---

53) 일조선은 같은 위도상에 있는 가로선을 긋는다. 즉, 미국, 일본, 중국, 파키스탄, 이란, 터어키, 유럽, 미국 등 같은 위도선상에 위치하는 국가들이 연합하여 소련에 대항하는 통일전선을 형성하는 것이다. 일대편 (一大片, 광대한 지역) 구상은 1974년 1월 5일 마오저뚱이 일본 외무대신 오히라 마사요시(太平正芳) 와의 회견에서 발표한 것으로 일조선(一条线) 주위 국가들의 광대한 지역이다. 그 목적은 일조선과 일대편의 모든 국가들이 단결하여 공동으로 소련의 확장을 막고자하기 위함이었다

하고 소련에 대항하는 통일전선을 구축했다. 이로서 소련의 중국에 대한 위협을 효과적으로 억제했을 뿐만 아니라 60년대의 국제적 고립에서 벗어났다. 일조선 일대편 전략은 1982년까지 계속되었다.

개혁개방 이전 시기의 제3세계는 중국과 소련이 접전하는 장소가 되었다. 예를 들어 중국이 백인이 통치하는 남아프리카를 지원한 목적은 소련이 지원하는 앙골라 내전에 대항하기 위해서였다. 이로써 남아프리카 공화국 중국군대의 개입으로 형세는 역전되었다.[54] 제3세계 원조에 있어서도 소련과 경쟁했다. 1963년 저우언라이는 아프리카 방문에서 원조 8원칙을 세웠다. 중국은 사심 없이 지원하는데 소련은 다른 의도를 가지고 지원한다고 비난했다.[55] 1970년에서 1976년까지 소련은 20개국의 아프리카 국가에 10억 1천 9백만 달러를 원조한 데 비해 중국은 28개의 국가에 18억 1천 5백만 달러를 원조했을 뿐만 아니라 중국의 원조는 늘 무이자 혹은 저리의 차관 혹은 무상으로 무기장비를 지원했다. 1972년 말, 당시의 중국경제는 상당히 어려웠지만 중국과

---

54) Philip Snow, "China and Africa: Consensus and Camouflage," in Rubinson and Shambaugh(eds.), Chinese Foreign Policy, p.296.
55) 8항의 원칙은 첫째, 중국정부는 일관적으로 평등호혜의 원칙에 근거하여 대외에 원조를 제공한다. 이러한 원칙은 지금까지 일방적으로 부여하지 않았으며 원조는 상호적이라 인식한다. 둘째, 중국정부는 대외원조 제공 시에 원조수혜국의 주권을 엄격히 준수하고 절대적으로 부대조건도 없고, 절대적으로 어떠한 특권을 요구하지 않는다. 셋째, 중국정부는 무이자 혹은 저리 차관으로 경제원조를 제공한다. 필요시에 차관기한을 연장한다. 넷째, 중국정부가 대외원조를 제공하는 목적은 원조수혜국이 중국에 대한 의존도를 높이기 위한 것이 아니라 원조수혜국이 점진적으로 자력갱생과 경제독립 발전의 길로 걸어가게 함이며 다섯째, 중국정부가 원조수혜국의 건설을 도와주는 목적은 원조수혜국들의 수입이 증가되고 자금이 축적되는데 있다. 여섯째, 중국정부는 자신이 생산한 질량이 가장 좋은 설비와 물자를 국제시장의 가격에 근거하여 제공한다. 만약 제공한 설비가 협의에 결정된 규격과 질량이 아니라면 중국정부는 반환을 보증한다. 일곱째, 중국정부가 대외적으로 하는 기술원조에 있어서 수혜국의 인원이 충분히 기술이전을 보증한다. 여덟째, 중국정부는 원주수혜국에 전문가를 파견하여 수혜국 전문가들과 같은 대우를 받는다. 어떠한 특수한 요구를 허락치 않는다. 光明日報, 1996年, 5月4日, 第4版.

세인트빈센트(Saint Vincent)와의 수교에서 2억 인민폐를 무이자 차관으로 지원하고 농업기술 인력과 의료요원을 원조했다.[56]

탄자니아와 잠비아 철도 지원 및 알바니아 원조의 예를 들어 살펴보자. 탄자니아(1961년 독립)와 잠비아(1964년 독립)는 양국 간 철도를 건설하기 위해 세계은행, 영국, 캐나다, 소련에 원조요구를 했으나 모두 거절 당했다.[57] 1965년 2월 17일 탄자니아 대통령이 중국을 방문하여 저우언라이와 마오저둥을 만나 철도건설의 원조를 요청했다. 마오저둥은 흔쾌히 이를 수락했다. 심지어 중국은 오히려 자국내에 철도를 건설하지 못할망정 탄자니아의 철도 건설을 돕겠다고 공언했다.[58] 중국은 이러한 정치이익을 고려하여 경제적 대가를 계산하지 않고 요구대로 거의 다 들어주었다.

중국과 소련이 첨예하게 대립하고 상호 대항하는 기간에도 알바니아는 중국을 "유럽 무산계급의 희망", "유럽 사회주의의 등댓불"이라고 불렀다. 알바니아에서 소련 전문가들이 철수하고, 중국이 소련을 대체했다. 중국은 소련, 남슬라브보다 더 많이 후하게 원조했다. 그러나 알바니아가 1970년대 중국과 미국 간 관계정상화에 대한 불만으로 중국을 사회주의 진영을 배반한 배신자로 인식하자 양국 관계 역시 악화되었다. 1978년 중국은 알바니아에 대한 일체의 원조를 중단했다. 17년간 중국이 알바니아에 원조한 총액은 100억(인민폐)이었다.[59] 이 기간

56) 赵永和, 「中国同萨伊关系正常化的回顾」, 外交部外交史编辑室编, 新中国外交风云, 第二辑, 北京 : 世界知识出版社, 1991年, p.93.
57) 解力夫, 国门红地毯 : 新中国外交50年, 下卷, 北京 : 世界知识出版社, 1999年, p.593.
58) 1967년 9월 5일 중국, 탄자니아, 잠비아 3국은 베이징에서 탄자니아-잠비아 철도 건설 협정에 서명했다. 1970년 10월에 착공하여 1976년 7월 14일에 완공했다. 이 철도는 동으로는 탄자니아 수도에서 서로는 잠비아 중부까지 총 길이 1860킬로며 건국한 이래 최대의 대외원조 항목이었다.
59) 张树军主编, 中南海三代领集体与共和国外交实录, 中卷, 北京 : 中国经济出版社, 1998年, p.62.

내에 알바니아가 중국에 요구하면 요구한대로 중국은 통 크게 다 들어
주었다.

2) 개혁개방 후의 양안협상

   개혁개방 30년을 넘어 2011년부터 중국의 전체 GDP는 일본을 넘어
세계 제2위의 경제대국이 되었다. 1979년 개혁개방이래 2013년까지
연 9.8%의 놀라운 경제성장률을 기록했다. 이는 1979년에 비해 100배
의 성장을 기록한 것이다. 누적된 물질적 부와 국력증강은 대만문제를
해결하는 데에도 상당한 자신감을 가져다주었지만, 2008년까지 대만
과는 이렇다 할 소통채널이 없었다. 이를 타개하기 위해 2005년 후진
타오(胡錦濤)는 국민당 주석 롄짠(連战)과 친민당 주석 쏭추위(宋楚瑜)
를 초대해 회담을 개최하고 경제무역협력에 관한 공동성명을 발표하였
다. 또한 17대 중공의 대(對)대만 보고에서도 호의적인 태도를 보였다.
   그러나 집권당인 민진당의 인식은 달랐다. 민진당의 기본적인 인식
은 중국은 경제를 이용해서 대만을 정치적으로 통합해 나가는 전략을
구사한다고 보고 있다. 개구리를 펄펄 끓는 물에 삶으면 뛰쳐나오고
만다. 먼저 미지근한 물로 데우고, 천천히 개구리가 모르게 삶아야만
한다. 이는 천천히 '개구리삶기(溫水煮靑蛙)'에 비유되기도 하는데, 당
연히 이 개구리는 대만이다. 천천히 삶겨지기 때문에 대만민중은 오히
려 사태의 심각성을 쉽게 발견하지 못한다. 중국은 경제의존도를 심화
시켜 정치의존도로 전환시키고자 하는 것이다. 실제로 1978년 이래로
줄곧 이경촉통(以經促統)의 목표를 실현하기 위해서 노력해왔다. 대만
을 중국대륙의 경제식민지로 삼아 '평화통일, 일국양제(一国两制)'를
실현하고자 하는 고도의 전략이다.

1997년 홍콩, 1999년 마카오가 중국대륙으로 회귀한 후, 오직 대만만이 남아있다. 다시 말해 대만이 중국대륙으로 회귀한다면 이는 이른바 중국이 말하는 조국통일대업의 달성을 뜻한다. 그러므로 특히 중국 공산당 17대 보고에서 2가지를 강조했다. 경제와 문화교류를 강화하자는 것이다. 이로서 중공은 이경촉통(以經促統, 경제로서 통일을 촉진)과 이문촉통(以文促統, 무력보다는 문화로서 통일을 촉진)의 정책효과를 얻고자 하였다. 다시 말해 이경촉통으로서 경제일체화, 양안 간 일중시장(하나의 중국시장)을 추구하고, 이문촉통으로서 양안민족일중, 양안운명공동체, 중화민족의 부흥을 도모하고자 하였다. 그러나 민진당 제2집권기(2004-2008)의 양안관계는 정치대립, 경제격리의 시기였다. 대만은 국민투표에 의한 헌법제정, 대만정명, 국가통일강령 및 국가통일위원회의 종지(终止) 등 일련의 운동을 통해서 대만내부는 극도로 분열되었으며 양안관계 역시 대치의 상태에 빠졌다. 이러한 악조건은 결국 2008년 국민당의 재집권을 가져오게 했고, 마잉주는 취임과 동시에 경선시에 공약한 내용들을 실천하기 시작했다. 2008년부터 2016년까지 양안 양회는 23개의 협의에 서명했다. 이 23개 협의의 공통점은 전형적인 중국의 '양보'라는 데 있다. 경제협상을 정치협상으로 나아가기 위한 교두보로 활용코자 하였고, 국민당은 대만의 주권이 다소 희생되더라도 경제적 이익을 성취하고자 하였다.

2016년 1월 '92공식'을 인정하지 않는 민진당의 차이잉원이 당선되면서 양안 간의 협상은 천쉐이볜(陈水扁) 시대로 다시 돌아왔다. '92공식' 문제가 해결되지 않는다면 차이잉원 정부 시기의 양안협상 전망은 어두울 수밖에 없다.

제2장에 소개한 랄의 견해를 적용하자면 피차 간의 취사선택의 여지가 없고 상호양보가 없는 협상으로서 결코 진정한 의미의 협상이 아니다. 중국은 이러한 협상에서 경제 등 물자로서 정치적 이익을 교환했

다. 이데올로기적 사명감 및 대국의 조공체제 관점에서 봐야 비로소
이해가 될 수 있다.

③ 충돌하고 협력하는 협상

위에서 소개한 두 종류의 협상 외에 근 30년 동안 중국이 진행한 대
외협상에서 두드러지는 것은 충돌하고 협력하는 협상이다. 중국과 영
국이 홍콩주권문제를 두고 한 협상과 중미 간 상하이 커뮤니케(상해공
보)를 예로서 설명하고자 한다.

1) 중국과 영국 간 홍콩 주권 문제에 관한 협상

1982년 9월 하순, 영국 수상 마가렛 대처는 포크랜드 전쟁(Falklands
War)에서 승리 한 기세를 안고 베이징을 방문했다. 홍콩주권문제에 관
해서 중국과의 초보적인 협상을 진행하기 위한 방문이었다. 9월 24일
덩샤오핑은 대처에게 홍콩문제는 세 가지 문제와 관계된다고 밝혔다.
첫째, 주권문제, 둘째, 1997년 이후 중국은 어떤 방식으로 홍콩을 관리
하며 홍콩의 번영을 어떻게 지속해서 유지하는가의 문제, 셋째, 중국과
영국의 협의는 홍콩이 중국에 반환되는 1997년까지 15년 동안 큰 파란
없이 홍콩체제를 유지하는가의 문제다. 덩샤오핑은 주권문제에 있어서
는 타협의 여지가 없다고 확고부동하게 밝혔고, 1997년 홍콩, 구룡, 신
계를 회수하는 회담에 관해 쌍방이 외교적 방법으로 해결하자고 제의
했다. 바로 이것이 홍콩문제의 협상이다. 그 전제는 1997년 까지 중국
은 반드시 홍콩을 회수해야 하며, 토론해야 할 주안점은 15년 간 어떻
게 과도기를 넘길 것이며, 15년 후 홍콩을 어떻게 관리하는가의 문제

였다.[60] 대처는 덩샤오핑과 첨예하게 대립지만, 마침내 중국과 연합공보를 발표하고 외교적 방법으로 홍콩문제에 관한 협상을 진행하기로 동의했다.[61] 이후 쌍방의 협상은 2년이 경과한 후 「홍콩문제에 관한 연합성명(关于香港问题的联合声明)」초안에 공동으로 서명했다.

① 쌍방은 공동이익을 구비

홍콩의 번영과 안정의 지속적 유지는 쌍방의 이익에 부합된다. 홍콩은 줄곧 중국의 대외적 문호였고, 외화와 기술, 자본주의 경험을 쌓는 데 도움을 주었다.[62] 4개 현대화[63]를 진행하는데 있어서도 홍콩은 매우 중요하다. 영국은 홍콩을 백여년 이상 통치하여 작은 어촌을 아시아 최대의 금융중심으로 만들었다. 세계 4대 황금시장이며, 최대의 콘테이너 항, 세계 8대의 무역경제체, 세계 5대의 외환시장, 세계 6대의 주식시장이었다.[64] 영국은 비록 홍콩을 계속 통치하지 못하더라도 여전히 홍콩의 번영을 유지하기를 희망했다.

---

60) 邓小平, 邓小平文选, 第三卷, pp.13-15.

61) 영국과 중국의 연합성명 공보는 겨우 83자였다. "오늘 양국 영도인은 우호적인 분위기에서 홍콩의 앞날 문제에 관해서 깊은 토론을 진행했다. 쌍방 영도인은 홍콩의 번영과 안정의 공동목적에 의거하여 각각의 입장을 밝혔다. 이후 이 방문 후에도 외교적 방법을 통해 협의를 진행하기로 쌍방은 동의했다."文汇报(香港), 1982年9月25日, 版1.

62) 1980년 중국이 홍콩으로부터 취득한 외환은 68억 6천만 달러며 중국의 총 외환수입의 36.5%를 차지했다. Y. C. Yao, "Hong Kong's Role in Financing China's Modernization," in A. J. Youngson(ed.), China and Hong Kong: The Economic Nexus(Hong Kong: Oxford University Press, 1981).

63) 4개 현대화는 저우언라이가 창시한 개념이며, 중국의 개혁개방의 상징이자, 경제성장의 초석이 된 정책이다. 1978 덩샤오핑에 의해 당시 공식적인 중국 주요경제 정책이 되었다. 공업의 현대화, 농업의 현대화, 국방의 현대화, 과학기술의 현대화를 말한다.

64) 이러한 수치들은 Ken Davis, Hong Kong after 1997(London: The Economist Intelligence Unit, 1996), pp.4-5 ; Michael Yahuda, Hong Kong: China's Challenge(London: Routledge, 1996), p.21 ; 经济部国际贸易局、中华民国对外贸易发展协会合编, 海外经济年报, 1996-1997 : 亚太篇, 台北 : 中华民国对外贸易发展协会, 1996年9月, pp.87-102.

② 쌍방이익의 충돌

중국과 영국이 홍콩문제에 있어서의 충돌되는 이익은 매우 분명하다. 영국은 지속적으로 홍콩의 주권을 소유하고자 하였다. 최소한으로 전체 대(大)홍콩의 치리권(治理权)만이라도 유지하고 싶었다. 백여 년의 경영을 통해서 홍콩은 이미 영국 여왕 왕관 위에 가장 빛나는 진주였다. 홍콩을 잃으면 영국의 경제이익에도 손해를 미치고 영국의 명성에도 타격을 받는다.

중국의 입장에서 본다면 홍콩은 백 년 굴욕의 상징이다. 홍콩의 주권 회수는 당연한 일이며, 중국의 국제지위 향상에 도움이 된다. 전 세계 중국인들을 응집시키고 그 구심력으로 작용한다. 더욱이 공산주의는 중국인민들에게 흡인력을 점차적으로 잃어 가고 있고, 애국주의로서 그 통치지위를 유지하는 상황이어서 홍콩의 회수는 중국인민의 공산당 지지에도 필요하다. 민족주의를 고려한다면 홍콩을 회수하지 않으면 안 된다.

그러나 문제는 홍콩인들에게 있었다. 여전히 중국의 공산정권을 불신한다는 점이며, 일반적인 식민지와 다르게 절대다수의 홍콩인들이 영국에 반감을 가지고 있지 않았다. 1992년의 여론조사에 의하면 83.9%의 홍콩인이 영국의 식민통치로 불편함을 느끼지 못한다고 답했다.[65] 반대로 역대의 여론조사에서 중국정권을 믿는다는 홍콩인은 26%를 넘지 않았다.[66] 이는 홍콩대학의 여론조사에서도 드러난바 있다. 반 수 이상의 홍콩인이 중국인이 되는 것은 영광이 아니라고 느끼고[67] 기타의 여론은 홍콩 독립을 지지하거나, 계속적으로 영국식민지

---

65) 刘兆佳、关信基,「香港人对政治权威的态度及殖民政权的认受性」, 刘兆佳编者, 过渡期香港政治, 香港 : 广角镜出版社有限公司, 1993年, pp.385-386.
66) 联合报, 1996年12月9日, 版9.
67) 自由时报, 1997年7月3日, 版4.

로 남아 있거나, 영연방(common welth)의 하나로 되어야 한다고 하여 중국과의 통일을 지지하는 수를 초과했다.[68]

③ 중국의 협상 기교

중국이 영국과의 홍콩주권문제 협상에 응용한 협상의 기교는 대략 아래와 같다.

첫째, 난징조약의 유효성을 부정했다. 불평등 조약이므로 그 시작부터 무효라고 주장했다. 둘째, 협상을 시작하자마자 협상의 성격을 양국 간의 외교협상으로 규정하고, 영국이 제안한 삼각등(three legged stool) 건의를 거절하고 홍콩의 참여에 동의하지 않았다. 셋째, 홈그라운드 이점을 활용했다. 모든 협상은 베이징에서 진행되었다. 넷째, 중국에 불리한 의제를 배제하는 것 외에도 중국은 시작하자마자 주권문제에 관한 논의를 거부했다. 오직 과도시기의 홍콩관리문제와 홍콩을 회수하고 난 뒤 중국은 홍콩에 어떠한 체제를 선택할 것인가의 문제만을 고집했다. 다섯째, 민족주의 카드를 내 보였다. 한편으로 중국민족주의 고려 하에서 주권문제의 양보는 불가능하다고 강조했다. 다른 한편으로는 홍콩인들에게도 민족주의를 호소했다. 홍콩회수를 반대한 홍콩인 들을 한간(汉奸), 매판(买办)으로 비판했다. 여섯째, 위협적 수단의 사용을 표명하였다. 협상이 교착상태에 빠질 때 홍콩을 조기에 회수한다거나 홍콩 회수방안을 중국 스스로 공포한다고 위협했다. 이는 영국에게 매우 큰 압력이 되었다.[69] 일곱째, 대규모의 공산당원을 홍

---

68) 1991년 6월의 여론조사에 의하면 29%의 홍콩인들은 홍콩독립을 지지했고, 26%의 홍콩인들은 계속해서 영국의 식민지로 남기를 지지했으며, 19%의 홍콩인들은 영국연방(Commonwealth of Nations) 가입에 지지를 하였고, 단지 21% 홍콩인들만이 일국양제하의 중국과의 통일을 지지했다. Michael E. Degolyer, "Politics, Politicians, and Political Parties," in Donald H. McMillen and Man Si-wai(eds.), The Other Hong KONG Report, 1994(Hong Kong: The Chinese University Press, 1994), p.99.

콩의 각 상점, 업종에 침투시켰다. 여덟째, 홍콩의 여론과 좌파단체로서 홍콩정부와 영국을 비판했다. 아홉째, 홍콩인의 영국에 대한 불만을 선동했다.

또 다른 한편으로는 중국 역시 상당할 정도로 융통성을 발휘했다. 중국은 영국에게 난징조약이 불평등 조약임을 인정할 것을 협상의 선결조건으로 내세우지 않았다. 영국이 협상에 임할 시에도 중국은 홍콩의 주권을 승인하지 않고, 일국양제(一国两制)의 대체방안을 내놓았다. 또한 홍콩의 정치, 경제, 사회체제는 50년 불변임을 약속했고, 홍콩인이 홍콩인을 다스린다는 항인항치(港人港治)를 인정하여 영국이 홍콩의 주권과 치권을 중국에게 넘겨주고 다른 출구를 찾도록 했다.

2) 중국과 미국 서명한 「상하이 커뮤니케」 협상

1971년 7월 미국의 국가사무안전 보좌관 키신저는 비밀리에 베이징으로 날아가 중국과 닉슨대통령의 중국방문에 관한 협상을 벌였다. 이로서 중국은 미국과의 관계정상화 협상의 서막을 열었다. 제1단계 협상에서 쌍방의 공동이익은 소련의 확장에 대한 견제와 대항이었다. 중국의 관점에서 본다면 1969년 3월 진보도 사건으로 인해 소련의 중국 위협에 대한 긴박성이 높아졌다. 중국은 1960년대 소련의 수정주의에도 반대하고 미국과도 대치하는 반소반미의 외교정책은 수정되어 미국과 연합하여 소련에 대항하는 반소련통일전선의 일조선(一条线)정책으로 전환시켰다.

미국의 입장에서는 1962년 소련의 쿠바 미사일 위기(Cuban Missile Crisis) 이래로 적극적으로 무력을 발전시켜 미소 양국 간의 국방력은

---

69) Margaret Thatcher, The Downing Street Years(London: Harper Collins Publishers, 1993), p.488.

점차 차이가 단축되었고, 또한 베트남전의 늪에 빠져 국력은 크게 낭비되었다. 이러한 국면을 타개하기 위해 중국카드로써 소련의 확장을 억제하고자 하였고, 다른 하나는 베트남에서 영광스럽게 철수하는 데에 도움을 받고자 한 것이다. 더군다나 미국의 적지 않은 기업가들도 중국 시장을 동경하고 있었다. 중국 역시 미국이 가한 금수조치를 해제하고 외교관계 수립을 희망했다. 이러한 평행의 국가이익(paralleled national interest)은 쌍방이 관계정상화의 협상을 촉진시킨 이유들이다. 그러나 쌍방은 여전히 이익의 충돌이 존재했다. 관건은 대만문제다. 또한 미래에 쌍방이 충돌하게 되는 초점은 인권·민주문제였다. 그러나 당시에는 인권문제가 관계개선을 저해하지는 않았다.

① 협상전의 분위기 조성

협상을 촉진하기 위해 중미 양국은 거듭해서 명시적으로 혹은 암시적으로 우호적인 신호를 보냈다. 미국이 먼저 노골적이고 직접적인 손짓을 보냈다.[70] 첫째, 1969년 12월 주폴란드 미국대사 스토셀(Walter J. Stoessel Jr.)은 닉슨정부의 훈령을 받고 중국 주폴란드 대사관원과의 접촉을 요청했다. 둘째, 1970년 2월, 닉슨은 "중국인은 위대하고 활력있는 민족이며, 지속적으로 국제사회에 고립되어서는 안 된다"고 국회에 제출한 외교정책보고서에 밝혔다. 셋째, 1970년 3월 미국 행정부는 미국인의 중국여행 제한을 완화시켰다. 넷째, 1970년 4월 미국은 중국에 대한 무역제한을 완화하고 다섯째, 1970년 10월 닉슨은 타임(Time)지와의 인터뷰에서 살아 있을 동안 가장 하고 싶은 일은 중국 방문이라고 밝혔다. 여섯째, 1971년 2월 25일 닉슨이 국회에 제출한

---

70) Richard Nixon, The Memoir of Richard Nixon(New York: Grosset & Dunlap, 1978), pp.544-550.

외교정책보고서에서 처음으로 중국의 정식국명인 중화인민공화국을 언급했다. 일곱째, 1971년 3월 15일, 미국 행정부는 미국여권을 지니고 있는 사람에 한해서 중국대륙 방문제한을 철회했다. 여덟째, 1971년 4월 14일 저우언라이가 미국의 탁구단과 만나는 그날, 닉슨은 21년 동안 중국에 가한 금수해제를 선포했다. 아홉째 1971년 4월, 닉슨은 워싱턴의 신문편집협회(America Society of Newspaper Editors)와의 회견에서 그의 딸에게 신혼여행지로 중국을 추천했다. 열번째, 1971년 4월 29일 닉슨은 기자회견에서 자문자답하기를 중국 대륙방문 희망을 언급했다.

중국 쪽에서는 첫째, 1969년 7월 24일, 7월 16일에 중국 영해로 잘못 들어온 두 명의 미국 대학생을 석방했고, 간첩죄로 처벌하지 않았다. 둘째, 1970년 7월 10일, 1958년 간첩죄로 20년 형량을 받은 왈시(James Edward Walsh)주교를 석방했고, 셋째, 1970년 10월 1일 중국은 친중파인 미국 기자 애드가 스노우(Edgar Snow)를 초청하였다. 그는 천안문 성루에 올라 마오저뚱의 옆자리에서 열병식을 참관하고 건국 21년을 축하했다. 마오저뚱 주석 옆에 미국인이 서 있다는 자체가 미국과의 접촉을 용인할 뿐 아니라 우선 과제라는 점을 상징했다. 넷째, 1970년 12월, 스노우는 다시 중국을 방문했다. 마오저뚱은 18일 중난하이(中南海)에서 그와 접견했다. 이 자리에서 마오는 닉슨의 대통령 혹은 관광객 신분으로 중국 방문을 환영한다고 밝혔다.[71] 다섯째, 1971년 4월 7일 중국은 일본에서 개최된 제31회 세계 탁구대회에 참가를 계기로 미국탁구대표단의 중국 방문을 요청했다.

위에서 서술한 명시적 혹은 암시적인 동작들은 쌍방이 협상테이블에 마주 앉기 전이다. 협상에 유리한 분위기를 만들기 위해서 상호 간에

---

71) Edgar Snow, The Long Revolution(New York: Randon House, 1972), p.172.

보낸 신호들이다. 쌍방은 일방적으로 이러한 신호들을 내보내는 것 외에도 중국과 미국은 아래의 몇 가지 채널을 통해서 소통을 진행했다.

가. 프랑스 채널

1969년 프랑스 대통령 드골(Charels de Gaulle)은 워싱턴에서 거행된 아이젠하우어(Dwight D. Eisenhower) 전대통령의 장례식에 참가했다. 닉슨은 드골에게 워싱턴의 신외교정책을 중국에 전달하기를 요청했다. 드골은 신임 주프랑스 중국대사관에 이 소식을 전했다.

나. 루마니아 채널

닉슨은 1969년 8월 유럽 8개국을 방문하고 루마니아와 파기스탄 두 곳에서 중국과의 소통채널을 만들었다. 루마니아 채널은 대통령 니콜라에 차우셰스쿠(Nicolae Ceausescu)와 주미대사 보그단(Corneliu Bogdan)에게 소식을 전했다.[72]

다. 파키스탄 채널

파키스탄 채널은 루마니아 채널에 비해 보다 큰 역할을 담당했다. 대부분은 파키스탄 대통령 칸(Yahya Khan) 및 파키스탄 주미대사 힐라리(Agha Hilaly)가 중개역할을 맡았다. 예를 들어 1971년 5월 10일 키신저는 파키스탄 대사 힐라리를 호출하여 닉슨이 저우언라

---

[72] 예를 들어 1971년 5월 10일 키신저는 파기스탄 주미대사를 만나서 저우언라이에게 소식을 전해주기를 요청했다. 닉슨은 양국 간의 관계 정상화를 원하며 키신저 본인이 비밀리에 베이징을 방문한다는 의사를 전달했다. 닉슨의 중국방문에 대한 일정에 대한 초보의견을 교환하자고 밝혔다. 이 채널을 통해서 5월 30일, 6월 2일 중국은 미국에 회답했다. 쌍방은 같은 해 7월 키신저의 비밀중국방문을 결정했다. Nixon, The Memoir of Richard Nixon, pp.551-552.

이의 초청으로 중국대륙 방문의 소식을 원한다는 소식을 전달했다. 아울러 키신저 본인도 비밀리에 베이징을 방문해 닉슨의 중국방문 일정 및 초보적 의견교환을 원한다고 전했다. 마침내 키신저는 파키스탄 채널을 이용해서 중국대륙으로 들어갔다.

라. 바르샤바 채널

1970년 1월 8일 미국과 중국은 동시에 바르샤바 회담을 재개한다고 선포했다. 미국은 바르샤바의 대사급 회담의 채널을 통해 중국을 포위하는 소련의 어떠한 계획에도 참가하지 않는다고 전달했다. 그러나 이 채널은 공개적이었고, 2차 회담 후에 원래 1970년 5월 20일 제3차 회의를 열기로 하였으나 중국은 미국이 이 해 3월 캄보디아를 무장습격한 데 대한 불만으로 취소했다. 그 후 이 채널은 회복되지 않았다. 대사급 회담은 마침내 역사의 무대로 사라졌다.

마. 파리 비밀 채널

키신저는 1971년 7월 처음으로 베이징을 방문한 후 중미간의 파리 비밀 채널을 열었다. 중국 주프랑스 대사 황쩐(黄镇)과 미국 주프랑스 대사관 무관과의 비밀채널이다. 1971년 7월 이 채널이 개통된 이래 1972년 3월까지 지속되었다. 쌍방은 이 채널을 이용해서 45차례의 접촉을 진행했다.

② 중국의 협상책략

「상하이 커뮤니케」협상은 기본적으로 세 단계로 나눌 수 있다. 제1단계는 1971년 7월 9일부터 11일까지다. 키신저는 폴로 1(Polo 1)계획에 따라 비밀리에 베이징에 들어가서 닉슨의 중국방문에 관한 협상을 시작했다. 제2단계는 키신저가 1971년 10월 20일에서 26일 공개적

으로 베이징을 방문한 폴로 2((Polo 2) 계획이다. 닉슨의 중국대륙방
문 일정 배치와 쌍방이 발표할 연합공보의 내용에 관한 협상이다. 제3
단계는 1972년 2월 닉슨이 중국에 도착한 후의 코뮤니케(공보)의 구체
적 내용에 관한 협상이다.

먼저, 전체 협상과정에서 미국은 비교적 불리한 일방이었다. 협상의
목표로 본다면 중국의 가장 큰 목표는 미국과 연합하여 소련의 위협에
대한 대항이고 그 다음 목표는 대만문제에서 미국의 양보를 얻어내는
것이다. 그러나 미국의 협상목표는 중국을 끌어들여 소련을 대항하는
하나의 카드로 삼고, 중국의 도움으로 베트남전의 늪에서 명예롭게 철
수하는 데 있었다.

다음으로 협상의 대내외적환경을 본다면, 닉슨 정부는 여전히 불리
한 상황에 처해 있었다. 닉슨은 베트남전 종결을 공약으로 내세워
1968년 대선에 승리했다. 취임 후 비록 베트남에서 많은 병력을 철수
시켰지만 여전히 베트남으로부터 완전히 몸을 빼지 못했다. 미군의 사
망과 부상자 수는 점차 늘어났고 국내의 반전 풍조가 있었다. 중국은
비록 소련의 강력한 위협에 처해있기는 하지만 마오저뚱의 권력지위는
문화대혁명 기간에 최고조에 달했다. 설령 중국공산당 내부에서 미국
과의 관계 개선을 반대하고 우려를 표하는 사람이 있었지만[73] 마오의
권력은 조금도 도전을 받지 않았다. 따라서 협상성공 여부의 문제를
고려할 필요가 없었다.

하지만 미국은 이와 완전히 달랐다. 닉슨은 머나먼 넓은 대양을 건
너 중국을 방문한다. 성공적인 방문결과를 얻지 못한다면 닉슨의 개인

---

73) 宮力, 毛澤東与美国, 北京 : 世界知识出版社, 1999年, p.254. 1972년 2월 21일 마오
    저뚱은 닉슨과의 회견에서 중국내부에도 반동파가 있어 미국과의 접촉을 반대해 그
    결과 비행기를 이용하여 국외로 망명했다고 밝혔다. 이는 린뱌오(林彪)가 1971년 9월
    13일 소련으로 도망가던 중에 비행기가 몽고에 추락해 사망한 사건을 의미한다.

적 명성에도 타격을 입게 된다. 1972년 대통령의 연임에도 부정적으로 영향을 미치기 때문이다. 닉슨은 중국에 발을 들여 놓을 때부터 방문을 성공시켜야 하는 부담이 있었다. 홈에 있는 중국은 이일대로(以逸待勞, 쉬면서 힘을 비축했다가 피로한 적군을 맞아 싸우다)의 처지다. 방문이 성공하던 않던 간에 상관없었다. 중국식으로 표현하자면 초강대국인 미국이 중국을 향해 술잔을 들고 다른 자리로 옮겨 같이 마시며 가르침을 청하게 만들었다(移樽就教). 이로써 중국의 명성은 크게 올라갔다. 밑천을 들이지 않고 돈을 버는 거래였다.

세 번째로 닉슨은 성공적인 방문이 필요했다. 그러나 키신저의 두 차례의 예비적 협상 혹은 닉슨의 중국행을 막론하고 협상장소는 모두 중국이었다. 미국은 시간의 압력을 받았다. 예를 들어 키신저의 제1차 비밀방문은 오직 48시간뿐이었고, 2차 방문은 6일에 불과했고, 닉슨에게는 겨우 일주일의 기간이었다. 그러나 중국은 쉬면서 적을 맞았기 때문에 시간상의 압력은 비교적 적게 받았다.

가. 대만문제 중요성 돌출

1970년 11월 저우언라이는 파키스탄 대통령 칸을 통해 하나의 소식을 전했다. "대만은 중국과 불가분의 영토며 대만해방은 중국의 내정이고 외국의 간섭을 용납하지 않는다. 미국군대의 대만 점령은 중미관계의 관건적 문제다. 만약 닉슨이 진정으로 관건적인 문제를 해결할 성의와 방안이 있다면 중국은 미국이 파견한 특사를 환영할 것이다." 같은 해에 중국을 방문한 스노우에게 저우언라이는 "만약 미국이 진심으로 중국과의 협상을 원한다면 중국과 미국의 회담은 열릴 수 있을 것이다. 진심으로 협상을 원한다는 것은 미국과 대만문제 해결 방법을 달성하는 데 있다."[74] 1971년 초 저우언라이는 다시 루마니아 채널을 통해 닉슨에게 중국과 미국 간의 현저한 하나의 문제를 밝혔다. 만약 미국이 대만문제 해결에 뜻이 있다면 또 해결할 방안이 있다면 중국은 베이징에서 미국의 특사를 접대할 것이다.[75] 같은 해 4월 27일 저우언라이는 파키스탄 채널을 통해 또 미국에 표시했다. 대만은 중대한 선결문제로서 이를 반드시 해결해야 쌍방은 관계를 회복할 수 있다는 내용이었다.[76]

키신저와 저우언라이 간의 1971년 7월 협상에서 저우언라이는 닉슨의 중국방문에서 단지 대만문제만 논하자고 주장했다. 그러나 키신저의 완고한 반대로 인해 "쌍방의 관심 있는 문제에 의견을 교환한다"는 자구를 첨가했다.[77] 이로써 알 수 있듯이 중국은 대만문제를 매우 중요하게 생각했다. 그러나 미국 역시 대만문제에서 많은 양보를 할 수 없었다. 중국은 먼저 대만문제를 먼저 제기하여, 중국의 대만문제에 관한 양보문제를 사전에 피할 수 있었다.

나. 중국은 미국에 얻을게 없다는 태도를 드러냄

미국은 중국이 소련위협에 대항하기 위해서 미국을 필요로 한다는데 대해서 걱정했다. 이를 감지한 마오저뚱과 저우언라이는 키신저를 향해 천하대란의 논조를 한껏 과장했다.[78] 저우언라이는 이에 1971년 7월 10일 오후 키신저에게 다음과 같은 이상한 논조를 폈다. "객관적 세계의 발전은 대동란이다. 우리는 처음부터 끝까지 적극적으로 방어하고, 대란을 준비한다. 미국 소련 등이 중국을 분할하는 것을

74) Snow, The Long Revolution, p.172.
75) Nixon, The Memoir of Richard Nixon, p.547.
76) Ibid., p.549.
77) 王峻彦, 大外交家周恩来, p.853.
78) 마오저뚱은 저우언라이에게 지시했다. "키신저에게 천하대란이 형세에 매우 좋다고 말하시오, 구체적인 문제는 논하지 마시오, 우리는 미국, 소련, 일본이 한꺼번에 중국을 분할하는 것을 준비하고 있으며 우리는 이러한 기초에서 키신저를 요청한 것이오." 王峻彦, 大外交家周恩来, p.852.

준비하고, 소련이 황하(黃河) 이북을 점령하는 것에 대비하여 준비하고, 미국이 황하 이남을 점령하는 것에 대비하여 준비할 것이다. 동시에 미국과 소련이 우리들을 향해 진공하는 것 역시 대비할 것이다. 우리들은 다음 세대를 교육하며 인민전쟁의 장기항전에 돌입할 것이다. 승리한 이후에 보다 좋은 사회주의 건설을 진행할 것이다."[79]

저우언라이의 말에서 알 수 있듯이, 중국은 소련의 위협을 두려워하지 않으며 미국에 대해 구걸하지도 않았다. 이는 미국이 중국에게 중미관계의 정상화를 구해야 한다는 의미가 깔려 있다. 예를 들어 협상 중에, "중국의 요청으로 닉슨은 중국대륙을 방문한다"는 성명의 단어와 어휘에서 중국이 원래 요구한 문자는 '닉슨이 중국방문을 요구하여'다. 중국이 피동적으로 요청에 응했다는 뜻이었다. 후에 키신저의 요구에 따라 다시 '알게 되어(获悉)'두 자를 고쳤다. 기본적으로 중국이 채택한 협상은 성동격서의 전술이다.

1971년 7월 9일에서 11 일까지 키신저와 저우언라이의 베이징 비밀협상에서 중국이 닉슨의 중국방문을 요청하는 협의를 달성했다. 쌍방은 1971년 7월 15일 이 소식을 발표하면서, "저우언라이 총리와 닉슨 대통령의 국가안전 보좌관 키신저 박사는 1971년 7월 9일에서 11일 베이징에서 회담을 거행했다. (이러한 소식을) 알게 되어(获悉), 닉슨 대통령은 중화인민공화국 방문을 희망했으며, 저우언라이 총리는 중화인민공화국 정부를 대표해서 닉슨 대통령이 1972년 5월 이전의 적당한 시간에 중국을 방문해줄 것을 요청했다. 닉슨 대통령은 유쾌하게 이 초청을 받아들였다. 중미 양국 지도자의 만남은 양국의 관계를 정상화를 모색하기 위함이며 아울러 쌍방이 연관되어 있는 문제에 대해 의견을 교환하기 위해서다."[80]

---

79) 동상주.
80) Nixon, The Memoir of Richard Nixon, p.544 ; and 王峻彦, 大外交家周恩来, p.854.

다. 대만문제에 관해 양보가 불가능함을 미국으로 하여금 믿게 하라.

저우언라이와 챠오관화(乔冠华)는 미국과의 협상에서 대만문제의 양보는 절대불가능함을 미국이 깊게 믿도록 힘써 노력했다. 특히 저우언라이는 닉슨 2기 임기 내에 대만문제의 해결을 기대했다.[81] 그러나 마오는 닉슨과의 회견에 대만문제는 중요하지 않다고 말했다. 현재 중국이 진정으로 관심을 가지는 문제는 세계정세라고 밝혔다.

라. 위협과 회유

마오는 닉슨과의 회견에서 만약 미국 민주당이 1972년에 다시 집권한다면 중국은 그들과의 접촉을 피할 수 없다고 밝혔다.[82] 바꿔 말해 만약 닉슨이 중국과의 수교에 박차를 가하지 않는다면 결국에는 민주당이 중국과의 관계정상화 공로를 얻을 것이라는 점을 강조했다.

중미는 1972년 2월 28일 「상하이 커뮤니케(공보)」에 서명했다. 이 커뮤니케는 각자가 자기 할 말을 주장하는 형식이었기 때문에 쌍방은 기본적 문제에 대한 이견을 드러냈다. 그러나 양국관계의 정상화는 모든 국가의 이익에 부합된다고 밝혔다. 어느 일방 모두 아시아와 태평양 지구에서 패권을 꾀하지 않으며, 어느 국가 혹은 어느 국가그룹이 패권을 건설하는 노력에 대해서도 모두 반대했다.

이는 중미 양국이 소련을 겨냥해서 얻어진 공동의 결과다. 그러나 대만문제에서는 각자의 이견을 분명하게 드러냈다. 중국은 "양국관계의 정상화를 가로막는 관건은 대만문제다. 중화인민공화국 정부는 중국의 유일한 합법정부고 대만은 중국의 한 개 성이며, 빠른 시일 내에 조국에 돌아와야 한다. 대만해방은 중국의 내정이고 타국은 간

---

81) Burr, The Kissinger Transcripts, pp.66-68.
82) Ibid., p.61.

섭할 권한이 없다. 미국군사역량의 전부와 그 시설은 대만에서 반드시 철수해야 한다." 미국은 "대만해협 양안의 중국인은 모두 오직 하나의 중국이 있음을 인식한다(认识到), 대만은 중국의 일부분이고 이에 대해 미국정부는 이의(异议)를 제기치 않는다. 미국은 중국인 스스로 대만문제를 해결한다는 것을 거듭 천명한다."고 밝혔다. 여기서 미국의 인식한다(acknowledge)는 승인한다(recognize)와 다르다. 물론 중국은 'acknowledge'를 승인(承认)으로 번역했다. 또한 양안의 중국인이라고 표기하여 정체성의 빌미를 제공했다. 현재 대만인들은 자신을 중국인으로 인식하지 않는다. 오늘날 양안이 첨예하게 부딪히는 하나의 중국 문제란 선례를 최초로 만든 나라는 미국이었다. 베트남 문제에 관해서도 미국은 양보를 얻어내지 못했다. 전체적으로 볼 때 중국이 미국보다 얻은 게 많다. 그렇지만 중국 역시 대만문제에 관해서 전적인 미국의 양보를 얻어내지 못했다. 중국 역시 어느 정도는 융통성을 표현했다.

제3절 중국의 협상전략과 기교

솔로몬은 중국과의 협상은 통상적으로 개막 단계(opening moves), 평가 시기(period of assessment), 마무리 협상(ending game) 및 집행(implementation)의 네 단계로 나눴다. 또한 중국은 각각의 단계마다 그 협상전략이 있다.[83] 여기서는 자트만, 버만, 샌더스, 코헨 등의 관점을 참조하여, 중국의 협상 전략과 기교를 협상전단계, 실질협상단계, 종결협상단계, 협의달성 후 단계로 나누어 검토한다.

1 협상전단계

자트만은 협상전단계를 "한 당사자 혹은 여러 당사자가 협상을 하나의 정책적 선택으로 간주하고 이러한 의사를 상대에게 전달하고, 각 당사자가 협상진행에 동의할 때에 일단락된다"[84]고 정의했다. 앞에 서술한 바와 같이 샌더스는 공식협상의 전단계를 좀 더 세분하여, 문제계정(문제의 범위를 확정), 협상진행 승락 및 협상안배의 세 단계로 구분했다. 사실상, 솔로몬이 말한 개막 단계와 자트만과 버만이 정의한 진단 단계는 모두 협상전단계를 일컫는다.

이 단계에서는 상호 이익의 충돌을 해결하기 위해 서로가 협상의 필요성을 느낀다. 쌍방은 협상준비를 위한 자료준비, 협상의 목표, 협상설정의 상하선, 협상상대의 정보수집 및 상대의 마지노선을 추측하고 협상단의 조직과 상대와의 의정일정을 준비한다. 중국은 무엇보다도 협상전단계의 준비를 협상승패의 관건으로 본다. 의사일정의 설정은 전략적 운용이다. 실질협상단계에서 주도적이고 공세적인 위치를 점하는 것이 관건이 된다. 이에 비하여 서방국가는 상대적으로 협상전단계의 중요성을 소홀히 한다. 협상전단계에서 중국은 다음과 같은 항목에 주안점을 두고 준비한다.

---

83) Solomon, Chinese Political Negotiating Behavior, p.x.
84) I. William Zartman, "Pre-negotiation: Phases and Functions," in Janice Gross Stein(ed.), Getting to the Table(Baltimore: Johns Hopkins University Press, 1989), p.5.

1) 협상목표 설정과 내부공식 확립

중국은 다른 국가와 마찬가지로 협상에 진입하기 전에 반드시 협상목표를 설정한다. 예를 들어 1945년 8월 말, 마오저뚱은 쟝제스(蔣介石) 위원장의 요청을 받아들여 충칭(重庆)으로 가서 평화협상을 시작했다. 마오가 설정한 협상목적은 크게 두 가지였다. 첫째, 정치상의 주도적 지위를 점하는 것이며 둘째, 국제여론과 국내 중간파의 동정과 지지의 획득이었다.[85] 또 다른 예를 들자면 1950년대 중국과 미얀마는 국경문제로 협상을 하였으나 윈난(云南) 지역의 주민들은 중국공산당의 입장에 동의하지 않았다. 주민들에겐 빼앗긴 땅이 너무 크고, 손해가 너무 컸다. 그래서 중국은 실질협상 시작 전에 먼저 윈난 주민의 지지를 얻어내기 위해 노력했고, 결국 내부적으로 공통된 인식(共识)을 얻어냈다. 이로써 1957년 7월 15일 제1기 중국인민대표대회 4차회의의 비준을 받았으며, 저우언라이가 제출한 "중국 미얀마 변계 문제의 해결을 위한 원칙과 건의"를 통과시켰다.[86] 중국은 협상을 진행하기 전에 먼저 협상의 목표를 설정하는 것 외에 반드시 내부의 공식을 도출하고자 한다.

2) 원칙확립

협상초기 단계에 중국은 늘 일련의 원칙을 견지한다고 솔로몬은 밝혔다. 또 협상상대에게 자신들이 설정한 원칙에 동의하기를 요구한다.[87] 루시안 파이는 중국의 상업협상 행위의 연구에서 먼저 일반원칙

---

85) 毛泽东、毛泽东选集、第四卷、p.1154.
86) 庐瑞莲、张云英、刘高志主编, 共和国领袖的决策艺术, 长沙市：湖南人民出版社, 1997年, p.531-543.
87) Solomon, Chinese Political Negotiating Behavior, p.27.

의 협의에 관한 서명을 중시하며, 그 후에 세부적인 대화를 시작한다고 분석했다.[88] 평화공존 5원칙(和平共处五原则)[89]과 같은 일반성 원칙은 중국의 기본적인 정책강령이며, 이미 영구불변의 원칙이 되었다. 그러나 오늘날에는 이미 정치선전 구호에 가깝다. 예를 들어 1950년대 일본과 중국 간의 어업협상에서, 중국은 쌍방의 평화공존과 평등호혜의 원칙을 제출했고, 이로써 어업문제를 해결했다.[90]

중국은 때때로 협상에 진입하기 위해서 반드시 관철시켜야 하는 원칙을 제기한다. 이러한 원칙들은 쌍방이 협상을 여는 전제가 되며, 융통성이 없고 강경하다. 예를 들어 중국은 대만에게 '하나의 중국(一个中国)'원칙을 강요한다. 이는 양안협상을 시작하기 전 절차상의 전제다. 또 다른 예로서 홍콩주권 반환 협상에서 중국이 확립한 원칙은 중국과 영국, 즉 국가 대 국가 간의 외교협상이라는 원칙을 확립했다. 그 결과 홍콩은 대표를 파견할 수 없어서 회담에 참여하지 못했다.

일부 원칙은 중국이 협상에서 추구해야 하는 목표가 되기도 한다. 중국과 캐나다의 수교협상에서 수교 3원칙을 제출했다. 첫째, 반드시 중화인민공화국의 중앙인민정부는 전중국 인민을 대표하는 유일합법 정부임을 승인하고 둘째, 대만은 중국영토의 불가분의 일부분이며, 쟝제스 집단과는 일체의 관계를 끊어야 하고 셋째, 중국이 유엔에서의 합법적 지위와 권리를 회복하는 것을 지지하고, 쟝제스가 대표로 있는

---

88) Pye, Chinese Commercial Negotiating Style, p.40.
89) 1954년 6월에 공포된 중국대표 저우언라이(周恩來)와 인도대표 J.네루의 공동성명 속에서 중국-인도 양국의 우호적인 국가관계의 기초로서 확인된 5개의 원칙이다. 그 내용은 영토·주권의 상호존중, 불침략, 내정불간섭, 평등·호혜, 평화적 공존 등의 5개 원칙이다. 이 원칙은 현재까지 이어져 온 중국외교노선의 근간이다. 중국 인민해방군의 군사파병에도 반대하고, 북핵이나 다른 문제에도 평화적 대화적으로 해결을 강조하는 이유가 이 외교노선 때문이다.
90) Ogura Kazuo, "How the 'Inscrutables' Negotiate with the 'Inscrutables': Chinese Negotiating Tactics vis-à-vis the Japanese," The China Quartely, No. 79(September 1979), p.544.

중화민국이 유엔에 남는 것을 지지해서는 안 된다.[91] 또 다른 예는 중국과 미국의 카터 정부 간의 중미수교 협상 시, 중국은 미국 정부가 대만과의 단교(斷交), 철군(撤軍), 폐약(廢約, 대만과의 방위조약)을 준수 한다는 3원칙을 요구했다. 결국 미국은 이 3원칙을 받아들이고 중국과 수교했다.

1980년대 중국은 역시 소련과의 관계 개선 3원칙을 세웠다. 소련은 중소 변경의 주둔군을 감소해야 하고, 몽고에 주둔하고 있는 소련의 무장역량은 철수해야 되며, 베트남의 중국에 대한 무력도발저지와 캄보디아에 대한 침략을 중단해야 한다가 그것이다.[92]

1992년에는 중국은 홍콩의 크리스토퍼 패튼(彭定康, Christopher Patten) 총독에게 세 군데나 위반한 정치개혁 방안을 거둬들여야 한다고 요구했다.[93] 만약 이 요구를 받아들이지 않는다면 영국과의 협상을 진행하지 않겠다는 강수를 뒀다.[94] 이러한 원칙들은 기실 중국의 협상 목표다.

때로는 중국이 제기한 원칙은 상대가 받아들일 수 없는 조건이 되기도 한다. 중국과 소련의 국경분쟁문제는 협상을 시작하기도 전에 먼저 5개의 협상원칙을 제출했다. 즉, 소련은 현존 조약이 불평등함을 반드시 승인해야 한다.[95] 소련은 불평등 조약에 의거해서 무력으로 중국의 영토를 탈취했으며, 도발행위와 무력위협을 즉각 중단해야 한다. 쌍방

91) 俞孟嘉, 「中国与加拿大建交谈判纪实」, 新中国外交风云, p.196.
92) 范振水, 「王幼平同志回忆1979年中苏国家关系谈判」, 新中国外交风云, 第四辑, 北京 : 世界知识出版社, 1996年, pp.147-149.
93) 중영연합성명 위반, 홍콩기본법 위반, 중영비밀양해 위반.
94) Christopher Patten, East and West: China, Power, and the Future of Asia(New York: Times Book, 1998), p.56.
95) 중국국제법교과서의 설명에 따르면 "모든 침략성, 노예성, 불평등한 조약에 대해서 확고히 반대 한다. 비법적인 조약은 당연히 무효다". 丘宏达, 「中共与英国就香港问题谈判所采用之策略分析」, 中共谈判策略研究, p.146.

의 변경에서의 방위군은 하로(河路)와 하도(河道) 중심선을 넘어와서는
안 된다. 쌍방 변경의 주민은 관례에 따라 진행되어 온 정상적인 생산
활동에 간섭을 받아서는 안 된다. 만약 소련이 이러한 조건에 동의한다
면 중국은 협상을 통해 협의에 도달 할 수 있다고 밝혔다.[96]

　어떤 때는 중국이 설정한 원칙을 협상의 지도방침으로 삼는다. 이러
한 원칙은 꼭 공개적인 것도 아니고 상대가 반드시 아는 것도 아니다.
예를 들어 1979년 4월 3일 중국은 전인대 상무위원회에서 중소우호동
맹조약을 연장하지 않는다는 결의를 하였다(1950년 2월 24일 체결, 30
년 효력). 중국 외교부장 황화(黃华)는 이 결정을 소련 주중국 대사에
게 통지했고 동시에 쌍방은 "양국 간 걸려 있는 현안과 미해결된 문제
를 해결하며 양국관계를 개선하기 위한 협상을 거행"하자고 제의했다.
중국의 협상 대표 왕요우핑(王有平) 대사는 모스크바로 떠나기 전날,
입안된 협상 원칙에 대해 "바늘 끝과 바늘 끝이 마주치듯이 첨예하게
맞서며(针锋相对), 원칙을 견지하고(坚持原则), 높은 지붕위에서 물동
이에 든 물을 쏟듯이 유리한 위치에 처하며(高屋建瓴), 정면에서 논쟁
하고(正面交锋), 환상을 지니지 말고(不持幻想), 시비를 가리는 데 주
의하고(注意讲理), 동정을 쟁취하라(争取同情)"는 방침을 설명하였다.

　중국은 협상상대에게 중국이 제출한 원칙을 수용할 것을 요구한다.
이러한 원칙은 중국이 일방적으로 해석하는 것이고 상대가 이 원칙을
위반했는지 여부도 중국이 결정한다. 중요한 것은 중국이 상대로 하여
금 원칙을 받아들이기를 요구하는 4가지 전략적 원칙을 매우 중시한
다. 첫째, 원칙에 관계된 단어사용은 매우 신중하게 사용한다. 반드시
상대로 하여금 양보하게 하는 낱말을 운용한다. 둘째, 실질협상에서 쌍
방이 관계된 원칙의 협의는 목표의 협의로 바뀐다. 셋째, 쌍방이 동의

96) 李连庆, 冷静岁月－一波三折的中苏关系, 北京 : 世界知识出版社, 1999年, p.323.

한 원칙으로서 상대방의 성의 없음을 공격하거나 상대가 원칙의 정신을 파괴했다고 질책하여, 협상에서 상대가 수세의 위치에 몰리게 한다. 이 때 중국은 도덕적 우월감을 스스로 자랑하고 상대방의 기만 혹은 우의에 대해 감당할 수 없는 비교를 지적한다. 예를 들어 중국은 거듭해서 미국이 3개의 커뮤니케(72년 상하이 커뮤니케, 79년 수교 커뮤니케, 817커뮤티케) 정신을 파괴했다고 비판한다. 이것이 바로 전형적인 경우라고 할 수 있다. 넷째, 만약 상대방의 고위층이 동의한 원칙은 상대방의 하급직원과의 협상에서 구속을 받는다.[97] 중국이 부딪히고 싶지 않은 의제를 배제하거나 혹은 중국이 양보해야 되는 빌미를 주는 것을 피하기 위해서다.

중국이 제출한 원칙을 상대가 받아들이는지의 여부로 중국과의 관계 수립 혹은 협상진행에 대한 성의가 있는지를 시험한다. 예를 들어 중국이 정한 「하나의 중국 원칙」을 대만이 거절한다면 중국은 이를 빌미로 대만은 중국과의 정치협상에 대한 성의가 없으며 대만이 독립을 획책한다고 비판한다. 중국은 상대가 받아들인 원칙으로 상대를 비판하고 상대로 하여금 협상에서 방어적이고, 피동적이며 열세에 몰리게 한다. 예를 들어 중국은 내정불간섭의 원칙을 이유로 대만을 지지하는 미국의 입장을 약화시켰다. 이로서 미국의 중국에 대한 인권비판을 상쇄 시킨다. 이외에도 중국은 먼저 확립시킨 원칙을 적용하여 중국은 선하고 정의로운 당사자로 자리매김한다. 상대방을 갈등의 근원으로 몰아붙여, 상대에게 과거의 잘못에 대한 보상을 요구하기도 한다.[98]

---

97) Pye, Chinese Commercia Negotiating Style, pp.40-42.
98) 예를 들어 1961년 6월 라오스 문제 협상에서 중국의 외교부장 천이(陳毅)는 협상 첫째 날에 40분 간의 연설을 했다. 연설 중에 18차례나 직접적으로 미국을 언급했고,

3) 협상에 유리한 분위기를 창조

정식협상에 임하기 전에 늘 유리한 협상 분위기를 만들어 상대가 수동적이고 방어적인 위치에 처하도록 만든다. 주도적이고 공격적인 자리에 서기 위함이다. 이는 장기적으로 누적된 결과다. 일본과 수교 협상은 20년의 노력을 필요로 했다. 먼저 민간교류를 추진하고 일본과 중국 간의 경제, 문화교류를 증진시키고, 일본정부와 일본인을 분리하고 일본정부에서도 정책결정권자와 일반 관원을 구분시켜, 민으로서 관을 촉진시키는 책략을 쓴다. 여기에 더하여 일본인들로 하여금 중국의 수교를 지지하도록 만든다.[99]

중국은 언론매체를 활용하여 여론을 환기시켰다. 이를 통하여 국내외에서 협상에 유리한 분위기를 조성하는데 상당히 능숙하다. 중국학자 저우민(周敏)과 왕샤오톈(王笑天)은 협상미디어를 정의했다. "협상 주체는 언론매체를 통해 상대방에게 협상의도와 심리적 영향을 끼치고, 자신에게 유리한 여론 조성 혹은 협상분위기를 조성하는 행위과정"[100]이다. 예를 들어 저우언라이는 1955년 4월 인도네시아 반둥회의에서 "중국인민과 미국인민은 우호적이다. 중국인민은 미국과의 전쟁을 원하지 않는다. 중국정부는 미국정부와 마주보고 앉아서 협상을 원한다"는 유명한 연설을 하였다. 이는 매우 좋은 예다.[101] 또 다른 예는 1955년 8월 1일 중국이 미국과 대사급회담을 열기 전 날에 중국에 구류된 11명의 미국인 조종사를 석방함으로써, 선수를 쳐서 상대방의 기를 꺾어 놓았고(先声夺人), 미국에 좋은 인상을 주었다. 이에 더하여

미국을 암시하는 용어도 적지 않았다. 미국을 라오스 문제의 주된 죄인으로 취급했으며, 중국의 행위는 정도(正道)라고 강조했다. Lall, How Communists China Negotiation, pp.51-52.

99) 季明、刘强, 周恩来的外交艺术, 台北：新新闻文化, 1993年, pp.151-68.
100) 周敏、王笑天, 东方谈判策略, 北京：解放军出版社, 1990年, pp.26-27.
101) Quoted in Young, Negotiating with the Chinese Communists, p.44.

미국 및 기타국가들의 언론매체에 대대적으로 이를 과장홍보 했다. 또한 중국은 이성적이고 성의 있는 협상을 진행한다는 이미지를 구축하고자 했다.[102] 중국 협상대표 왕빙난은 그의 회고록에서 "회담 전에 11명의 미국간첩 석방은 회담을 부드럽게 시작하기 위한 저우언라이 총리의 아이디어였고, 우리들은 선수를 쳐서 주동적인 제1보를 걸었다…… 국제여론은 매우 빨리 회담에 임하는 중국의 품격과 성의를 알게 되었다. 사람들의 감정 역시 매우 빨리 우리에게 기울었다"[103]고 밝혔다.

양안 양회(해협회와 해기회) 제5차 협상이 1994년 8월 타이베이에서 열렸고, 이는 동년 4월 1일 치앤다오후(千島湖) 사건[104] 발생 이래, 양안이 처음으로 거행된 사무성 협상이었다. 중국은 저장성(浙江省) 치앤다오 호수에서 발생한 대만관광객의 집단 피살로 인해 중국에게 매우 불리한 협상 분위기였다. 같은 해 7월 10일 태풍이 상륙하여, 쑤아오(苏奥) 바깥 해상에 상하오3호(上好三号)가 정박했는데 이날 몰아친 태풍으로 인해 12명의 중국 어민이 바다에 빠져 숨진 불행한 사건이 있었다. 이에 중국은 언론방송매체를 총동원하여 감성적인 선동을 시작했다. 피가 물보다 진한 동포의 정에도 불구하고 대만 당국은 죽음을 보고도 구하지 않았으며, 중국 어민의 피항을 허락하지 않아 사망케 된 불행한 사건임을 알렸다. 이에 동조한 대만 매체들과 민의대표 역시 대만정부를 비판했다. 또 다른 예는 중미 정상회담 전, 미국이 중국의 인권문제를 재기할 것을 고려해 먼저 민주인사를 석방하기도 했

---

102) Ibid., p.44.
103) 王炳南, 中美会谈九年回顾, p.48.
104) 1994년 봄 중국대륙 저장성 치앤다오후(千島湖)에서 24명의 대만관광객과 여행가이드와 선원을 포함한 8명의 중국인이 약탈 살해당한 사건을 말한다. 이 사건은 중국 정부의 사건 처리태도와 사태를 축소하려는 행위에 대해 대만민중의 분노를 촉발시켰고 양안관계에 강력한 충격을 가했다.

다. 이를 통해 사전에 미국의 입을 막거나 혹은 이를 빌미로 미국의 대중국 비판을 완화시키려고 하였다.

4) 상대에 대한 광범위한 정보수집과 준비

중국이 수행한 많은 협상을 검토해 보면 일관된 원칙이 있음을 발견할 수 있다. 즉, 늘 만들고 싶어 하는 하나의 인상이 있다. 바로 상대가 협상을 원한다는 인상을 주도록 만드는 것이다. 중국은 협상을 안 해도 그만이라는 태도를 취한다. 기왕에 상대가 협상을 원하니 , 중국은 마지못해 협상에 나왔을 뿐이다. 그러므로 상대는 마땅히 양보를 해야 한다는 입장을 보인다. 예를 들어 마오저뚱은 황화에게 미국의 주중국(중국대륙에 있던 국민정부)의 최후의 대사 스튜어트(John Leighton Stuart)와 만날 때에 중국공산당 역시 미국 원조를 희망한다는 인상을 주지 말아야 한다고 지시했다.[105] 키신저는 1971년 중국 비밀방문에서 닉슨의 중국방문에 관한 일정을 저우언라이와 협의하였다. 이 때도 "닉슨이 중국방문을 요청해서"라는 형식이었다. 영국과 중국의 홍콩주권문제에 관한 협상에서도 홍콩의 마지막 총독 맥클로즈(Crawford Murray MacLehose)가 1979년 3월 말에 베이징을 방문해서 덩샤오핑에게 요청한 것이며, 또한 외국기업들이 베이징에서 중국 투자에 관한 계획을 협상할 때도 외국기업들이 제출한 동의서를 한쪽으로 밀쳐두고 상당한 기간 회답하지 않는다. 이러한 전략은 어떤 때는 중국관료주의 체계의 문제점이기도 하지만, 중국은 개의치 않는다는 인상을 주기 위해서다. 또 다른 예는 1997년 7월 중국이 세계무역조직 가입을 협의할 때다. 1986년부터 WTO의 전신인 GATT(관세 무역 일반 협

---

105) 中华人民共和国外交部, 中共中央文献研究室编著, 毛泽东外交文选, p.87.

정, General Agreement on Tariffs and Trade)가입을 13년 동안 원했지만, 쟝저민(江澤民)은 다시 13년을 기다릴 수 있다고 말했다.106) 다시 말해, 중국이 미국에게 전달하고 싶은 소식은 단 하나다. WTO가입이 결코 급한 일이 아니므로 미국의 압력에 양보하지 않겠다는 의미다.

상대가 협상을 원한다는 구실을 만들며, 중국은 협상에 개의치 않는다는 책략은 실질협상단계까지 연속된다. 중미수교협상에서 중국은 국제형세가 불리해도 개의치 않고 소련의 위협에도 개의치 않는다는 인상을 미국에게 심어주고자 했다. 비근한 예로써 신중국을 세우고 나서 비록 영국 외교부는 중국 외교부장 저우언라이에게 중공을 승인한다고 표시했지만, 중국은 영국과의 수교가 그렇게 절박한 것은 아니라는 인상을 주었다.107)그러나 실제로 중국은 여전히 영국정부가 대표를 파견하여 양국 간의 외교수립을 원하고 있었다.

5) 상대의 정보를 광범위 수집하고 완벽하게 준비

협상 전에 먼저 광범하고 세밀하게 상대의 자료를 수집한다. 양국 간 과거의 협상 역사, 상대협상대표의 개인기호, 이념, 성장배경, 상대의 협상 상하선의 평가 자료에 관한 구체적인 정보들을 수집한다.

특히 중국은 방대한 협상대표단을 꾸리는 경향이 있다. 협상대표단을 꾸린 후에 협상 업무를 분배하는 것 외에도 리허설과 모의 연습을 항상 진행한다. 예를 들어 1954년 제네바 회담에 참가하기 위해서 180명의 방대한 협상단을 구성했다. 저우언라이가 통솔한 이 협상단은 출발전에 의상 소품을 입어보고 모의 연습을 하였고 예비 기자간담회를 실시했다.108) 협상에 대한 중국의 가장 큰 재능은 심혈을 기울여 책략

106) South China Morning Post, November 15, 1999.
107) 谢益显, 中国外交史, 郑州 : 河南人民出版社, 1988年, pp.30-32.

을 짜고, 마치 우연의 일치로 보이게 만드는 것이다. 협상 전에 상대할 대상 하나 하나를 모두 상세하게 연구한다. 1970년 초 일본수상 다나카 가쿠에이(中角榮作)가 베이징을 방문했다. 중국은 영빈관의 방 온도를 다나카가 가장 좋아하는 온도에 맞추었다. 1972년 2월 닉슨이 중국을 방문할 때에는 환영식에서 닉슨이 제일 좋아하는 음악을 연주했다. 이는 모두 사전에 충분히 자료를 수집한 결과다.

6) 자신에게 유리한 아젠다 설정

정식협상을 시작하기 전에 먼저 협상 의사일정(agenda)을 설정해야 한다. 언제, 어디서 협상을 진행하며, 협상 대표는 누가 맡는지, 대표단의 인원, 협상 기간, 협상 진행횟수, 제3자 참가여부, 의제 선택, 의제의 선후순서 배치, 협상 때의 언어사용, 협상기록 및 서면협의서의 진행 등이다. 사실상, 아젠다 설정 자체가 일종의 협상이다. 이는 의사일정에 근거하여 진행되는 '실질협상'과는 다르다.

중국은 의사일정의 설계가 협상의 승패를 좌우한다고 인식한다. 그래서 항상 '일정협상'을 매우 중요시 여긴다. 만약 중국이 적대적 협상을 진행코자 한다면 의사일정협상에 있어서 지연전술을 채택한다. 이 외에도 중국은 일정협상 중에 자신에게 불리한 의제를 배제하기 위하여 노력한다. 예를 들어 1970년 대 초, 중국이 소련과 진보도에서 유혈 군사충돌을 벌인 후 북방으로부터 오는 소련의 위협을 깊이 우려할 때였다. 당시의 마오저뚱은 소위 말하는 대만문제를 결코 마음에 두지 않았다.[109] 그러나 닉슨의 중국방문 시에는 의사일정 협상에서, 오히

---

108) 季明、刘强著, 周恩来的外交艺术, 台北：新新文化事业股份有限公司, 1993年, p.44.
109) 키신저의 회고록에 분명하게 기록하고 있다. 마오저뚱은 "대만문제는 작은 문제고 국제정세의 문제야말로 중요한 문제다, 또한 백 년을 기다려서도 대만문제를 해결할

려 의제에서 대만문제 논의를 견지했다. 실제로 중국은 마음속에 중미가 공동으로 어떻게 소련을 대항하는가를 토론하는가의 문제를 토론하고 싶었지만 오히려 국제문제에 관한 협상에 동의하는 것은 일종의 양보라는 점을 키신저에게 인식시켰다.[110] 바꿔 말해, 중국은 의정 안배의 협상에서 이미 기선을 제압했다. 왜냐면 키신저는 중국의 양보에 이미 깊은 감명을 받았기 때문이었다.

① 홈그라운드 이점 활용(主场优势)

중국의 과거 협상에서 볼 수 있듯이 중국은 자기의 영토에서 협상하기를 선호한다. 소위 말하는 홈그라운드 이점이다.[111] 예를 들어 1951년 한국전쟁 정전협정 협상 지역은 원래 원산 앞 바다에 떠 있는 덴마크의 의료함(위생선)에서 거행하자고 미국은 요구했다. 그러나 중국은 북한이 통제하고 있는 개성을 주장하여 이를 관철시켰다. 결국 첫 회담은 개성에서 열렸다. 1971년 미국과 중국의 국교정상화 협상에서도 키신저는 베이징에서 협상을 진행했다.[112] 쌍방수교의 협상 역시 베이징이 주요 협상 지점이었다.[113] 1982년 817 커뮤니케의 협상도 이와 같다. 영국과 중국 간의 홍콩문제의 협상은 먼저 홍콩 총독 맥클로제가 1979년 3월 베이징 방문에서 정식으로 제출했다. 영국수상 대처가 1982년 중국을 방문할 때 다시 홍콩문제의 해결을 요구했다. 그러나 1992-1993년 홍콩의 정치체제 개혁문제의 협상에서는 중국은 모든 협상을 베이징에서 개최하기를 고집했다. 이러한 홈그라운드 고집은 이

수 있다"고 밝혔다. Kissinger, White House Years, p.1062.
110) Ibid., pp.726-727.
111) Pye, Chinese Commercial Negotiating Style, pp.27-31.
112) Kissinger, White House Years, pp.733-787.
113) Jimmy Carter, Keeping Faith: Memoirs of a President(Toronto: Bantam Books, 1982), pp.196-211.

일대로의 방편 즉, 상대가 먼 길을 아끼지 않고 와서 중국에 구걸하는 모양새를 만든다. 이는 중국의 협상역량을 높이는데 도움이 된다.

이외에도 홈에서 협상을 개최한다면 주최측으로서의 자료접근이나 참모들의 작업을 지휘하는 데에도 도움이 되며, 권력 중심에의 접근이 쉬워서 협상대표는 수시로 정책결정자의 지시를 받을 수 있다. 상대는 시차문제나 낯선 환경에 처해 있으며, 중국의 협상대표는 심리상의 우위를 점하게 된다. 중국은 최선을 다해 의사일정 이외의 활동을 배치하고 주최측(东道主) 의 열정을 표시하며 만찬 및 관광을 활용한다. 비공식 장소에서 중국의 선의를 드러내어 이를 빌어 상대의 협상입장을 부드럽게 만들어 상대가 과다한 양보를 하게 만든다.

② 중국이 받아들일 수 있는 협상대표 파견을 희망

친중국 성향의 인물이 협상대표가 되기를 희망한다. 간접적으로 또 암시적인 방법을 동원해서 상대진영 중의 협상대표를 지명하기도 한다. 프리맨(Chas Freeman)은 중국은 개인적 관계를 매우 중시한다고 지적했다.[114] 솔로몬 역시 친중국성향의 인물을 선호하는 것을 중국협상의 기본특징으로 보았다. 중국은 공을 들어 친중국 성향 인물과의 우의를 쌓고 그들로 하여금 중국에 대한 의무감을 가지게 한다.[115] 예를 들어 로저스(William Pierce Rogers) 국무장관보다 국가안전보좌관인 키신저를 더 선호했다. 저우언라이는 1971년 닉슨에게 보내는 편지에서 "키신저나 혹은 적합한 인물을 택해 베이징으로 파견해 주기를 희망한다"고 밝혔고, 이후 닉슨은 베이징에서 사전 협상을 진행했다. 협상파트너로 중국이 기대한 사람은 키신저였기 때문에 저우언라이는

---

114) Cohen, Negotiating Across Cultures, p.71.
115) Solomon, Chinese Political Negotiation Behavior, p.2.

편지에서 키신저라는 이름을 특별히 언급했다.

③ 토론하고 싶지 않은 의제는 배제한다.

중국은 일방적으로 협상의 프레임을 설정하여 논하고 싶지 않은 의제를 배제시키고자 하거나 혹은 어떤 의제를 일정에 넣어 이를 중국의 양보로 여기게 만들거나 또는 의사일정에서 의제협상의 선후 순서를 중국에 유리하게 배치한다. 예를 들어 중국은 홍콩의 주권문제가 의제에 포함되는 것을 거부했다. 왜냐면 홍콩의 주권은 중국에 있다는 것이 중국의 입장이기 때문에 이 문제에 관한 협상은 불필요하다고 보았다.

④ 협상의 목적과 필요에 따라 제3자의 참여 여부를 결정

협상의 목적과 수요에 따라 제3자의 참여를 결정한다. 예를 들어 중국과 영국은 홍콩문제 협상에서 영국은 삼각등(three legged stool) 협상을 제안했다. 즉 영국은 홍콩이 직접 협상에 대표를 파견해야 한다고 주장했다. 홍콩의 참여로 인해 2:1의 우세를 점하기 위해서였다. 그러나 중국은 홍콩의 참여를 확고부동하게 반대했다. 이와 상반된 예는 1953년 중국과 유엔대표단은 한국전쟁 정전협정을 시작했고 중국은 소련의 협상참여를 강력하게 주장했다. 왜냐면 소련과 중국은 군사동맹국이었고 중국과 북한의 협상력을 높이기 위함이었다.

2 실질협상단계

실질협상단계에서 협상당사자는 의사일정에 설정된 의제대로 회담을 진행한다. 통상적으로 서로 선택한 상황에 관계되고 때로는 양보하

거나 혹은 협상목적을 조정하는 것과도 관련된다. 이 단계에서는 쌍방은 얼굴을 맞대고 접촉과 소통을 시작하고, 나아가 상대의 마지노선을 시험하고, 충돌하는 문제를 해결하기 위해 공동이익을 증진하는 방법을 모색한다. 중국이 일상적으로 운용하는 책략은 대략적으로 아래와 같다.

1) 상대에게 위엄 세우기

익숙하지 않은 상대에게는 냉대, 욕설, 모욕 혹은 공격적인 언어를 사용해서 인신공격을 가한다. 협상상황이 불만족스럽다고 판단되면 상대에게 위엄을 세우고 상대에게 압력을 가한다. 예를 들어 1992년에 홍콩 총독으로 크리스 패튼이 취임하고 난 후 그는 홍콩의 정치체제 개혁에 치중하여 중국의 극심한 불만을 샀다. 이로 인해 영국은 중국과의 홍콩정치체제 개혁에 관한 협상을 시작했다. 1992년 10월 19일, 패튼 총독은 이틀 동안 베이징을 방문했다. 베이징에 도착하기 전에 중국은 이미 홍콩의 선전수단(喉舌)을 동원하여 격렬하게 패튼을 비난하면서 중ー영 연합성명과 홍콩기본법을 지키라고 주문했다. 방문기간 동안에도 고의적으로 패튼을 냉대했으며 중국국무원 홍콩ー마카오 판사처(港奧办) 주임인 루핑(鲁平)은 아예 비행장에 나타나지도 않았다. 이틀 간의 행사 일정에서 패튼이 만난 중국의 최고 고위층은 외교부장 첸지천(钱其琛)이었지만 그는 고의로 악수도 하지 않았다. 당연히 쌍방의 홍콩정치체제 개혁에 관한 협상은 불쾌한 가운데 결렬되었다.[116] 이후에도 중국의 관료와 관방매체를 동원해서 창녀, 사탄, 교활한 변호사, 사기꾼 등의 어휘를 사용하면서까지 패튼 총독에게 인신공

---

116) Patten, East and West, pp.55-56 ; and 丘宏远、管中祥、林孟贵译, 香港末代总督 彭定康, 台北 : 时报文化, pp.177-178.

152

격을 가했다.117) 또 다른 예로서 1980년 미국 대선 기간에 공화당 후보 레이건(Ronald Reagan)은 대만과의 관방적 관계를 한층 더 강화해야 된다고 주장했다. 이는 중국의 격렬한 불만을 가져왔다. 이에 레이건은 자신의 파트너인 부통령 후보 조지 부시(George Bush)를 베이징에 파견시켜 중국과의 불만을 무마시키고자 했다. 하지만 중국은 부시를 냉담하게 접대했다.

2) 기정 사실(fait accompli) 조성

마오저뚱은 협상의 네 가지 전술을 언급했다. 선참후주(先斩后奏, 선처리 후보고), 선주후참(先奏后斩, 선보고 후처리), 참료부조(斩了不奏, 처리후 미보고), 불주불참(不奏不斩, 보고도 처리도 없음)이다. 이 중 선참후주는 기정사실을 조성하는 원칙이다. 주사위는 던져졌다는 뜻이다. 즉, 먼저 시행하고 나서 사후에 협상테이블에서 상대에게 알려주거나, 혹은 고의로 상대의 의도를 곡해하고 언론매체를 이용해서 이미 중국에게 유리한 방향으로 진행되는 모양새를 조성한다. 예를 들어 중국은 1998년 10월에 구왕회담(汪辜会谈)을 이미 '정치대화'를 열었다고 형용했다. 지금까지 대만과 중국 간에 진행된 정치대화는 없다. 대만은 아직도 중국과는 사무성 협상(경제협상)만을 원한다. 주권문제와 관계된 정치협상은 가장 피하고 싶어 한다.

3) 비공개적 협상 장소를 유용하게 활용

중국은 비공개적 장소를 활용하여 상대와 소통하거나 친분을 두터이 하면서 대치적인 분위기를 완화하고 상대의 입장을 부드럽게 만드는데

---

117) Ibid., p.196.

매우 능숙하다. 이는 동양문화에서 보이는 협상특징 가운데 하나다. 또한 비공식 협상 장소를 응용하여 협상목적을 달성하는데 매우 능하며 이는 상당히 일반적인 현상이다. 중국과 여러 차례 협상을 경험했던 미국의 관료들 역시 중국과의 협상초기 접촉은 협상이 아니라 오히려 일반적인 의견교환 혹은 사교활동처럼 보인다고 지적했다. 전통적으로 중국은 인제관계(人際关系, 개인과 개인)와 국제관계(나라와 나라)를 나누고 특히 인제관계 처리에 상당한 자신감을 가지고 있다.

1954년 4월 26일 개최된 제네바 회담은 한반도 통일 문제와 인도차이나 반도 문제 해결이 주된 의제였다. 한반도 문제에서는 어떠한 선언이나 제안도 채택되지 않은 채 종결되었다. 인도차이나 반도 문제의 경우「제네바 합의」라 불리는 일련의 성과를 만들어냈다. 이 합의에 의해서 베트남은 2개로 분단되었다. 당시 중국은 제네바 회담을 위해 유명한 요리사 2명을 대동하였고 저우언라이는 빈번하게 각국의 대표단을 연회에 초청했다. 특히 영국 외무부장관, 캐나다 대표단의 부단장을 주빈으로 초대했다.[118] 1955년 8월 1일 미국과 중국은 대사급회담을 개최했다. 저우언라이는 중국대표에게 폴란드 주미대사와의 사적접촉을 강조했다.[119] 또 1971년 7월 키신저와의 비밀협상은 대만문제로 인해서 교착상태에 빠졌다. 이때마다 저우언라이는 식사를 먼저 하자고 제의하여 긴장된 분위기를 완화시키고자 하였다.[120] 중국은 이러한 비정식적인 장소를 활용하여 상대와 교섭하고, 의견을 주고받고, 막후 협상을 시도한다.[121]

---

118) 王炳南, 中美会谈回顾, pp.7-15.
119) 季明、刘强, 周恩来的外交艺术, p.98.
120) Ibid., pp.116-7, pp.122-123.
121) 王炳南, 中美会谈回顾, p.52.

4) 먼저 가격을 부르기(offer price) 요구와 오버 프라이스(漫天要价, over price)

협상에서 상대가 먼저 값을 부르는 것이 유리한지 아니면 나중에 값을 부르는 게 유리한지에 대해서는 이견이 분분하고 논란의 여지가 있다. 중국은 그들이 필요로 하는 것이 무엇인지를 매우 분명하게 이해하는 경우에는 먼저 입을 떼겠지만 그렇지 않을 경우 줄곧 상대가 먼저 입을 뗄 속마음을 드러내도록 요구하며, 동시에 최대한 자신의 입장을 숨긴다. 더욱이 전체적인 협상 상황에 대한 이해가 부족하거나 상대의 의도가 모호하다고 판단되면 상대의 발언을 먼저 유도하는 경향이 강하다. 만약 협상장소가 중국이라면 주인은 손님의 뜻에 따라(主随客便), 손님에 대한 존중을 표시하기 위해 먼저 손님이 값을 부르기를 청한다. 만약 협상이 상대의 진영에서 개최된다면 주객이 전도되어(喧宾夺主) 주인이 먼저 입장을 밝히도록 요구한다. 예를 들어 1971년 7월 상순 키신저와의 비밀협상에서 저우언라이는 "중국의 풍속에 따라 손님에게 먼저 말을 청한다(按中国的习惯, 请客人先讲)"라고 하였다.[122]

협상에 마주 앉은 상대에게 태도 표명을 먼저 요구하고, 항상 주위를 둘러보면서 다른 화제를 꺼내면서 어물쩍 넘기기도 하고 시치미를 떼며 말머리를 돌리는(顾左右而言他) 책략을 취한다. 이는 자신의 입장을 드러내지 않기 위해서다. 그러나 선전매체를 이용해서 협상에 대한 상한선은 요란스럽게 광고한다. 루시안 파이는 일련의 미국협상단을 인터뷰하면서 "중국 협상대표는 전체협상의 개별과정에서 간절한 바람이나, 흥미가 없는 듯한 태도를 표출한다"고 보았다. 이때 중국이 협의 달성을 원하지 않는다고 오해해서는 안 된다.[123]

---

122) 魏史言, 「基辛格秘访华内幕」, 外交部外交史编辑室编, 新中国外交风云, 第二辑, p.39.

이외에도 중국은 많이 듣고 적게 말하는 경향이 있다. 마오저뚱은 1949년 5월 10일 황화에게 미국 주 폴란드 대사 스튜어트와의 회견을 하도록 지시했다. 목적은 미국의 의향을 파악하기 위함이었다. 마오는 황화에게 스튜어트의 말을 많이 듣고 자신의 의견을 적게 말하라고 지시를 내렸다.[124]

1949년 12월 말, 마오저뚱은 모스크바를 방문했다. 스탈린(Joseph Stalin)은 수 차례나 마오의 의향과 요구가 무엇인지를 탐색했고, 마오는 이를 회피하고 답을 주지 않았다. 저우언라이가 모스크바에 도착하고 나서야 그에게 협상의 목적과 요구를 지시했다.[125] 저우언라이가 회담을 진행하는 기간에도 스탈린은 거듭해서 마오의 생각을 알려고 하였다. 마오의 답은 "나는 의견이 없다. 모든 의견은 모두 저우언라이에게 있다"[126]고 밝혔다.

1958년 9월 15일 미국과 중국 간의 대사급회담에서 저우는 왕빙난에게 지시했다. "그를 먼저 말하게 하시오. 만약 미국이 먼저 방안을 제출하면 그 방안 역시 연구의 여지가 있소. 서둘러 방안을 제출해서는 안되오. 대화 가운데 터무니없는 점을 찾아서 평가해야 하며, 그 나머지는 보류하여 다음 회의에서 응답하도록 하시오".[127] 그러나 중국은 모처럼 상대에게 먼저 값을 부르거나 방안을 내놓을 때가 있다. 그 목적으로서 먼저 상대의 자료를 수집하여 상대의 목적, 태도, 협상의 마지노선을 파악하는 데 있다. 다른 한편으로는 상대가 중국의 허와 실을 모르게 해야만 협상의 주도권 장악에 유리하다고 생각한다.

123) Pye, Chinese Commercial Negotiating Style, p.35.
124) 中华人民共和国外交部, 中共中央文献研究室编著, 毛泽东外交文选, p.87.
125) 师哲, 「陪毛泽东访苏」, 收于张玉凤等著, 毛泽东轶事, 台北 : 新潮社文化事业有限公司, pp.371-373.
126) 위의 책, p.375.
127) 王峻彦, 大外交家周恩来, 上册, p.337.

중국이 먼저 값을 부를 때에 채택하는 책략은 '오버 프라이스' 즉 높게 가격을 부른다. 최대한도로 높은 가격을 불러 상대와의 흥정의 여지를 없애고 상대의 원래 기대를 깨트려 상대로 하여금 원래 목표를 수정하게 만든다. 예를 들어 미국과 중국이 진행한 관계정상화 협상에서 시작하자마자 수교 3원칙을 발표했다. 대만과의 단교, 대만에서의 철군, 대만과의 방위조약 폐지였다. 미국으로 하여금 입장을 조정하게 만들기 위해서였다. 다른 하나는, 먼저 의견을 발표할 경우는 적대적협상에서다. 목적은 먼저 의견을 발표해서 상대를 모욕주거나 질책하기 위해서다. 한편으로는 주도적인 공세를 취하고 다른 한편으로는 상대의 예봉을 꺾기 위해서다.[128]

5) 인해전술

중국은 많은 인원으로 협상단을 구성하는 경향이 있다. 1954년 제네바 회담에 파견한 대표단은 180여 명이었고, 1961-1962년 라오스 문제에 관한 14개국 국제회의에서는 50명을 파견해 14개국 중에서도 가장 많았다. 14개국 대표단 평균 인수는 6명이었다.

1954년에는 협상대표단은 모두 흑색 인민복을 입었고, 1961년에는 전부 갈색 인민복을 입었다. 중국의 상업협상에서도 대표단의 인원 역시 상대보다 많다고 루시안 파이는 지적했다. 인원수가 많은 협상단은 협상인재를 훈련시키는 기능과 정보를 수집시키는 효능이 있기 때문이다.[129] 랄은 협상대표단 수가 많고 세력을 크게 보이게 하여 타국에게 심리적인 압박을 가하는 효과가 있기 때문이라고 분석했다.[130]

---

128) Lall, How Communist China Negotiates, p.52.
129) Pye, Chinese Commercial Negotiating Style, p.53.
130) 랄(Arther Lall)은 인도 주유엔대사 및 1961년 인도와 라오스 문제 협상시의 협상단

6) 민족주의 및 민의 쟁취 운영

중국은 협상과정에서 항상 민족주의의 큰 기치를 내걸고 상대에게 압력을 가한다. 이는 상대로 하여금 피동적이고 방어적인 위치에 몰리게 한다. 이 책략은 최소한 3가지 기능이 있다. 첫째, 내부의 민심과 사기를 응집시켜 인민의 지지를 강화한다. 둘째, 상대의 압력에 항거하여 상대로 하여금 중국은 민족주의로 인해 양보가 절대적으로 불가능하다고 믿게 만든다. 셋째, 민족주의에 호소하여 상대를 분열시킨다.

덩샤오핑은 1982년 중국에 온 영국 수상 대처와의 회견에서 분명하게 밝혔다. "만약 중국이 1997년에, 다시 말해 중화인민공화국이 성립한 지 48년 후에 아직도 홍콩을 회수하지 못한다면, 어떠한 중국 지도자와 정부라도 인민들에게 이를 해명하지 못한다"[131] 또 "만약 홍콩을 회수하지 못한다면 중국정부는 청나라 말기 정부와 같은 정부며, 오늘날의 중국지도자는 리훙장(李鴻章)이 된다"[132]고 밝혔다. 중국은 홍콩의 주권문제에 있어서 타협의 여지가 없었다.

중국이 협상에서 운용하는 민족주의의 방식은 크게 두 종류다. 하나는 역사상 중국을 침략한 국가에 대해서는 중국에 빚을 지고 있으므로 마땅히 양보로서 보상해야 한다는 입장이다. 영국과의 홍콩문제 협상에서 중국은 1842년의 난징조약, 1860년의 베이징 조약, 1898년의 홍콩 영토 확장 협정(展拓香港界址专, The Convention Between Great Britain and China Respecting an Extension of Hong Kong Territory 혹은 The Second Convention of Peking)은 불평등 조약이므로 시작부터 무효라고 패튼 홍콩 총독에게 강조했다. 또 역사상 영국제국주의

단장이었다. 후에 콜롬비아 대학 교수를 역임했다. 랄의 중국과의 협상경험은 Lall, How Communist China Negotiates, pp.1-3을 참고하라.
131) 邓小平文选, 第三卷, p.12.
132) 文汇报(香港), 1999年, 12月14, 版阿A9.

는 중국을 침략하고 인민들에게 수많은 모욕을 가했다고 영국을 비난했다. 더 나아가 홍콩에 공항을 건설하자는 일련의 제의를 취소했다.[133] 중미 간의 협상에서도 역시 수 차례 미국이 대만에 무기를 판매하며 중국의 내정을 간섭하고, 중국의 영토주권을 파괴하며 중국인민의 민족감정을 해치고 있다고 강조했다. 또한 대만문제는 미국이 조성한 것이라고 질책하면서 미국은 대만문제를 해결해야 할 의무가 있다고 주장했다.

둘째는, 민족주의로 국내의 민심을 응집하거나 혹은 상대국 인민의 지지를 쟁취하고자 한다. 이는 중국과 영국의 홍콩문제 협상에서 가장 분명하게 드러났다. 통일을 지지하지 않는 홍콩인들을 한간(汉奸), 항간(港奸, 홍콩 매국노), 양놈의 노예(洋奴), 반도(叛徒)로 몰아붙였다.[134] 동시에 홍콩의 각 계층에 대한 통합의 일도 진행하였다. 시쟈툰(许家屯)은 그의 회고록에서 "협상 테이블 위의 투쟁에 발맞추기 위해서 나는 홍콩의 노동조합, 농민회, 군중단체, 신계의 주민 거주 지역을 방문했고, 광범하게 사회의 중상층 인사, 언론방송계의 책임자들을 만났으며, 홍콩의 주권을 회수하는 정책에 이들의 지지를 획득했다"고 밝혔다.[135]

7) 지연전술 채택

중국은 협상에서 인내심을 보이는 것으로 유명하다. 이는 중국협상을 연구한 거의 모든 협상학자들과 혹은 중국과 교제해 본 서방의 협

133) Michael Yahuda, "The Significance of the Hong Kong Experience of Negotiating with Beijing for Taiwan," paper prepared for DPP International Conference 1993, Taipei, August 30-31, 1993, p.13.
134) Charles Johnson, "The Mousetrapping of Hong Kong: A Game in Which Nobody Wins," Asian Survey, Vol. 24, No. 9(September 1984), p.902.
135) 许家屯, 徐家屯回忆录, 香港 : 联合报有限公司, 1993年, p.100.

상대표들의 공통된 견해다.[136] 세계은행의 관리들 역시 서양국가들이 반나절이면 해결될 문제를 중국은 6배의 시간이 더 필요하다고 했다.[137] 일찍이 중국과 협상한 오구라(Kazuo Ogura)는 중국은 항상 시기가 성숙할 때를 기다리며, 한 번의 협상결렬에 결코 실망하는 태도를 보이지 않는다고 밝혔다.[138] 또 다른 예는 대만의 해기회는 해협회에 적당한 때에 적당한 인원을 대동하고 대만을 방문해 주기를 요청하는 편지를 발송했다. 매우 늦도록 답이 없었고, 태도를 표명하지도 않았다. 마치 양안교류 재개에 개의치 않는 태도를 보였다. 적지 않은 외국 기업도 중국과의 상업협상에서 중국이 급하지 않는 태도를 보이는 경우를 자주 발견한다. 외국기업이 협상중단을 결정하고 중국을 떠날 때쯤 중국은 억지로 협상방식을 바꾼다. 중국과 협상하는 상대는 늘 시간을 헛되이 허비하며 협상은 항상 교착상태에 빠진다. 예를 들어 중국과 미국 간의 대사급회담은 1955년에 시작하여 1970년까지 끊어졌다 이어졌다를 반복했다. 양안의 사무성 협상은 1993년부터 1995년 6월까지 중국은 일방적으로 협상을 중지하고 어떠한 협의도 달성하지 못했다. 98년에 재개되었다가 또 중단되었으며, 2008년 국민당 마잉주 총통 당선된 뒤 협상이 재개되었다. 또 민진당의 차이잉원 정부가 들어서자 협상을 중단했다.

중국의 세계무역 조직 가입에 관한 중미 간의 협상도 오랜 기간 동안 공방전이 있은 후에 비로소 협의가 가능했다. 중국은 시간과 조건이 모두 성숙하고, 쌍방이 만족하는 해결방안을 기다려 비로소 협상진행 속도를 높였다.

---

136) 예를 들어, Pye, Chinese Commercial Negotiating Style, p.12 ; Kazuo, "How the 'Inscrutables' Negotiate with the 'Inscrutables'," p.546.

137) Blackman, Negotiating China, p.35.

138) Kazuo, "How the 'Inscrutables' Negotiate with the 'Inscrutables'," p.546.

중국은 상대의 참을성을 이용해서 협상의 승리를 추구한다. 그래서 어떤 때에는 도무지 이치에 맞지도 않는 내용을 상대에게 요구해, 장기간의 불확실한 기다림에 빠지게 만든다. 이러한 지연전략을 채택하는 원인은 중국관료들의 습성, 책임지기를 두려워하는 심리 상태도 있지만 많은 경우 중국은 고의적으로 이러한 지연전술을 응용하여 상대를 양보하게끔 만든다.[139]

8) 협상상대 이간(离间)

중국은 권위주의 정권이다. 대만 및 기타국가와 비교하면 매우 봉쇄된 사회다. 언론매체와 정보의 유통 역시 매우 부자유스럽다. 방송출판언론매체는 여전히 중국공산당 중앙선전부가 장악하고 있고 그 집행은 국가신문출판광전총국에 있다. 중국의 언론매체는 대외협상의 도구의 하나로 사용되며 중국의 협상 책략에 보조를 맞춘다. 언론매체는 중앙에서 진행하는 국제선전에 활용되어 국제사회에 지지를 호소하고 중국의 협상입장을 지지하도록 상대국의 민심을 선동한다.

중국은 항상 상대 내부의 모순을 이용한다. 예를 들어 정객, 정당, 오피니언 리더 및 조직의 이견을 부각시켜 상대의 협상역량을 약화시키고 상대의 협상 마지노선을 파악하여 상대를 수세에 몰리게 만든다. 또한 상대국가의 단체를 포섭하거나 혹은 개인 간을 서로 다투게 하여 친중국 성향으로 만든다. 1951년부터 1953년까지 한국전쟁 정전협상 기간 동안 중국은 미국과 남한 그리고 한국전에 참전한 서방국가들 간의 모순을 이용하여 미국을 견제하고자 했다.[140] 1954년 제네바 회담에서도 한반도 문제와 인도차이나 반도 문제를 토론했다. 중국은 여전

---

139) Pye, Chinese Commercial Negotiating Style, pp.13-17.
140) 季明、刘强著, 周恩来的外交艺术, pp.37-44.

히 미국과 영국, 프랑스 등 국가 간의 모순을 이용해서 미국을 공격했다. 아울러 미국대표단의 부단장을 끌어 들여 덜레스의 입장을 약화시켰다.[141] 중미수교 협상과정에서도 미국의 민주당과 공화당의 경쟁관계를 이용하여 닉슨 정부를 압박했다. 즉, 만약 공화당 임기 내에 협상진전이 불가능하다면 앞으로 민주당과 접촉하겠다고 공언했다. 카터정부 때도 국무장관 사이러스 번스(Cyrus Roberts Vance)와 국가안보담당 보좌관인 브레진스키(Zbigniew Brzezinski) 사이의 경쟁관계를 이용했다. 마치 삼국지에 나오는 주유(周瑜)와 제갈량(诸葛亮)의 유량정결(瑜亮情结)[142] 같았다.

함께 일을 도모하면서도 질투와 내부의 힘겨루기가 있기 마련이다. 중국은 이 수법을 이용했다. 레이건 정부 때도 국무장관 헤이그(Alexander Meigs Haig, Jr)를 끌어 들여 국가안보담당 알렌(Richard Allen)을 비난하여 최대의 이익을 쟁취했다.[143] 중미 간 대만에 대한 무기판매에 관한 협상에서도 의도를 가지고 미국 입법의원을 중국으로 초청해, 백악관에 압력을 가했다. 양안 간의 협상에서도 언론 매체를 이용한 선전이나 통일전선전술을 이용하고 대만 내부에 존재하는 통일과 독립에 관한 이견과 모순을 확대시켜 대만의 협상역량을 약화시켜왔다.

9) 역사적 부채로서 상대의 양보를 받아 낸다.

서방국가나 일본을 상대하는 경우 역사에 지은 죄를 강조한다. 협상이 진행되는 과정에서 서방국가들의 양보는 중국에 대한 보상으로 여

---

141) 王峻彦, 大外交家周恩来, 上册, pp.48-50.
142) 삼국지연의에 기재된 바에 의하면 유비와 손권은 연맹하여 적벽대전을 승리로 이끌었다. 이 승리의 실질적 주연은 주유와 제갈량이었다. 그러나 연합작전 과정에서 주유는 제갈량을 질투했고 그를 제거하고자 하였다.
143) Solomon, Chinese Political Negotiation Behavior, p.16.

기게 만든다. 1950년 중국과 일본은 어업협상을 벌였다. 중국은 항상 일본의 중국침략으로 인해 엄청난 피해를 받았다는 사실을 자주 강조했다. 일본의 처지에서 보자면, 역사적으로 일본이 중국에 저지른 일과 현재의 협상과는 아무런 관계가 없다. 그러나 중국은 이러한 책략을 구사해서 일본이 수세에 몰리게 만든다. 일본의 중국 침략과 중국 연안 어민들의 빈곤 상황을 서로 연결시키고 어업협상에서 일본이 대폭 양보해야 한다고 요구한다. 즉, 이로서 역사의 범죄 행위에 대한 보상으로 메꿔야 한다고 강조하는 것이다.[144]

10) 상대의 잘못을 대대적으로 떠벌린다.

위에서 말한 일본과의 어업협상에서 일본어선이 공해(公海)를 파괴하고 규약을 위반하는 사항을 세밀하게 수집했다. 이를 대대적으로 강조함으로써 중국 어업에 막대한 손실을 끼쳤다는 사실을 조성하여 일본의 양보를 요구했다. 중국이 수집한 자료는 협상 전에 발생한 사건들의 목록이었다. 어쨌던 그 목적은 상대를 수세의 입장에 몰리게 함으로써 일본의 적극적인 요구를 저지한다. 때로는 상대가 무심코 저지른 잘못을 이용하거나 심지어 사실을 왜곡해서 상대의 성의를 비판한다. 중국은 일본의 문건에서 무심코 사용한 "중화민국"의 글자를 찾아내고 하나의 중국 원칙(一个中国原则)을 위배했으며 일본은 협상의 성의가 없다고 비판했다. 일본을 압박해 협상에서의 우세를 점하기 위해서였다.[145]

---

144) Kazuo, "How the 'Inscrutables' Negotiate with the 'Inscrutables'," p.532.
145) Ibid., pp.531-534.

11) 성동격서(声东击西)로 핵심을 바꾼다.

만약 상대방이 협상을 매우 의식한다는 사실을 알아차리거나 혹은 자신이 관심을 가지는 핵심적 내용이 노출된 경우에는 문제의 핵심을 이동시키는 성동격서 책략(left-field tactics)을 채택한다. 중국이 사용하는 주된 방법은 가짜 혹은 서로 관련이 없는 의제를 제출하거나 혹은 작은 문제를 크게 떠벌려 불합리한 요구를 꺼내 든다. 이로써 쓸데없는 의제에 많은 시간과 정력을 허비하게 만든다. 상대의 주요의제를 바꾸게 만들며 상대의 양보를 받아 낸다. 중국이 이러한 전술을 채택하는 목적은 세 가지다.

첫째, 진심으로 하려고 하는 의제를 제출하면 체면을 잃거나 혹은 중국의 진짜 의도를 숨기려고 할 때 혹은 진짜 의제에서 자신의 양보를 피하기 위해서다. 둘째, 상대의 입장과 저항력을 시험하기 위해서다. 셋째, 상대에게 중대한 양보를 요구하기 전에 상대의 결심을 약화시키기 위해서다.[146]

1972년 닉슨의 중국방문을 위해서 협상을 진행했다. 당시 중국이 가장 관심을 가졌던 문제는 소련의 위협과 중국의 안보였다. 그러나 중국은 이를 제기하지 않았다. 소련의 군사확장의 문제는 미국이 관심을 가지는 의제라는 사실을 이미 알고 있었다. 미국에게는 오직 대만문제만 의논하자고 주장했다. 즉, 의사일정에 포함시킨 소련의 문제는 중국이 미국에게 한 양보였고 중국이 주동적으로 소련의제를 제출한다면 미국에게 무엇인가의 양보를 해야 하기 때문이었다. 사실상, 당시의 대만문제는 부차적인 의제였다. 1972년 2월 닉슨의 중국방문에서 마오저뚱을 만났다. 마오는 솔직하게 인정했다. "현재 우리는 대만이 없어도 살아간다. 대만을 내버려 두고 백 년 후에 다시 결정하자. 대만문제

---

146) Blackman, Negotiating China, pp.78-79.

는 조급히 처리하지 마라. 왜 이처럼 급하게 서두르는가? 대만문제는 중요하지 않다. 전체적인 세계정세야말로 바로 중요한 문제다."[147]

12) 선례(先例)를 응용하고 상대가 한 과거의 승락을 실행하게 요구

선례는 유사한 안건에 대해 과거에 처리한 방식이다. 선례의 방식은 첫째, 상대가 과거에 협상한 선례, 둘째, 과거에 자신이 유사한 사무를 처리한 방식 셋째, 영업규정 및 업계에서 관용되는 선례를 말한다. 과거 협상에서 제출한 선례 혹은 상대가 과거에 한 약속의 말은 협상을 유리하게 이끄는 수단이다. 중국은 미국과의 수교협상에서 닉슨 정부는 두 번째 임기 내에 중국과의 관계정상화 이루겠다는 승낙을 끄집어냈다. 미국이 이 승낙을 빨리 실천하고 수교협상을 마무리 짓기를 강조했다.

13) 상대의 말로서 상대를 공격한다.

중국은 매우 상세하게 협상 과정을 기록한다. 상대의 발언에 대해서 더욱더 주의를 기울인다. 협상에서 상대가 과거에 발언한 말, 과거의 약속 등을 일일이 기록해 두었다가 상대를 반박하거나, 압력을 가하는 수단으로 사용한다. 1954년 제네바 회담에서 저우언라이는 미국대표단 부단장 스미스의 발언을 이용해서 스미스의 보좌관인 로버트슨(Robertson)의 말을 반박했다.[148] 또 다른 예는 1972년 챠오관화와 키신저 간의 연합공보 협상에서도 챠오관화는 대만문제를 겨냥해 발표했다. "이왕에 미국이 대만해협 양안의 중국인은 모두 오직 하나의 중국

---

147) Kissinger, Years of Upheaval, p.692.
148) 위의 책, p.532.

만이 있고, 대만은 중국의 일부분임을 승인한 바에 그렇다면 무슨 방법을 써서라도 대만문제를 해결하는 것은 중국의 내정이며 외국이 간섭해서는 안 되는 거 아니오. 대만문제는 중국인 내부 문제로 미국이 승인한 바에는 당연히 대만에 있는 미국의 무장역량과 군사시설은 마땅히 모두 철수해야 하는 것 아니오."149)

14) 내부모순을 화해시켜 협상 카드로 삼는다

덩샤오핑 시기의 중국은 아직 권력계승이 제도화 되지 않았었다. 서방국가는 중국의 권력 계승이 제도화가 되지 않아서 권력투쟁에 의지해서 권력계승 문제를 해결한다고 주장했다. 그러므로 권력투쟁은 중국정책 방향에 영향을 미친다고 말했다. 중국은 바로 이 점을 이용하였고, 때때로 서양국가의 이러한 생각을 거꾸로 적용해서 서방국가의 양보를 받아 냈다. 1980년대 중미 협상에서 만약에 중국이 대만문제에 대해서 미국에게 양보를 한다면 덩샤오핑은 보수파의 공격을 받게 되고, 이는 덩샤오핑의 권력지위를 불안정하게 만들며 개혁개방정책도 영향을 받게 된다. 그럴 경우 미국 및 서방국가가 중국에 투자한 이익에도 영향을 받게 된다. 덩샤오핑의 권력지위를 확보하기 위해서라도 개혁개방정책을 지속적으로 추진해야 한다. 그러므로 미국도 중국에게 어느정도 양보하고 덩샤오핑을 도와야 한다는 논리를 폈다.

15) 위협의 사용

위협은 중국이 늘 사용하는 일종의 수단이지만 양날의 칼이기도 하다. 칼날은 자신을 해치고 동시에 남을 해칠 수 있다. 그래서 위협의

---

149) 宮力, 毛泽东与美国, p.327.

사용은 매우 신중히 해야 하고 상황을 세밀히 고려해야만 한다. 첫째, 상대가 반드시 보복을 하지 않는다는 조건에서 위협은 적절하다. 둘째, 위협은 적절하게 조금씩 그 정도를 높이는 방식이 동원되어야 한다. 셋째, 문제의 크고 작음과 위협의 크고 작음은 직결된다. 넷째, 위협은 반드시 신뢰성을 구비해야 한다. 다섯째, 위협수단 사용에는 다음 단계를 위한 여지를 남겨 놓아야 적합하다. 통제가 불가능한 위협은 위험하다.

중국은 협상에서 일상적으로 위협의 수단을 동원한다. 위협수단으로서 보복, 협상중단, 심지어 무력행사 등이 있다. 1950년 10월 중국은 한국전쟁 참전을 결정했지만, 미국 공군이 막강했기 때문에 소련에게 공군의 협동작전을 요청했다. 스탈린은 준비가 덜 되었다고 마오에게 답했다. 이에 중국은 저우언라이를 모스크바로 직접 보내 스탈린을 만나서 한반도 출병을 잠시 미루겠다고 스탈린을 위협했다.[150]

1969년 9월, 베트남의 지도자 호치민(胡志明)이 사망했다. 소련의 코시긴(Alexei Kosygin)은 고인을 애도하고 돌아오는 길에 베이징을 들렀다. 베이징 공항에서 저우언라이와 세 시간 동안 회담을 진행했다. 저우언라이는 단도직입적으로 말했다. "당신들이 선제공격으로 우리의 핵기지를 분쇄하려고 했다. 만약 그렇게 한다면, 이는 전쟁이고 침략임을 우리는 선포할 것이다. 우리는 확고하게 대항할 것이며, 끝까지 저항할 것이다".[151] 1972년 2월 말 닉슨의 중국방문 때에 키신저와 챠오관화는 연합공보의 초안을 짰다. 쌍방은 미국이 대만에 있는 무장역량과 군사기지를 전부 철수하는 문제로 인해 서로 버티며 양보하지 않았다. 챠오관화는 연합공보를 발표하지 않겠다고 위협하여 키신저를 압박했다.[152]

150) 季明、刘强著, 周恩来的外交艺术, pp.16-22.
151) 龚惠平, 「周恩来同柯锡金机场会晤及其启示」, p.173.
152) 宫力, 毛泽东与美国, pp.327-328.

1980년 미국 대선 기간 중에 공화당 대통령 후보 레이건은 일련의 친대만 성향을 언론에 발표하여 중국의 불만을 야기시켰다. 레이건은 런닝메이트인 부통령 후보 조지 부시를 베이징에 파견하여 중국에게 설명했다. 중국은 만약 레이건이 당선되어 경선시의 말을 이행한다면 이는 중미관계의 후퇴를 불러올 것이라 압박했다.[153] 레이건이 당선된 후 중국은 미국을 압박하여 미국의 대만에 대한 무기판매 취소를 요구했다. 덩샤오핑과 외교부장 황화는 모두 미국 국무장관 헤이그를 위협했다. "만약 대만에 무기를 계속 팔면, 중미관계는 정체되고 후퇴될 것이다". 이어서 총참모장조리(副总参谋长之后) 류화칭(刘华庆)의 미국 방문을 미루었고, 미국을 방문하는 지도자 등급을 통제해 미국에 압력을 행사했다.[154]

  덩샤오핑과 영국 수상 마가렛 대처 간의 홍콩문제 협상에서도 위협을 사용했다. "만약 필요하다면, 중국은 오늘 당장이라도 홍콩을 점령할 능력이 있다."[155] 또 협상이 교착에 이르자 1983년 6월 중국은 일방적으로 홍콩의 향후 방안을 발표했다.[156] 미국과의 지적재산권 협상에서도 미국이 중국의 상품에 보복성 관세를 붙이겠다고 위협하자 중국은 역시 반대로 미국 상품에도 보복관세를 붙이겠다고 위협했다. 위협의 사용은 목적을 달성하기 위해서이기도 하지만 후유증을 피하기 위해서이기도 하다. 중국이 위협수단을 사용할 때는 모호하게 말을 구사하고 만약 요구가 달성되지 못하면 장차 모종의 나쁜 결과가 출현할 것이라고 말하고, 상대로 하여금 가능한 결과를 추론하게 만든다. 그러나 중국 자신은 해석의 여지를 보류해 둔다. 아이러니컬하게도 미국의

153) 王立, 波澜起伏－中美关系演变的曲折历程, 北京 : 世界知识出版社, 1998年, p.226.
154) Ibid., p.228.
155) Thatcher, The Downing Street Years, p.262.
156) Ibid., p.488.

사드(THAAD) 한국배치는 이와 달랐다. 해석의 여지도 없이 시진핑은 직접적인 언사를 동원해서 강경한 입장을 피력했다. 만약 사드배치가 현실화 된다면 중국과의 마찰은 불을 보듯 뻔하다.

16) 최후통첩 꺼내들기

최후통첩은 위협 수단의 일종이고, 통상적으로 아래의 네 가지 상황에서 꺼내 든다. 첫째, 자신이 강하고 유리한 지위에 있으며, 상대가 반격할 방법이 없다고 확신 할 경우, 둘째, 이미 여러 방법을 사용해 보았으나 별다른 효과를 얻을 수 없을 경우, 셋째, 협상이 이미 자신의 마지노선에 접근한 경우, 넷째, 지속적인 협상에서 협상의 결렬은 장차 상대에게 중대한 손실이 되는 경우다. 중국이 사용하는 최후통첩 예 중의 하나는 영국과의 홍콩문제에 관한 협상이 교착상태에 빠지자 위협을 가했다. "만약 1984년 9월 이전에 협상을 달성하지 못한다면 중국은 일방적으로 홍콩을 회수한다고 선포할 것이다."

17) 돌격적 혹은 의외의 책략을 응용

협상 상대를 놀라게 하거나 혹은 의외감을 느끼게 한다. 이 역시 상대에게 압력을 가하는 일종의 방법이다. 경기(惊奇) 혹은 예상 밖의 협상을 시도하는 데는 몇 가지 종류가 있다. 첫째, 시간상의 의외감이다. 협상기간을 단축하거나 협상 안건을 늘릴 것을 요구하거나, 협상시간을 연장하거나, 갑자기 협상 시작을 통보하거나 혹은 일방적으로 협상을 중지하거나 하는 행위다. 둘째, 문제상의 의외다. 새로운 요구 혹은 새로운 문제를 제출한다. 셋째, 의외의 행위를 한다. 갑자기 감정을 격노하거나 신체언어를 응용한다. 넷째, 의외의 자료다. 새로운 통계 숫자 혹은 새로운 증거를 제시한다. 다섯째, 권위(権威)의 의외다. 권위 적 인물을 불러들이거나 새로운 전문가의 참여를 요구한다.

협상에서 이러한 책략을 운용하는 것은 꽤나 보편적이다. 1971년 7 월, 키신저가 중국을 떠나기 전 날 저우언라이는 키신저를 위해 석별 의 주연을 베풀었고, 키신저가 영빈관으로 돌아와 쉬고 있을 때 느닷 없이 임시회의를 통지하고 개최했다. 1994년 8월 양안 양회는 사무성 협상을 타이베이에서 거행했다. 중국의 협상대표 쑨야푸(孙亚夫)는 밤 샘 협상을 요구했다. 이 새로운 협상이 언론매체에 의해 알려지고, 대 만협상대표 쉬훼이요우(许惠佑)는 대만 여당의 비판을 받았다. 기자들 의 끈질긴 인터뷰 요구에 휩싸여 협상에 쏟아야 할 주의와 체력이 분 산되었다. 이로서 대만협상단의 기세도 약화되었다.

미국의 대만에 대한 무기판매 문제로 인해서 중미 간에 협상이 있었 고 817커뮤니케는 중미간의 협상 결과다. 이 때 중국의 첫 입장은 오 직 대만에 대한 무기판매를 해서는 안 된다고 했다. 그러나 1981년 10 월 후에 또 새로운 조건을 제시하고 무기판매를 정지하는 기간을 적시 하라고 요구했다.

역시 때때로 일방적으로 협상을 중단한다. 또 협상재개의 날짜도 명 시하지 않음으로써 협상을 불확정한 상태에 빠지게 해 협상상대로 하 여금 초조감을 일으키게 만든다. 이를 이용하여 상대 내부의 모순을 일으키게 한다. 1995년 6월 대만 총통 리등훼이(李登辉)의 미국 코넬 대학 방문을 빌미로 중국은 일방적으로 양안 협상을 중단했다. 그리고 언제 협상을 재개하는지도 밝히지 않았다.

18) 경쟁을 유도

경쟁을 유도하여 상대의 압력을 증가시킨다. 1969년 닉슨은 집권과 동시에 중국과는 관계개선의 뜻이 있었다. 중국은 이미 이러한 미국의 의도를 이해했지만 1969년 저우언라이와 코시긴의 베이징 회담이 열린 같은 해 10월에 소련과의 국경협상을 개최한다는 소식을 흘려 닉슨에게 긴박감을 일으키게 했다.[157] 1980년대 초, 중미관계는 레이건 대통령의 친대만 성향의 발언으로 악화되고 있었고 양쪽은 대만군수문제를 위한 협상을 진행했다. 협상 진행 전에 중국은 1981년 소련과의 관계 개선의 가능성을 타진했다. 10월에는 소련이 중국과의 교환각서를 요구했다고 밝혔다. 그 목적은 미소 간의 경쟁을 불러일으키게 하기 위함이었다. 여기에 더하여 중국은 미국에 대한 전략적 지위를 증가시킴으로써 협상에서 미국에 대한 압력을 가하기 위해서였다.

19) 사실왜곡

중미 간 대사급회담에서 중국은 항상 대외에 긴 성명서와 뉴스원고를 발표했다. 원고의 내용은 양국의 협상 상황과는 큰 차이가 있었다. 국제사회에서 혹은 미국 내부에 잘못된 인상을 조성시켜 유리한 위치를 점하기 위한 목적이었다. 이외에도 상대가 한 요구에 대해서 고의로 벙어리가 되어 침묵으로서 대답을 대신함으로써 문제를 회피하기도 한다. 이로써 협상의 분위기를 난처하게 만들어 상대로 하여금 입을 열게 한다.

20) 하얀 얼굴 검은 얼굴 책략(白脸黑脸策略)

한 사람은 나쁜 경찰을 연기한다. 협상에서 절대로 양보하지 않는다. 협상을 고의로 교착에 빠지게 하여 상대의 인내심, 의지력, 저항력, 마지노선을 시험한다. 다시 비교적 고위의 담당자가 나서서 교착상대

---

157) 龚惠平, 「周恩来同柯锡金机场会晤及其启示」, p.175.

를 화해하고자 한다. 좋은 경찰을 연기하는 것이다. 솔로몬은 1978년 부터 1982년 사이의 중미관계정상화 협상과 대만군수(台湾军售) 문제 협상에서 중국외교부장 황화와 덩샤오핑은 각기 하얀 얼굴 검은 얼굴 책략을 이용했다고 분석했다. 황화는 앙칼스럽고, 완고하고, 끝도 없이 요구하는 역할을 맡았고 덩샤오핑은 저자세, 이성적 태도, 기꺼이 타협을 원하는 역할을 맡았다. 중국의 협상대표단이 만족스럽지 않을 시에는 협상 중에 대표를 교체한다. 중국은 1984년 1월에 협상대표단 단장의 교체를 선포하고 외교부 조리(외교부 차관보)인 저우난(周南)으로 교체했다. 협상대표 야오광(姚广)이 영국과의 협상투쟁에서 최선을 다하지 않아서였다.[158] 또한 중국은 미국과의 WTO협상에서도 중국협상대표 스광성(石广生)이 검은 얼굴을 연기하고 주룽지(周镕基)와 쟝쩌민(江泽民)이 하얀 얼굴을 연기했다.

21) 시간으로 압력증가

중국은 사력을 다해 협상의 속도를 조절하고자 한다. 중미 간 관계 정상화 협상에서 협상의 정기화를 거절하고, 매 협상 라운드에 다음 협상 라운드 시간을 요구했다. 이외에도 협상과정에서 한편으로는 어떠한 협의에 달성하는 것이 그리 급하지 않다고 말하고 다른 한편으로는 명시적 혹은 암시적으로 상대에게 시간이 유한성을 일깨운다. 이는 시간을 이용해 압력을 가하는 것이다.

22) 정의와 도덕은 중국에 속한다고 강조

실질적인 협상을 시작하기 전에 항상 일련의 원칙을 제출한다. 원칙

---

158) 许家屯, 徐家屯回忆录, 香港 : 联合报有限公司, 1993年, p.111.

의 일부는 그럴듯하게 정치구호로 포장된다. 서방과의 충돌에 직면해서는 상대에게 잘못을 전가시키는 경향이 강하다. 중국은 스스로 진리, 정의의 편에 속한다고 인식한다. 1986년 5월 중화항공(대만적) 화물기 기장이 비행기를 몰고 광저우의 바이윈(白云)비행장으로 망명한 사건이 발생했다. 당시 승무원 중 2명은 중국 잔류를 거부하고 대만으로 돌아가겠다고 했다. 당시 대만은 삼불정책(불접촉, 불담판, 불타협)을 실시하고 있었다. 중화항공은 캐세이퍼시픽 항공을 대리로 내세워 중국민항과 화물기, 화물, 두 명의 승무원 송환을 협상코자 했으나 중국은 거절했다. 중화항공이 직접 인원을 파견하여 중국민항과 협상하지 않는다면 화물기와 두 명의 승무원이 귀환은 늦어질 것이며, 그 책임이 중국민항에 있지 않다고 표명했다. 결국 홍콩에서 양쪽의 국영 항공사 간 회담이 열렸다. 이는 대만이 중국에 대해 실시하고 있던 삼불정책(중국과의 불접촉, 불담판, 불타협)을 깨게 했다.

23) 보다 높은 권위에 상소

1982년 덩샤오핑과 마가렛 대처 수상과의 홍콩협상, 1945년 마오저둥이 장제스의 요청에 의한 충칭(重庆)협상 이외에는 중국의 최고 정책 결정자는 협상에 참여하지 않았다. 비록 상업협상에서도 중국의 협상대표는 자신이 스스로 결정권이 있다는 이미지를 만들고자 하지만 중요한 문제에 직면해서는 상급의 지시를 받아야 한다고 말한다.[159] 통상적으로 중국의 협상대표는 결정권이 없다. 협상의 결과는 일상적으로 배후의 보다 높은 권위에 의해서 결정된다. 책임지기를 두려워하는 중국관료체계의 특색이기도 하지만 협상 책략이기도 하다. 이 수법에는 두 가지 좋은 점이 있다. 하나는 진정한 결정권자가 대책을 강구

159) Pye, Chinese Commercial Negotiating Style, pp.53-54.

할 시간을 주게 하며, 다른 하나는 현장에 있지 않는 결정권자를 방패로 활용하여 제의를 거절할 수 있는 이점이 있다.

이러한 책략 운용의 예는 매우 많다. 예를 들면 1957년 11월 2일에서 21일까지 마오저뚱은 두 번째로 모스크바를 방문했다. 이때는 흐루시쵸프(Nikita Khrushchev)가 소련공산당 제20차 전당대회에서 "개인숭배 및 그 후과에 관해서"라는 내부 보고를 통해 평화적 이행 및 사회주의와 제국주의 양대진영의 평화공존의 견해를 밝혀 중국과 소련 간에는 틈이 생겼다. 흐루시쵸프는 마오저뚱의 방문 기회를 이용해서 평화이행 문제에 관한 요점을 토론하고자 하였다. 그러나 마오는 수행단 통역원 리위에란(李越然)편으로 편지를 보냈다. 덩샤오핑과 이야기하기를 원하며 자신은 참가하지 않는다고 밝혔다.[160]

1971년 10월 20일 키신저의 두 번째 중국방문에서 닉슨의 중국방문에 관한 연합커뮤니케 초안을 협상했다. 10월 24일 공식회담이 시작되자 마자 저우언라이는 마오저뚱은 이미 미국의 초안을 보았고 명확히 동의하지 않는다면서 이러한 초안은 접수할 수 없다고 첨예하게 맞섰다.[161] 1972년 닉슨과 마오저뚱의 회견에서도 쌍방의 주된 대화는 철학문제였고 구체적 협상은 아니었다. 실질적 협상은 저우언라이와 외교부장 대리 챠오관화와 미국의 키신저, 국무장관 로저스(William P. Rogers)가 진행했다.

24) 제3자 이용

제3자는 국제적 커뮤니케이션 매체, 학자, 민간조직, 저명한 민간인사, 상대 내부의 친중국 인사를 포함한다. 제3자의 역할은 첫째, 중국

---

160) 李越然, 「我国同苏联商谈第一个五年计划情况回忆」, 外交部外交史编辑室编, 新中国外交风云, 第二辑, p.9.
161) 王峻彦, 大外交家周恩来, 上册, pp.32-33.

을 대신하여 상대에게 정보를 전달한다. 1970년 10월 1일, 중국은 친중국 성향인 애드가 스노 부부를 건국 21주년 열병식에 초청했다. 그들 부부는 천안문 성루에 올라 마오저뚱 옆에서 열병식을 참관했다. 중국은 이 기회를 이용해 미국과 관계를 개선하고 싶다는 의사를 전달하고자 했다.[162] 1971년 4월, 일본에서 개최되는 제31회 세계탁구대회에 참가하는 미국선수단을 중국으로 초청했다. 역시 미국과의 관계 개선 의사를 전달한 것이다.

둘째로, 제3자를 이용해서 중국의 입장을 지지하게 만들고 협상상대에게 압력을 가하며, 때로는 제3자를 이용해서 중국이 불리한 상황에 빠지는 것을 막는 것이다. 1945년 정치협상을 진행하기 전에 중국공산당은 각 당파로 조직된 연합정부를 추켜세웠다. 무조건적으로 내전을 중지하고, 평화적 건국방안을 제출하여 기타 당파들이 중국공산당을 지지하여 국민당에 압력을 가하도록 만들었다.[163] 영국과의 홍콩문제 협상에서도 친중매체의 선전 및 좌파단체의 거리 시위 유도, 경제학자들을 이용하여 영국정부가 홍콩화폐를 지속적으로 하락하게 만드는 무책임한 행위를 공개적으로 비판했다.[164]

또 다른 예는 1955년 인도네시아에서 개최한 반둥회의에서 중국인민과 미국인민은 절친한 친구며, 중국인민은 미국과의 전쟁을 원하지 않으며 중국정부는 미국정부와 마주 앉아 협상하기를 원한다고 발표했다. 이로써 중국의 이미지를 높이고, 국제언론의 좋은 평가를 얻었고, 회의에 참가한 아시아 아프리카 국가들이 미국에 압력을 가하도록 유도하며 중미 간의 협상을 개최하도록 압박을 가했다.

162) 魏史言, 「基辛格秘访华内幕」, 外交部外交史编辑室编, 新中国外交风云, 第二辑, p.36.
163) 李炳南, 政治协商会议与国共谈判, pp.32-33.
164) 许家屯, 徐家屯回忆录, 香港：联合报有限公司, 1993年, p.104.

중미 간의 대사급 회담이 교착상태가 빠지자 중국은 1956년 8월에 일방적으로 미국기자의 중국 방문 금지를 해제하고 미국의 15개 중요한 신문사에 전보를 쳐서 기자들의 중국방문을 요청했다. 이 역시 미국 언론계가 미국정부에 압력을 가하기를 바라는 의도에서였다. 왕빙난은 솔직하게 말했다. 저우언라이는 이 묘수를 사용해서 성공적으로 미국신문계가 미국 국무원에 압력을 가하게 했다고 밝혔다.[165]

셋째로 제3자를 이용해서 중국의 선의를 전달한다. 1971년 10월 중순 전에, 즉 키신저가 베이징과 협상을 시작하기 전에, 중국은 두 명의 미국 간첩을 석방했고 또 다른 간첩 1명은 무기징역에서 5년 유기징역으로 감형했다. 이는 미국에 선의를 표시한 일들이다.[166]

25) 상대가 받아들일 수 없는 조건을 제출

때때로 협상과정에서 상대가 받아들일 수 없는 조건을 제기한다. 목적은 크게 두 가지다. 하나는 적대적 협상에서다. 협정체결을 원하지 않기 때문에 중미 간의 대사급회담에서도 미국이 받아들일 수 없는 조건을 자주 제출했다. 1950년대 미국과의 대사급회담에서 미국과의 외교장관 회담을 제의했다. 당시 미국의 입장에서는 근본적으로 불가능했다. 다른 하나는 국제선전과 제3자의 지지를 끌어내기 위한 의도에서다. 1944년 9월 15일 공산당 협상대표 린주한(林祖涵)은 국민참정회에 '국공협상에 관한 보고'를 제출했다. 국시회의[167]의 개최를 건의하

---

165) Ibid., pp.62-64.
166) 曹桂生,「回忆中美巴黎秘密渠道」, 外交部外交史编辑室编, 新中国外交风云, 第二辑, p.53.
167) 국시회의는 중요한 정치, 경제의제에 관하여 조야의 정당과 민간인사들이 공동으로 참여하여 국가의 중요한 정책방침을 결정하는 회의다. 국시회의의 성질은 정치협상회의와 유사하지만 비상설기구며 어떠한 법적 직권을 구비하고 있지는 않다. 국시회

고, 국민당은 즉시 일당통치를 종결하며, 연합정부를 구성하자는 내용이었다. 국민당이 절대로 받아들이지 못하는 요구였다. 그러나 대부분의 각 소당파, 지방실력파, 국내외 진보인사 등은 이러한 주장을 지지했다.[168]

3 협상종결단계

협상의 결과는 크게 두 종류다. 하나는 성공적 협상으로서 쌍방은 협의에 서명한다. 다른 하나는 쌍방은 이익의 충돌에 대해서 타협할 방법이 없어 결국 협상결렬을 선포한다.

이미 상대의 입장을 시험하였고, 상대에게 더 이상의 양보를 얻어내지 못한다고 판단하거나 정식적인 협의 체결이 중국에 유리하다고 판단되면 중국은 진지하게 대화를 나누고 최선을 다해 최대한 빨리 협의를 달성하고자 하는 경향이 있다.

1) 협상결렬의 상황

상대와의 타협이 불가능하다고 판단하여 협상을 결렬시킬 때에 중국은 공개적 성명 또는 여론선전을 통해 협상결렬의 책임을 상대방의 성의 부족, 협상원칙 파괴, 혹은 현실에 맞지 않는 상대방의 요구 탓으로 돌린다. 협상결렬의 책임을 전부 상대에게 지우기 위해서다. 중국과 영국이 홍콩정치체제 개혁 문제로 협상을 벌였으나 결렬되었다. 1994년 2월 장장 1만 7천자의 성명을 발표하였다. 영국이 고의로 협상을

의는 현재 대만에서 명맥이 이어져 오고 있다.
168) 李炳南, 政治协商会议与国共谈判, pp.17-18.

결렬시키고 중국주권 간섭을 기도했다고 비난했다.[169) 양안협상이 교착에 빠졌을 때에도 마찬가지로 그 모든 책임을 대만에 떠돌렸다.

2) 협의 달성의 정황

① 중국은 일방적으로 협의 내용을 해석한다.

협의를 체결한 후에도 중국은 자신에게 유리한 방향으로 협의 내용을 해석한다. 심지어 어떤 때는 협의의 내용을 왜곡하기도 하고 또 상세하게 기록한 협상기록을 끄집어내어 상대의 발언 가운데 중국의 입장에 유리한 모든 대화를 찾아내어 상대가 협의에 동의했다고 해석한다. 1972년 중미 간 달성한 상하이 커뮤니케에서 "미국은 대만해협 양안의 모든 중국인은 오직 하나의 중국이 있으며 대만은 중국의 일부분임을 인지(acknowledge)한다"고 표현했으나 중국은 미국이 사용한 인지 대신에 승인(recognize)했다고 해석한다. 이 두 글자는 국제법상의 효력에서 현저한 차이가 난다. 중국은 일방적으로 자신에 맞게 미국의 입장을 해석한다. 그 의도는 매우 명확하다.

② 문자를 모호화하여 의무를 회피한다

협의에 대한 책임의무와 관련된 규정을 문자상 정확히 규정하는 것을 피하고자 한다. 반대로 상대에 대해서는 그 규정을 명확히 한다.

③ 다음의 협상을 위한 기초작업을 한다

중국이 협의를 보는 관점은 미래에 펼쳐야 할 새로운 협상의 출발점

---

169) South Morning Post(Hong Kong), March 1, 1994, p.1.

으로 보거나 이미 해결한 사건의 자료적 보고라고 여긴다. 협의를 서명하는 의식에서 쌍방은 아직 미해결 된 문제가 있다고 명백하게 표시하여, 다음 협상에서의 해결을 기대한다. 혹은 상대가 아직 완수하지 못한 일을 실현함으로써 협상에 공헌하기를 희망한다고 하거나, 혹은 협의 중에 복선(伏线, 伏笔)을 깔아 두어 다음 협상을 위한 길을 열어 둔다. 가령 협상에서 도달한 협의가 완전히 만족스럽지 않을 때는 협의서에 "객관적 환경이 변화 되는 경우에는 다시 협상을 재개한다"의 조항을 삽입하고, 미래의 회담 재개를 위한 기초로 활용한다.

이외에도 중국은 정세의 변화를 빌미로 이미 달성된 협의를 부정하거나 상대에게 재협상을 강요하다. 중미 간 중국의 세계무역조직 가입에 관한 협상에서 1999년 4월 주룽지 총리의 미국 방문 협상으로 이미 대략적인 협의에 도달했다. 그러나 미국이 일방적으로 회담의 내용을 공포하자 중국내부로부터 반대를 불러왔다. 같은 해 5월 미국이 주 유고슬라비아 중국대사관을 오폭하는 사건이 발생했다. 이 때 쌍방의 협의는 내버려 두고, 미국이 중국의 제의를 곡해한다고 강조했다. 다른 예는 중국은 과거 외국전신회사가 중국대륙에서 51%의 주식을 보유할 수 있다고 승낙한 내용을 부인하고 심지어 쌍방의 협상을 중지하고 미국과의 재협상을 강요했다.[170]

④ 집행상의 책략 응용

중국은 상대가 어떤 태도로서 협의를 집행하는지 상대가 진심으로 중국과의 관계를 원하는지 여부를 판단한다. 엄밀한 기준을 통해 상대방의 협의이행 정황을 확인하고, 상대가 약속을 지키지 않는 부분에 대해서는 강경하게 비난한다. 그러나 또 수시로 협의내용의 수정을 모

---

170) The Wall Street Jounnal, November 10, 1999, p.1.

색함으로써 협의가 중국에 보다 더 유리하도록 만든다. 협의를 달성한 후에도 방법을 연구하여 상대에게 새로운 양보를 이끌어 낸다. 만약 중국 자신이 협의를 완전히 이행하지 못하게 되면 상대에게 중국과의 우의를 고려해 달라고 하면서 협의를 이행을 할 수 없는 곤란한 점을 이해시킨다. 다른 한편으로 만약 이 협의가 중국에 유리하다면 즉 중국은 삼대 후설(喉舌: 인민일보, 신화사, CCTV)을 동원해서 선전전을 펼치며, 학자, 전문가를 초청해 이 협의에 배서하게 만든다. 1999년 11월 16일 중미 간 중국의 세계무역조직 가입 협상이 마무리 되었다. 이때 중국은 언론매체, 학자, 정부관료를 총동원해 중국의 세계무역조직 가입의 장점을 고취시키고 중국인민의 지지를 고무시켰다.

위에서 소개한 내용들은 중국학자들과 외국학자들의 연구와 중국과의 협상 경험이 있는 전문가들의 체험을 종합 정리해서 중국의 상용 협상책략과 기교를 분석했다. 이러한 협상전략과 기교의 운용은 결코 중국의 특허는 아니다. 이 중 많은 협상 책략과 기교 역시 다른 국가들도 응용하는 것이 사실이다. 다만 중국의 협상특징은 협상기교를 매우 중요시하는 데 있다.

사실상, 중국의 협상전략과 기교의 운용은 협상대상, 협상표적물, 협상의 시간과 공간환경의 차이로 인해 다소 유동적이다. 예를 들어 키신저와 저우언라이 간의 협상에서 저우언라이는 살라미 전술을 별로 좋아하지 않았다고 키신저는 밝혔다. 즉 조금씩 조금씩 완만하게 하는 양보의 방법을 싫어했다. 단시간에 중국의 마지노선에 가까운 방안을 건의하고 그 후에는 입장을 고수했다. 만약 키신저의 인지가 정확하다고 가정한다면 저우언라이가 키신저에 대해 구사한 협상전략은 기타 상대와 매우 큰 차이가 있음이 분명하다. 왜냐면 일찍이 미국 상업부 차관보를 지낸 라빈(Franklin L. Lavin)은 중국과의 협상경험을 토로한 적이 있다. "중국의 협상대표는 문제를 해결하는 것이 아니라 단지 완고하게 이것 혹은 저것을 거절했다. 때때로 중국의 협상대표 역시 양보를 하였다. 그러나 그들의 양보는 사실상 제로에 가까웠다."[171] 이 두 종류는 분명히 다른 경험들이다. 중국협상의 유연성과 완고함을 보여주는 예다.

171) Franklin L. Lavin, "Negotiating with the Chinese: Or How Not to Kowtow," Foreign Affairs, Vol. 73. No. 4(July/August 1994), pp.16-22.

제4장

중국 대(对)대만 협상전략과 기교

본 장의 중점은 중국은 대만과의 협상에서 어떠한 협상전략과 기교를 운용했는지를 검토한다. 모두 4절로 구성되어 있다. 제1절은 양안 간에 있었던 협상의 역사를 회고한다. 제2절은 양안협상의 특징과 2016년 차이잉원 정부가 들어선 이후 양안협상이 전면 중단되고 교착상태에 빠진 원인을 분석한다. 3절에서는 대만과의 협상에서 취한 입장을 4절에서는 중국이 대만과의 협상에 따른 중국의 책략응용을 소개하고자 한다.

제1절 양안협상의 회고

1955년 전국인대 상무위원회(全国人大常委会)가 개최되었다. 이 회의에서 저우언라이는 정책보고서를 제출했고 대만 해방에 관한 두 가지 방안을 논의했다. 하나는 전쟁이고 또 하나는 평화적인 방법이다. 저우언라이는 가능하다면 평화적인 방법으로 대만해방을 원한다고 밝혔다.[1] 중국은 기본적으로 1971년 이전에는 무력사용으로 대만과의 통일을 추구했다. 또 이 시기에 무력으로 대만을 위협했고 무력 침공을 시도했다. 1949년 10월 25일 인민해방군 제10군단이 진먼(金门)에 상륙한 구닝토우(古宁头) 전투, 1954년부터 1955년까지의 제1차 대만 해협 위기를 일으켰고, 대만의 맞은편에 위치한 푸젠성(福建省) 지구에 대군을 주둔시켰다. 1958년 8월 23일 부터 10월 5일까지 제2차 대만위기를 일으켜 47만발의 포탄을 퍼부었다.[2] 중국이 무력으로 대만 해방을 선택함에 따라 대만의 중화민국 역시 적극적으로 군사반공(军事反攻) 설치복국(雪耻复国, 치욕을 씻고 국가재건)을 채택했다. 대만 해협 양안은 군사대치의 긴장감이 팽팽했다.

그러나 1950-1960년대에도 양안은 최소 3차례에 밀사를 파견하여 협상의 가능성을 타진했다.[3] 비록 양안 간의 상호접촉이 있었더라도 협상의 관점에서 본다면 이는 단지 양안이 실질 협상을 시작하기 전에 쌍방이 정보를 수집하고, 상대를 이해하기 위한 막후작업일 뿐이다. 1950년대 중기 이후, 저우언라이가 화전양면 전략을 발표한 후, 소위

---

1) 中共中央台湾工作办公室、国务院台湾事务办公室, 中国台湾问题(干部读本), 北京 : 九洲图书出版社, 1998年, p.63.
2) 徐焰, 台海大战, 上编 (中共观点), 台北 : 风云时代出版有限公司, 1992年.
3) 중국 출판문의 서술에 의하면, 대만해협 양안은 1950-1960년대, 최소한 3차례의 밀사를 파견하여 접촉했다. 먼저 장제스 총통의 동의하에 대만은 1950년 5월 리츠바이(李次白)를 비밀리에 중국에 파견시켜 국공양당의 회담재개 가능성을 타진했다. 그러나 6월 한국전쟁의 발발로 인해 진일보한 접촉은 중단 되었다. 둘째로 1956년 봄, 중국공산당은 홍콩에서 장스지앤(章士釗)을 통해 국공회담을 제의하는 편지를 장제스에게 전달했다. 장제스는 입법위원 송이산(宋宜山)을 베이징에 보내 공산당이 주장하는 대화의 의도를 알고자 했다. 셋째, 차오쥐런曹聚仁) 기자는 1950-1960년대 국공협상을 회복하기 위해 양안을 왕래했다. 그러나 중국에서 발생한 문화대혁명으로 인해 그 결과는 없었다. 毛磊、范小芳, 国共两党谈判通史, 兰州 : 兰州大学出版社, 1996年, pp.625-660.

말하는 밀사는 기껏해야 중국공산당의 세객(说客)일 뿐이다. 협상의 뜻을 대만에 전달하고 초보적 조건을 타진할 따름이었다.[4] 그나마 이마저도 대만에서 거부하는 바람에 협상은 진전이 없었다.

1958년 8월 23일 제2차 대만위기 후, 동년 10월 마오가 직접 쓴 「대만동포에게 고하는 글(告台湾同胞书)」에서 협상을 통해서 대만과의 통일을 원한다고 밝혔다. 마오의 글은 국방부장 펑더하이(彭德怀) 명의로 발표되었다. 첫머리에 그 요지를 분명하게 나타냈다. "우리는 모두 중국인이다. 삽십육계, 평화를 상책으로 삼는다(我们都是中国人. 三十六计, 和为上计)". 과연 마오답게 손자병법을 인용하여 전쟁을 멈추고 협상으로 해결하자고 제의했다.[5] 1963년 저우언라이는 중국의 대 대만정책을 일강사목(一纲四目)으로 요약했다. 일강은 대만은 반드시 중국에 통일되어야 하며, 사목은 첫째, 대만은 중국에 통일 된 후에도 대만의 군사, 정치, 인사의 권한은 여전히 장제스가 행사한다. 단 외교권은 제외된다. 둘째, 대만의 군사, 경제건설에 소요되는 비용이 부족하면 중국의 중앙정부가 모두 지불한다. 셋째, 대만의 사회개혁을 천천히 실시하며 조건이 성숙되면 장제스의 의견을 존중해 협상한다. 넷째, 쌍방은 특수 임무요원을 파견하지 않으며 상호 간 단결을 파괴하지 않는다.[6] 그러나 필경 이 시기 대만정책의 주축은 무력이 주(主)고 평화협

---

4) 마오레이(毛磊)와 판샤오팡(范小芳)의 글에 의하면 1956년 중공중앙통전부장 리웨이한(李维汉)은 당시 비밀리에 베이징을 방문한 송이산에게 국공합작의 조건을 밝혔다. 첫째, 양당은 대등한 협상을 통해 평화통일을 실현한다. 둘째, 대만은 중앙정부 관할하의 자치구로 되어 고도의 자치권 향유한다. 셋째, 대만지구의 정권은 여전히 장제스가 이끈다. 중국은 사람을 파견해 간섭치 않으며 국민당은 베이징에 인원을 파견해 중앙정권의 영도에 참여할 수 있다. 넷째, 미국의 군사역량은 대만해협을 떠나야 한다. 동상주, p.646.
5) 원문은 1958년 10월 6일 인민일보에 실렸고, 中共中央台湾工作办公室、国务院台湾事务办公室, 中国台湾问题(干部读本), 附录(一)에 대만동포에게 아뢰는 글(告台湾同胞书)에 기재했다.
6) 大公报, 2000年1月24日.

상은 보(补)며, 일종의 선전이면서 통일전선전술의 책략에 불과했다.

1970년대 중국은 소련의 위협에 대처하기 위해 미국과의 관계를 개선했다. 더군다나 1971년 10월 25일 유엔의 상임이사국이 된 후부터는 양안관계에 있어서 시간은 자신의 편에 있다고 판단했다. 또 미국과의 관계정상화 협상 중 수 차례에 걸쳐 평화적인 방식으로 대만문제를 해결하겠다고 약속했다. 그 결과 중국은 대만과의 평화로운 통일전선전술을 심화시켰고 대만에 대한 무력사용에 대한 목소리를 낮췄다.

1979년 1월 1일, 중미 외교관계가 수립되었다. 같은 날 전국인대 상무위원회 명의로 '대만동포에게 고하는 글(告台湾同胞书)'를 발표하여 진먼, 마주(马祖)에 대한 포격을 정지했으며 양안 간 삼통사류(三通四流－통상, 통항, 통우와 여행, 학술, 문화, 체육교류)를 진행하자고 호소했다. 1981년 9월 30일 전국인대 상무위원장 예지앤잉(叶剑英)은 신화사 기자들에게 "대만의 조국회귀와 평화통일 실현에 관한 방침(关于台湾回归祖国, 实现和平统一的方针, 속칭 엽구조)"을 발표해 양안 간 3통4류를 실현하고, 대만의 현행 사회 및 경제제도 불변, 생활방식 불변을 승락하고 제3차국공합작을 통해 조국통일대업을 이룩하자고 호소했다.[7] 중국은 이를 구체화해 '엽(葉)9조'[8]라는 대(對) 대만정책을 내놓았다. 중국은 대만 각계의 통일에 대한 제안을 일원화했다. 참고로 북한의 고려연방제 방안 역시 이 엽구조의 대만통일방안을 참고한 것이다. 1983년 6월 26일, 덩샤오핑은 미국 뉴저지 시턴 대학(Seaton

---

7) 人民日報, 1981年10月1日.
8) 엽9조의 구체적인 내용은 다음과 같다. 제3차 '국공합작' 형식의 조국통일, 3통(통상·통합·통우(通郵)), 4류(학술·문화·체육·공예)와 통일 후 대만은 특별행정구로서 고도의 자치권 부여, 군대 보유, 중국 중앙정부의 대만내정 불간섭, 대만의 현행제도 유지, 대만 당국과 각계의 대표자는 전국 단위의 정치지도자로 대우, 대만의 재정은 중앙정부가 보조, 중국본토 이주희망자는 받아들이고 자유로운 왕래를 허용, 대만 기업인의 본토 투자를 환영하고 그 권익을 보장한다.

University) 양리위(杨力宇) 교수와의 접견에서 중국과 대만의 평화통일 6점 구상을 이야기했다(속칭, 덩6점). '엽구조'를 되풀이한 것에 불과하지만 대만의 특별행정구로서의 지위는 허용하나 완전자치는 불가하다고 밝혔다. 왜냐면 완전자치는 독립이기 때문이다. 덩의 대대만 통일전략의 개략적인 내용은 중국과 서로 다른 제도와 사법 독립을 보장하고, 오직 중국에 대한 위협이 되지 않는다면 대만은 자신의 군대를 보유해도 된다. 대만의 당, 정, 군은 모두 대만이 관리하고, 중국중앙정부는 대만의 정원을 남겨두며, 평화통일을 달성하는 방식은 국공 양당의 평등회담으로 제3차 국공합작을 실시한다.[9] 1984년 중국은 영국과의 홍콩협상 연합성명을 통해 '하나의 국가 두 개의 제도(一个国家, 两个制度, 일명 일국양제)'를 양안통일의 모델로 삼았다. 이로써 중국의 대 대만 통일 전략은 정식으로 평화통일의 단계로 진입했다. 이 전략의 기조는 일국양제 평화통일(一国两制, 和平统一)이다.[10] 일국양제는 대만 통일을 위해 홍콩에 먼저 적용해보는 시범적 성격이 짙으며, 실제로 일국양제 방안 구상은 홍콩보다는 대만을 겨냥하여 제시된 것이다.

1970-1980년대, 양안 간의 상호작용을 들여다보면 중국은 보다 적극적이었고 대만은 소극적으로 대응했음을 알 수 있다. 쟝징궈(蒋经国) 총통은 1979년 4월 4일 3불정책 (불접촉, 불담판, 불타협, 不接触, 不谈判, 不妥协)을 발표하여, 양안협상의 가능성을 원천적으로 봉쇄했다. 이에 반해 중국은 가능한 모든 방법을 동원해서 대만을 협상의 테이블로 끌어들이고자 했다. 1986년 5월 3일, 원래 방콕에서 홍콩으로

---

9) 邓小平文选, 第三卷, pp.30-31.
10) 덩샤오핑의 일국양제에 관한 논술은 인민일보 1984년 10월 16일자를 참고하라.

가야만 하던 중화항공 보잉 747화물기 기장이 중국 광저우(广州) 바이윈(白云) 공항으로 망명했다. 중국의 중국민용항공국(中国民用航空局)은 대만의 중화항공에 편지를 보냈다. 화물기, 화물, 망명을 거부한 2명의 승무원에 관한 협상을 베이징에서 열자고 제의했다. 불협상의 기조가 지켜지고 있었던 대만이었기 때문에 중화항공은 케세이퍼시픽 항공사에 협상을 위탁했다. 그러나 중국은 이를 거절했다. 어쩔 수 없는 상황에서 중화항공은 협상대표를 파견했다. 홍콩에서 중국민항과 협상을 진행하여, 쌍방은 5월 20일 화물기, 화물 및 승무원을 중화항공에 돌려주기로 하는 회담요록에 합의했다. 중국은 이 사건으로 이미 대만의 삼불정책은 깨졌다고 인식했다.[11]

중화항공 화물기 사건으로 인해서 대만은 억지로 협상테이블에 나갔지만 아이러니컬하게도 이 사건으로 인하여 마침내 대만이 중국과의 협상을 더 이상 배척하지 않게 되었다. 1989년 3월 16일 양안의 올림픽 대표는 대만이 올림픽에 참가할 때 사용하는 명칭문제에 관한 협상을 홍콩에서 개최했다. 이는 또 다른 사건이다.

1987년 당뇨병을 앓고 있던 말년의 쟝징궈는 두 가지 진일보한 조치를 취했다. 37년간이나 지속되었던 계엄령을 해제했고 이어 대만 민중이 중국의 친척들을 만날 수 있도록 하는 대륙탐친정책을 실시했다. 아울러 중국 투자에 대한 제한도 조금씩 완화시켰다. 이로서 양안 간의 각종 교류 역시 활기를 띠기 시작했다. 민간교류가 급격히 증가되었고 또한 이로부터 밀수, 결혼, 도망, 문서공증 등 많은 문제가 파생되었다. 양안 간의 교류로 인해 파생되는 각종 문제의 처리가 불가피해져 대만은 중국과의 협상 필요성이 생겼다. 1990년 9월 11일, 중국에서 건너온 밀입국자의 송환문제를 두고 양안의 적십자 대표는 진먼

---

11) 李健編著, 两岸谋和足迹追踪, 北京 : 华文出版社, 1996年, pp.277-278.

(金门)에서 비밀회담을 하고 진먼협의에 서명했다.

　대만은 삼불정책이 무력화되는 것을 피하기 위해 1991년 2월 19일 반관반민 1.5트랙인 재단법인 해협교류기금회(간칭, 해기회)를 설립해 대만정부가 이 단체에 위탁을 주어 양안교류에서 파생되는 문제를 처리하고자 했다. 이와 보조를 맞춰 중국 역시 1991년 12월 16일 해협양안관계협회(간칭, 해협회)를 발족해 해기회의 상대창구로 활용하고자 했다. 1993년 4월 이전, 해기회와 해협회는 양안문서공증, 해상범죄공동타격, 간접 등기우편의 증명 등의 문제에 관해서 협상을 진행했다. 그러나 이 시기의 협상은 제도화 된 것이 아니었다. 1993년 4월 말에 이르러, 제1차 구왕회담(辜汪会谈, 해협회 이사장 구쩐푸(辜振甫)와 해협회 회장 왕다오한(汪道涵) 간의 회담, 중국은 왕구회담이라 칭한다)을 싱가포르에서 거행해 쌍방은 구왕회담공동협의(辜汪会谈共同协议)를 달성한 후 양안협상은 비로소 제도화가 되었다.

　1993년 4월 27일에서 29일까지 양안양회는 싱가포르에서 제1차 구왕회담을 개최했다. 양안공증서사용증명협의(两岸公证书使用查证), 양안등기우편증명과 보상사항협의(两岸挂号函件查证, 补偿事宜协议), 양안연계회담제도협의(两岸联系制度协议) 및 구왕회담공동협의(辜汪会谈共同协议) 등 4개 항에 합의했다. 더불어 양안 간의 만남을 정기적으로 제도화 시켰다. 해기회 이사장과 해협회 회장 간의 만남은 실제 업무의 필요에 의해서였고 협상의 방법을 통해 진행하자고 서로 동의하였다. 양회는 대화를 통해 협상지점과 유관문제에 관해 별도로 협의하여 결정하기로 했다. 해기회 부이사장과 해협회 부회장 혹은 양회의 부사무총장, 처장, 주임급 인원, 즉 업무를 주관하는 부처는 매 분기마다 양안의 지점을 택하여 만나서 상의하기로 규정했다. 이 규정은 양회의 제도화협상의 기제를 만들었다.[12] 구왕회담 후에 양회는 2008년 국민당의 재집권 전까지 7차례의 사무성 협상을 열었고, 3차례의 부이

사장(부회장)급 회담을 열었다. 협상의 의제는 해상어업분쟁, 밀입국자 송환, 양회 업무인원의 출경(出境), 범죄소탕, 범죄인 송환, 대만상인 보호 등의 문제였다. 그러나 그 이후 유명무실해져 어떠한 협의도 달성하지 못했다.[13)]

1995년 6월 리등훼이 총통은 모교인 미국 코넬대학(Cornell University)을 방문하고 돌아왔다. 리등훼이의 양국론 노선에 불만을 지닌 중국은 준비 중에 있던 2차 구왕회담과 그 예비성 협상을 미룬다고 통보했다. 언제 협상을 재개하는 것인가도 언급하지 않았다.[14)] 협상의 제도화는 중단과 재개를 반복하였다. 중국은 일방적으로 양안 양회의 회담을 중단시켰을 뿐만 아니라 잇따라 대만해협 부근에서 미사일 발사와 군사훈련을 실시하여 대만해협의 긴장을 고조시켰다. 국제사회 역시 양안 간 군사충돌의 가능성에 주시하고 있었다.[15)] 일본 산케이신문(产经新闻)은 1996년의 세계5대 위험 지역으로 대만해협을 1위에 열거했다.[16)]

---

12) 中国时报, 1993年4月30日, 版4.
13) 吴安家, 台海两岸关系的回顾与前瞻, 台北 : 永业出版社, 1996年, pp.105-106.
14) 해협회의 원문은 다음과 같다. "최근 대만방면에서 취한 양안관계를 파괴하는 일련의 행동은 제2차 구왕회담 및 예비성 협상의 분위기에 엄중한 영향을 받았다. 회담재개와 예비성 협상의 시간은 부득불 미룰 수밖에 없다. 해협회는 적당한 시기에 해기회에 연락할 것이다."
15) 1995년 6월 리등훼이의 코넬대학방문부터 1996년 3월까지 중국은 일반적인 군사훈련을 실시하는 것 외에도 이미 4차례나 대만을 겨냥한 훈련을 실시했다. 제1차는 1995년 7월 21일부터 26일까지로 대만 북방의 펑쟈위(彭佳屿)해상에서 미사일을 발사했다. 제2차는 1995년 8월 15일부터 25일까지 펑쟈위 해상 부근에 실탄사격 연습을 실시했다. 제3차는 1996년 3월 8일부터 15일까지 대만 동북방 산댜오쟈오(三貂角) 35킬로미터 부근과 까오슝(高雄) 서남방 51킬로미터 부근 해역에 미사일을 발사했다. 제4차는 펑탄도(平潭島) 부근에서 육해공군 연합 군사훈련을 실시했다. 中央日报, 1996年3月6日 ; 自由时报, 1996年1月2日.
16) 产经新闻, 1996年1月1日.

1996년 양안은 대만해협 위기를 겪고 중국은 리등훼이와는 더 이상 협상하지 않겠다고 결정하고 리등훼이 시대 이후를 기다렸다. 그러나 대만의 정세는 예상 밖으로 전개되고 있었다. 1997년 말 민진당이 현(县), 시장 선거에서 크게 이겨 반중국적 정강을 핵심으로 채택하고 있는 야당 민진당의 집권가능성이 높아졌다. 이에 중국은 종전의 태도에서 한보 후퇴하여 리등훼이의 국민당과 대화를 통하여 양안 간 정치대화에서의 진전을 이루어 내기를 희망했다. 대만독립을 강령으로 채택하고 있는 민진당이 집권할 경우 중국의 대 대만 업무는 좌절될게 뻔했다. 이는 중국이 양안 양회 간의 교류를 재개한 중요한 원인이었다.

1998년 4월 22일에서 24일까지, 중단 된지 3년 만에 양회의 회담이 재개되었고, 부회장급의 교류는 회복되었다. 1998년 10월 14일부터 19일까지 해기회 이사장 구쩐푸는 방문단을 이끌고 중국을 방문했다. 해협회의 왕다오한 회장 역시 1999년 가을에 대만을 방문하기로 예정 되어 있었다. 하지만 1999년 7월 9일, 독일의 국제방송 '독일의 소리' (Deutsche Welle, 도이체 벨레)와의 인터뷰에서 리등훼이의 회견내용 이 화근이 되었다. 여기서 리등훼이는 양안관계의 자리매김을 "국가 대 국가, 최소한 특수한 국가와 국가 간의 관계(国家与国家, 至少是特殊国与国关系, 특수양국론)" 라는 발언을 하였다. 중국은 격렬하게 반대했고 양안관계는 다시 교착상태에 빠졌다. 왕다오한의 대만 방문 역시 무기한 연기 되었다.
리등훼이가 발표한 특수양국론의 파장은 중국의 기존 대만정책에 충격을 가했다. 리등훼이 집권 기간 동안 양안관계가 재개될 가능성은 희박했다. 중국으로서는 대만에 새로운 총통이 들어서기를 기다릴 수밖에 없었다. 리등훼이가 제기한 특수양국론은 양안 간 접촉, 교류, 대화의 기초가 되는 하나의 중국 원칙을 정면으로 위배한 것이다.[17] 중국은 해기회 이사장의 해명을 요구했고, 1999년 7월 30일 해기회가 해협회에게 보낸 구쩐푸 이사장의 담화록(谈话录)을 되돌려 주었다. 중국은 또 대만행정원 대륙위원회가 8월 1일 제출한 특수한 국가 대 국가관계 이론서면설명(特殊国与国关系理论书面说明)을 통렬하게 비판하고 대만에 대해 양국론(两国论)의 철회를 요구했다. 그렇지 않으면 양안양회 간의 회담은 중단된다고 경고했다.18)

아울러 관방언론매체를 총동원하여 리등훼이를 비난하였고19), 다른 한편으로 대만에 대해 무력엄포를 놓았다.

이와 더불어 중국은 대만에 대한 실제적 위협에 착수하였다. 진먼 마주 연해의 운수보급선인 밍화룬(明华轮)을 억류하였고, 중국 공군의 전투기가 대만해협 중간선에 접근하거나 심지어 두 차례나 중간선을 넘어왔다. 1999년 8월 2일 동펑31(东风31)장거리 탄도 미사일을 시험 발사 성공을 알리고 중국이 중성자탄을 소유했다는 소식을 전하기도 했다. 중국이 마음만 먹으면 언제라도 대만공격이 가능하다는 인상을

---

17) 中共中央台办、国务院台办主任陈云林1999年7月15日, 在中国统一促进会第六届理事大会之讲话.

18) 文汇报(香港), 1999年7月31日.

19) "세계에는 오직 하나의 중국이 있고 대만은 중국영토의 일부분이며, 중국의 영토와 주권은 분할할 수 없다(世界上只有一个中国, 台湾是中国的一部分, 中国的领土和主权不容分割)는 기본입장을 재차 밝히고 영토주권완정의 결심을 공개적으로 선포하고, 해외의 화인(华人)들을 동원하여 민족주의에 호소했으며, 학자와 상관 단체들은 좌담회를 개최해 말과 글로서 리등훼이의 죄상을 폭로하였다. 신화사의 평론원 명의로 리등훼이의 분열국가(分裂国家)론 주장을 질책하고 비판했다. 인민일보, 해방군보(解放军报) 등 당, 정, 군의 중요한 매체도 여기에 가담하였다. 해방군보의 논조는 인민일보 보다 더 격렬했다. 예를 들어 해방군보는 "리등훼이는 불장난을 말아라(李登辉不要玩火)"의 문장을 발표해 "조국을 분열하는 획책을 절대로 참지 않겠다"거나 "한 치의 영토도 조국으로부터 분열해 나가는 것을 절대로 좌시하지 않겠다", "확고한 결심과 충분한 실력을 가지고 국가의 주권과 영토완정을 수호하며 조국의 통일을 옹호한다"고 발표했다. 나아가 중국은 홍콩의 매체를 동원해서 제1면 톱 기사로 대규모 군사행동, 푸젠성 전선의 군사훈련, 해군군사연습, 중국대륙 동남연해의 야전부대 이동, 분열을 분쇄하려는 해방군의 결심 등의 소식을 보도했다.

주었다. 대만의 주식시장과 대만의 민심은 이에 영향을 받았다.

중국은 대만에 대해서 무력으로 위협하고 글과 말로서 윽박지르는 문공무혁(文攻武吓)을 동원했으며 미국과 일본 등을 통하여 대만을 압박하고자 하였다. 이에 굴복한 대만은 양국론을 헌법에 삽입하지 않겠다고 발표했고 다시 1992년의 하나의 중국에 대한 각자표술(一个中国, 各者表述)의 입장으로 돌아왔다. 그러나 여러 여론조사에서 양국론의 주장은 대만의 다수민중의 지지를 받았다. 비록 중국의 대만에 대한 압박으로 인해 적극적인 양국론 주장에는 성공하지 못했으나 중화민국은 주권을 지닌 독립국가라는 주장은 강조되었고, 이는 대만 조야의 공식이 되었다. 이로서 대다수 대만민중은 현재에도 두 개의 중국이라는 인식을 받아들이고 있다. 현 단계는 대만해협 일변은 중국(중화민국)이고 다른 일변은 중화인민공화국이며, 양자는 동시에 독립주권국가다. 이러한 생각은 양국론의 함의와 정신에 있어서 맥을 같이 하는 것이다.

2000년 3월 18일 두 번째로 실시한 총통 직접선거에서 대만독립을 강령으로 채택하고 있는 민진당 후보 천쉐이볜(陈水扁)이 당선되었다. 이는 국민당을 대만협상의 대표적 파트너로 삼아왔던 종래의 원칙에 충격을 던졌다. 여기에 더해 중국의 대만문제 해결을 위한 긴박감도 증가되고 있었다. 중국은 이미 수차례 거듭해서 대만에 대한 경고성 발언을 하였고, 대만에 대한 무력적 위협의 수위를 높였다.

2000년 5월 20일 중화민국 10대 총통으로 천쉐이볜이 취임했다. 취임연설에서 만약 중국이 대만에 대한 무력사용을 하지 않는다는 전제 하에서 사불일몰유(四不一没有)를 발표했다. 그의 임기 내에 대만독립 선포, 양국론 추진, 국민투표로 헌법개정, 국호개명을 하지 않겠다고 천명했다. 그러나 이는 후에 모두 빈말이 되었다.

2002년 8월 3일 일본 동경에서 거행된 제29기 세계대만동향회(世界

台湾同乡会)가 개최되었다. 천쉐이볜은 화상대화를 통해서 치사를 발표했다. "대만은 우리의 국가다. 우리의 국가는 능욕 받아서도 안 되며, 왜소화, 주변화, 지방화 되어서도 안 된다. 대만은 어느 누구의 일부분도 아니고 어느 누구의 지방정부도 아니며 어느 누구의 한 개 성도 아니다. 대만은 제2의 홍콩, 마카오가 되어서는 안 된다. 대만은 하나의 주권을 가진 독립국이다. 간단히 말해 대만과 중국은 일변일국(一边一国)이다. 이를 분명히 해야 한다"라고 했다. 이는 곧 대만 해협의 양안에 각각 대만과 중국이라는 나라가 있다는 양국론의 부활이다.

이 이후 천쉐이볜은 여러 차례 일변일국을 강조했다. 이에 더하여 2003-2004년 총통 연임 선거기간 중에 자신이 걸어가야 할 대만독립의 로드맵을 내놓았다. 만약 연임한다면 2006년에 국민투표로 제헌, 2008년에 대만 신헌법을 제정하겠다고 공약했다. 2005년에는 2008년 총통 사임 전 까지 대만의 몸에 맞고, 쓰임에 맞는 신헌법을 제정할 것이라고 거듭 천명했다. 그러나 실행에 옮겨지지는 않았다. 2006년 국통강령의 폐지와 통일위원회를 종지(终止)시켰고, 2007년에는 2000년 취임연설에서 승락한 사불일몰유를 완전히 뒤엎는 사요일몰유(四要一没有)를 발표했다.[20]

2002년 중공 16기 1중 전회에서 후진타오 체제가 출범하였다. 미국은 2000년대 초반의 10년 내내 테러리즘과 중동에서의 두 개의 전쟁에 빠져들었다. 이런 상황에서 미국은 국제사회에서 중국의 도움을 필요로 했고, 부시와 후진타오는 대만독립의 문제에서 공동의 보조를 맞췄다. 2005년 3월 4일 후진타오는 대만정책에 대한 네 개의 의견을 밝혔다. 첫째, 하나의 중국 원칙 견지는 절대로 동요하지 않는다. 둘째, 평

---

20) 대만은 독립해야 하며, 대만은 정명(正名)해야 하며, 대만은 새로운 헌법을 만들어야 하며, 대만은 발전해야 하며, 대만에는 좌우노선이 없고 오직 통독의 문제만 있을 뿐이다.

화통일에 대한 노력을 절대로 포기하지 않는다. 셋째, 대만인민에게 희망을 보내는 방침은 절대 변화시키지 않는다. 넷째, 대만독립 활동에 관한 한 절대 타협하지 않는다. 2005년 3월 14일 전국인대 상임위원회는 반분열국가법[21]을 통과시켜 대만에 대한 무력 사용을 법률로 확정했다.

후진타오 시기는 첫째, 평화통일을 주축으로 삼고 대만독립을 억제하는데 초점을 두었다. 둘째, 의법수단(依法手段), 법에 근거하여 대만독립을 견제했다. 반분열국가법이 전형적이다. 셋째, 미국을 이용하여 대만독립 세력을 억제했다. 넷째, 대만내부의 친중국 또는 친통일 세력들과 통일전선을 추구했다. 이와 동시에 대만내부의 범(泛) 남색진영[22]을 유인하여 연합성명을 발표했다. 2005년 4월 민진당의 반대에도 불구하고 국민당 주석 롄짠(连战)은 56년 만에 처음으로 중국을 방문해 후진타오와 연합성명을 발표했다. 5월에는 친민당 주석 송추위(宋楚瑜), 7월에는 신당(新党) 주석 위무밍(郁慕明) 등 남색진영의 지도자들을 초청하여 공보를 달성했다. 이 중 국민당과 공산당은 '92공식' 견지, 양안동포 교류, 중화문화 홍양, 양안경제의 전면적 교류, 직접적 3통실

---

21) 총 10조로 구성된 조항 중 가장 주목을 받은 조항은 8조였다. 여기서 무력사용을 명문화 시켰다. 대만이 중국으로부터 분열해 나가는 중대한 사변 혹은 평화통일의 가능성이 완전히 상실되었을 때 비평화적 방법으로 영토완정을 보위한다고 밝혔다.
22) 범람(泛藍): 중국국민당 및 국민당으로부터 분열해 나온 신당(新党), 친민당(親民黨) 및 그들의 정치입장과 비슷한 단체, 기관을 말한다. 국민당의 당기색깔이 남색이기 때문에 범람, 남색진영으로 칭해진다. 남색진영의 각개 당, 단체들 모두는 비정식 조직이며, 각 당간에는 실제상의 조직연맹은 없다. 통독(統、獨)의 입장을 견지하는 정도에 따라서 심람(深藍), 천람(淺藍)으로 구분할 수 있다. 대체적으로 말해 범람진영은 대만독립에 반대하며, 현상유지, 친중(亲中)을 제창하며, 중화문화전승, 중국통일을 강조한다. 이들은 대만은 중국의 일부분임을 인정한다. 하나의 중국문제에 관해서도 원칙상 '92공식'(九二共識)을 견지한다. 그러나 그들이 말하는 '92공식'은 일개중국 각자표술(一個中國、各自表述)을 의미하며, 당연히 이들이 말하는 중국은 바로 중화민국이며, 중화민국의 존재를 강조한다. 그러나 그 주권은 타이펑진마(타이완, 펑후, 진먼, 마주)에 한정되어 있다고 생각한다.

시, 국공 양당 간의 정기적 소통채널 구축, 양안협상 재개에 합의했다. 이 내용들은 훗날 2008년 국민당 마잉주가 집권하자 그대로 모두 실현 되었다.

2008년 국민당이 재집권하기 전까지 양안 관계는 '하나의 중국' 문제로 인해서 교착상태에 빠졌다. 그렇지만 상랭하열(上冷下熱)과 정랭경열(政冷经热)의 특색을 띠었다. 관방부분과 정치부분은 교착상태에 빠져 있었지만 민간부분의 경제 교류를 막지는 못했다. 중국은 일관적인 정책을 유지했고, 반대로 대만정부는 갈짓자 행보를 보였다. 특히 민간부분에서는 탈냉전과 세계화, 경제교류의 조류를 타고 있었다. 비록 대만정부의 억제 정책이 있었으나 민간부분은 교류를 확대해 나갔다.

2008년 천쉐이벤의 친인척 부정부패, 대만내부의 총체적 경제적 불황으로 인해 양안관계 개선을 바라는 대만인들은 국민당의 마잉주를 선택했다. 마잉주는 경선과정에서 제시한 공약대로 취임하자마자 양안 양회를 재개하고 협상의 시대를 열었다. 2008년부터 2016년 국민당 재집권의 시기는 상열하열(上热下热), 정열경열(政热经热)의 시기였다. 양안 간에 정치도 경제도 민관도 관방도 모두 열기를 띠었다. 2008년 6월 13일부터 2015년 1월까지 양안 양회가 11차례의 협상을 통해서 양안경제기본협정(ECFA)을 비롯해 23개의 협정을 체결, 2개의 공식(陸資來台投資事宜達成共識, 人身自由與安全保障共識)을 달성하였다.

그러나 23개항의 협의에 서명했으나, 모두 경제, 무역, 범죄인도, 원자력안전 등 실제적으로 경제, 사회, 문화에 관계된 것으로서 정치에 관한 내용은 전혀 포함되지 않았다. 중국의 선경촉통(先经促统, 경제로서 통일을 촉진하는 것)과 국민당의 선경후정(先經後政), 선이후난(先易後難)이 타협한 결과였다. 특히 23개의 협정은 중국의 대만에 대한 양보(讓利)라는 특징을 지닌다. 이는 경제적 실리를 바라는 국민당의 입장과 경제적인 적자를 정치적인 흑자로 만회가 가능하다는 공산당의 입장이 맞아떨어졌기 때문이다. 그러나 양안 간에는 속도와 깊이에 있어서 급격하게 교류가 진행되었지만[23) 대만의 민생은 과거와 비해 크게 나아진 것이 없었다. 이는 국민당이 분배보다는 성장을, 형평성보다는 효율성을 우선시한 정책실패를 의미한다. 중국도 이러한 점을 눈치 채고 뒤늦게 대만에 대해서 '삼중일청' 정책으로 전환하였다. 즉 기존의 대기업 위주의 교류에서 벗어나 대만의 중소기업, 대만의 중남부, 대만의 중산계층, 청년들에게 더 혜택이 가도록 정책을 조정하였으나 아직까지 그 성과는 미미했다. 역사는 종종 지도자들의 예상과 의도대로 움직여지는 것은 아니다. 민주화를 바라는 홍콩 시민들이 펼친 '우산혁명'의 영향과 함께 충분한 소통 없이 진행된 양안 간의 밀실협정, 역사교과과정 개편 등으로 인해서 2014년 봄부터 대만학생들의 '태양화 운동'이 전개되었다. 이 운동은 1990년 이후 가장 큰 시위였다. 마잉주의 지지율은 8%로 떨어졌다. 선거를 앞두고 2015년 11월 중국과 대만은 싱가포르에서 양안최고영도자회담 시마회(習馬會)를 가졌다. 중국은 국제사회에 두 개의 나라로 보여 질 수 있는 잘못된 인상을 줄 수 있다는 위험을 무릅쓰고 전격적으로 대만의 입장을 받아들여 회담을 개최하였다. 그러나 이 회담은 과도한 중국경사현상에 대한 반발을 불러 일으켰고 급격한 통일에 반대하는 대만민중을 결집하는 반작용을 가져왔다. '태양화 운동'의 주역세력들은 시대역량(时代力量)이라는 정당을 만들었고, 나아가 2016년 1월 선거에서 5석을 확보했고, 민진당은 대승했다. 중국의 일국양제 제도는 홍콩과 중국 두 곳에서 모

---

23) 급격히 양안교류가 진행된 결과 양안 간의 무역규모는 2016년 현재 2000억 달러를 초과하였고, 대만의 중국에 대한 무역의존도는 40% 이상 치솟았으며, 양안 간 항공편만해도 대만의 10개 지점과 중국의 54개 지점을 연결하여 매주 700편 이상, 매년 400만 이상의 중국관광객이 대만에 오며, 양안 간에 결혼한 배우자의 공식적 통계도 지금까지 33만쌍을 넘어섰고, 중국에 진출한 타이상(台商)도 150만 정도로 추정된다. 또한 대만에 온 중국유학생 숫자도 일로 증가추세에 있다.

두 위기에 직면하게 되었다. 민진당의 차이잉원(蔡英文) 체제가 재등장했다는 것은 이를 극명하게 보여주는 것이다. 차이잉원은 양안관계의 '현상유지'를 공약했고, 경제적으로는 '신남향정책'을 채택했다.

무엇보다도 차이잉원은 '92공식'을 인정하지 않았다. 대만독립을 강령으로 삼고 있는 민진당의 입장으로서 '하나의 중국 원칙'인 '92공식'을 인정할 수가 없다. 대신 1992년의 '정신'이라는 말로 피해갔고, 애매모호한 현상유지를 들고 나왔다. 급격한 통일도 급격한 독립도 피하며, 당분간 현상태로 양안을 유지하자는 민의가 깔려 있다.

차이잉원은 이념형의 타이두론자다.[24] 미국과 영국에서 유학하여 국제환경에 대하여 이해가 깊으며, 그의 대중정책의 국제정치적 요체는 미국과 일본과의 연합으로 중국과 대항하여 양안관계 국제화를 시도하는 것이다. '92공식'에 대해서도 가능한 한 '92공식'의 언급을 회피하고, 단지 1992년 양안회담의 역사적 사실을 존중한다고만 말한다. 중국의 양안관계 입장인 '92공식'의 승인과 92년 회담의 역사적 사실 존중은 확연히 다르다. 천쉐이벤은 모험적인 법률타이두(국민투표로 헌법제정)로서 노골적으로 대만독립을 추진해 나갔다면 차이잉원은 우회적이고, 점진적으로, 문화, 교육적인 타이두를 추구함으로써 점진적으로 실질적인 대만독립을 실현하고자 한다.

2016년 11월 1일 중국국민당 주석 홍슈쭈(洪秀柱)와 중국공산당 주

---

24) 리등훼이와 천쉐이벤과 차이잉원의 양안관계에 대한 견해는 크게 보면 타이두론자들이지만 세밀히 관찰해 보면 다소 다른 점이 보인다. 리등훼이는 암독(暗独, 隐性)이다. 암암리에 드러내지 않고 대만독립을 추진했다. 이에 비해 천쉐이벤은 명독(明独, 显性)이다. 드러내 놓고 공개적으로 대만독립을 주창했다. 차이잉원은 리등훼이와 비슷하지만 훨씬 더 세밀하다. 과거 리등훼이 특수양국론의 기초자 중의 한 사람이었고, 천쉐이벤 집권기에는 일변일국을 주장한 행정원 대륙위원회의 주임(장관급)이었다. 한 때 천쉐이벤은 '92공식'을 한 차례 인정했다. 그러나 차이잉원은 자신의 직을 걸고 반대했다. 결국 천쉐이벤은 '92공식'을 포기했다. 천쉐이벤은 다소 모험주의적이고 본토적인 타이두며 국제적인 환경에 대한 이해가 부족했다.

석 시진핑은 베이징에서 회담을 개최했다. 차이잉원 집권 이후 양안의 정치, 경제관계가 불확정의 상태에 처한 상황에서 이루어진 만남이었다. 양안 교착상태에서 중국은 일방적으로 정부를 뛰어 넘는 협상을 채택하고, 주동적으로 대만인에 대하여 유리한 정책을 발표했다. 시진핑과 홍슈쭈 간의 국공 시홍회(习洪会谈)에서 양안관계 발전의 6점 의견이 발표되었다.

첫째, 하나의 중국 원칙에 대해서 더 강경해졌다. 기존의 '92공식'이 아니라 '일중원칙의 '92공식'의 구현을 견지'하며 '92공식'의 핵심이 하나의 중국 원칙이라고 강조했다.

둘째, 타이두 분열세력 및 그 활동을 확고부동하게 반대했다. 국가주권확보와 영토완정은 국가의 핵심이익이고 뛰어넘을 수 없는 올바른 사상노선이다.

셋째, 양안경제사회의 융합적인 발전을 추진한다. 국공양당은 적극적으로 교류채널을 가동하고 양안경제무역왕래를 확대하며 양안 간의 중소기업과 농어업 협력을 확대하고, 기층민중참여와 이익을 확대한다.

넷째, 공동으로 중화문화를 선양한다. 양안교육은 각기 그 특색이 있으며 교류 협력을 강화한다. 특히 학술, 교육분야 종사자 간의 교류를 확대한다.

다섯째, 양안 동포의 복지를 증진한다. 양안동포의 혈육 간의 정과 복지, 양안관계의 평화발전 추진, 중화민족 전체 이익 보호에 유리한 일이라면 국공양당은 모두 최대의 노력을 다해야 한다.

여섯째, 중화민족의 위대한 부흥의 실현을 위해 공동으로 노력한다.

시진핑의 발언을 종합하자면 하나의 중국 원칙 기초에서 적대상태를 종결하고 평화협정을 체결하며, 문화 예술 교육 교류의 증강이다. 차이잉원 정부는 중국이 말하는 하나의 중국 원칙 즉, 양안 협상의 기초가 되는 '92공식'을 인정하지 않기 때문에 현재 양안은 교착상태에 빠져있다.

양안협상의 특징과 어려움

양안협상은 수 많은 우연곡절을 겪었다. 이는 양안 간에 존재하는 역사적, 현실적 특수성에 기인한다. 기본적으로 양안 협상은 적대적 혹은 제로섬 게임과 유사하다. 쌍방의 협상역량은 비대칭적이다. 또한 가치충돌의 협상이다. 이러한 특징들은 양안 간의 타협을 어렵게 만드는 핵심요인이다. 여기에 더하여 중국은 대국이라는 심리가 기저에 깔려 있고, 양안은 오랜 기간의 대치로 인해서 상호신뢰의 기초가 취약하다. 대만내부 역시 통일에 대하여 공통된 인식이 결핍되어 있다. 또한 양안 간에는 역사의 기억이 서로 다르기 때문에 그 역사인식에 있어서도 차이가 매우 크고 정체성이 서로 다르다. 이런 이유로 중국과 대만과의 협상은 국민당이 재집권한 2008년 까지 이렇다 할 성과가 없었다. 국민당의 마잉주가 재집권하고 나서 기존에 공산당과 형성되었던 '92공식'을 인정하고 나서야 급속하게 협상이 진행되었다.

1 양안협상의 특징

양안협상은 대략적으로 적대적협상 혹은 제로섬협상, 비대칭협상과 가치충돌의 협상에 속하는 세 가지 특징을 동시에 갖추고 있다.

1) 적대 혹은 제로섬 협상

통일을 이야기 할 때면 중국이 누차에 걸쳐 강조한 말이 있다. "나도 너를 잡아먹지 않고, 너도 역시 나를 잡아먹지 않는다(不是我吃掉

你, 也不是你吃掉我)." 이는 무력통일보다는 평화통일을 흡수통일 보
다는 협상에 의한 통일을 강조한 중국의 상투적인 문구다.[25] 대만 역
시 상호 현실적인 방법을 택해 윈-윈의 국면을 창조하자고 호소한
다. 그러나 양안은 분리된 지 너무 오래 되었고, 중국은 여전히 대만
에 대한 무력사용의 가능성을 포기하지도 않았다. 그렇기 때문에 양
안의 정치협상은 비록 제로섬 게임의 함정을 탈피하고 싶다고 할지라
도 협상과정에서 서로 속고 속이는 현상이 드러나는 적대적 협상이
불가피하다.[26]

2) 비대칭적 협상(asymmetric negotiation)

쌍방이 소유한 권력(power) 혹은 협상카드(bargaining chip)로 대
조해 본다면 양안협상은 하비브가 말한 '비대칭적' 협상이다.[27] 중국의
경제, 군사역량은 지속적으로 성장하고 있고, 인구, 토지 면적, 천연자
원은 한국의 경상도 정도의 대만이 감당할 수 없다. 대만이 소유한 국
력의 총합은 중국에 크게 못 미치며[28], 소국인 대만과 대국인 중국이
벌이는 협상은 절대적으로 대만에 불리할 수밖에 없다.

---

25) 원래 이 대화는 1983년 6월 26일 덩샤오핑이 양리위(杨力宇) 교수와의 회견에서 한
    말이다. 1983년 7월 30일 인민일보에 실렸다.
26) 소위 말하는 제로섬 협상은 일방의 득은 다른 일방의 실이 된다. 윈-윈협상은 넌제로
    섬협상의 일종이다. 쌍방은 협상의 결과에 모두 만족한다. 이는 협상이 추구하는 가장
    이상적인 목표다. 그러나 대부분의 협상은 어느 일방의 이득이 많고 다른 일방의 이득
    이 적다. 가장 불행한 협상은 둘 다 손해일 경우다. 적대성 협상은 일방 혹은 쌍방은
    상대에 대한 불신임, 선의 결핍, 협의 달성에 대한 무성의, 심지어 충돌을 확산시킬
    의도로서 협상을 진행한다. 그래서 이 협상은 지루하고 길며 협상의 결과도 없다.
27) 소(小)가 대(大)와 다투는 비대칭적 협상의 특징이다. Habeeb, Power and Tactics
    in International Negotiations, pp.1-33을 참고하라.
28) 이른바 전체구조역량은 협상자가 구비한 총자원과 능력이다. 국가를 예로 든다면,
    이는 국가의 총체적 역량을 의미한다. 국가의 인구, 토지면적, 천연자원, 경제역량,
    과학기술, 군사역량 등의 요소의 총화다.

3) 가치충돌의 협상

양안협상은 전형적인 가치충돌(value conflict) 협상이다. 주권, 국가정체성 및 이데올로기의 충돌에 관계된다.[29] 협상에서 가장 어려운 문제는 주권의 문제로 이는 양보할 수 없는 협상의 핵심 표적이다. 국가정체성과 이데올로기 문제에 있어서도 감정과 주관성이 이성과 객관성의 문제보다 중시된다. 이러한 종류의 협상은 통상적으로 쉽게 타협에 이르기 어렵다. 예를 들어 소련과 일본의 북방영토 협상, 이스라엘과 팔레스타인의 충돌, 영국과 아르헨티나의 포틀랜드 문제, 남사군도 분쟁, 중국과 일본의 조어도 문제 등 모두 시간을 아무리 많이 허비해도 타협방안이 도달되기 어려운 문제다.

양안의 사무성(事務性)협상은 기능적이고 경제적인 문제에서 시작하지만 협상과정에서 주권과 관할권의 문제로 비약되어 협상은 줄곧 교착상태에 빠진다. 비록 쌍방은 회담의 성격을 민간성·사무성·경제성·기능성 협상으로 정의했지만 서로의 정치적 목적을 의심했다. 양안협상의 이러한 특징이 가장 잘 나타난 2010년 6월 29일 제5차 '쟝천 회담'을 고찰해 보자. 양안 양회는 1998년 제2차 구왕회담(汪辜会談)을 마지막으로 중단되었다가 2008년 국민당 집권과 더불어 제1차 쟝천회담[30]이 재개되었다. 이 회담에서 체결한 양안경제협력기본협정(Cross-Straits Economic Cooperation Framework Agreement, 간칭 ECFA, 에크파)을 예를 들고자 한다.

---

29) Donal B. Sparks, The Dynamics of Effective Negotiation, p.11.
30) 쟝천회담(江陈会談)은 해기회 이사장 쟝빙쿤(江丙坤)과 해협회 회장 천윈린(陈云林) 간의 회담을 말한다.

① 양안경제협력기본협정
(Cross-Straits Economic Cooperation Framework Agreement, 간칭 ECFA, 에크파)

국민당이 재집권하고 나서 2009년이 들어서자 국민당과 기업단체들이 중국과의 ECFA 체결을 강하게 요구했다. 이 협정 체결에 찬성한 관료와 기업단체들은 가능한 빨리 양안경제무역협정을 체결해야 「아세안+3 경제협정」이 실시되더라도 대만이 주변화 되는 것을 막을 수 있다고 호소했다. 이 당시 이미 대만의 중국에 대한 무역 의존도가 40%정도여서 만약 「아세안+3 경제협정」이 체결되면 동남아 국가들이 연합하여 무관세로 중국시장에 진출하게 되어 대만은 경쟁력을 잃는다고 보았다. 여기에 더하여 대만이 가장 경쟁대상자로 여기는 한-중 FTA가 거론되고 있었다.

ECFA는 양안 특유의 모델이다. 홍콩과 마카오 중국 간에 체결된 CEPA(Comprehensive Economic Partnership Agreement, 포괄적 경제동반자 협정)는 국내 간에 체결된 협약이었다. 그렇다고 ECFA는 국가 간에 체결하는 자유무역협정(FTA)도 아니다. WTO 정신을 위배하지 않으면서 순수하게 양안 간의 경제협력을 규정했으며, 주권이나 정치 문제와는 관련되지 않는다. 협상의 주요 내용은 양안 간의 관세 감면이었다. ECFA는 양안이 관세 조항의 감면을 통해 상대방의 시장에 빨리 진입할 수 있도록 하는 경제프레임조약이다. 각 항목은 양안 간 상호보완적이고 이해와 득실이 동시에 존재한다. 그 결과 마잉주는 지역통합추세의 인식과 대만경제가 주변화되는 점을 우려해 삼통을 비롯하여 ECFA를 추진했다. 양안경제협력기본협정(海峽兩岸經濟合作架構協議)은 대만과 중국 간의 양자경제협상으로 맺어진 결정체였다. ECFA에 대한 양안 3당의 입장은 다음과 같다. ECFA가 외관상으로는 경제협정의 성격을 지니고 있으나 실질적으로는 공산당, 국민당, 민진당 간에 첨예한 정치적 이익이 상호 부딪히고 있다.

가. ECFA에 관한 중국공산당의 입장

중국은 1979년 1월 1일부터 '대만동포에게 아뢰는 글(告臺灣同胞書)'을 통해 줄기차게 삼통정책을 주장했다. 특히 개혁개방정책을 실시한 지 30여 년이 지나자 중국의 종합국력은 세계 제2위의 경제체가 되었다. 베이징은 대만의 약점은 경제 무역에 있다고 인식했다. 양안통일의 가장 유효한 수단은 경제로서 정치통일을 이루는 길이 가장 비용이 적게 들 뿐 아니라 자연스럽다. 대만은 전형적인 외향적 경제구조로서 수출을 통해서 전체적인 경제성장을 견인한다. 그러므로 대만에게 있어서 대외무역이 중요한 지위를 차지할 수밖에 없다. 베이징은 경제무역 교류를 통해 대만해협의 자연적인 분단을 극복하고 양안의 거리를 좁히며, 통일을 위한 경제 무대를 만들어 대만독립의 방화벽으로 삼고자 하였다.

2004년 11월 후진타오는 브라질 방문 중에 "중국은 발전이 제일이고 통일은 제이(第二)"라고 강조했다. 경제로서 통일을 촉진하는 이경촉통(以經促統)과 문화로서 통일을 촉진하는 이문촉통(以文促統)을 추진했다. 이로서 양안 간 경제일체화와 하나의 중국시장을 형성하고자 시도한다. 또 양안문제에서 미국 요인을 축소시키고 견제하는 카드로 활용하고자 했다. 중국에게 있어서 양안의 경제협력이 상당히 중요할 수밖에 없다. 중국이 의도하는 바는 대만과의 적당한 무역적자를 기록해서 대만에 대한 경제무역의 영향력을 확대하고자 한다. 이를 통해 미래에 있을 정치협상의 카드를 증가시킬 수 있다. 또 양안 간의 문화교류와 민간의 경제무역 왕래를 구실로 관방회담을 촉진시킬 수 있다. 양안관계에서 경제적 요인은 대만독립을 억제하기 위한 역량이면서 통일을 위한 기초다. 양안협상을 통해 결과된 경제적자는 훗날 정치흑자로 만회할 수 있다는 장기적 목표를 지니고 있다.

나. ECFA에 관한 민진당의 입장

　민진당은 줄곧 중국이 주창해 온 삼통(통상, 통항, 통우)은 승냥이를 집으로 불러들이거나 트로이목마로 인식했다. 양안경제가 하나의 중국시장으로 형성된다면 결국 대만경제의 붕괴를 불러와 대만내부의 실업률을 높인다고 주장했다. 특히 대삼통문제 중 양안 간의 직항은 국가주권의 문제에 관련되며 이는 양안관계에 구조적 변화를 초래한다. 먼저 양안삼통에서 항공운항을 개방하기 위해서는 전세기 노선을 정기노선으로 바꾸어야 한다. 대만군의 훈련공간을 침해해 안보에 문제가 발생하고, 중국의 여행객이 전면적으로 대만여행의 노선과 자리를 차지해 저가경쟁으로 인해 대만시장은 경쟁력을 상실할 위험에 처하게 된다. 국가 대 국가 간의 협상이 아니라 항공직항은 단지 중국의 지역허브공항으로 변화는 데 도움을 줄 뿐이며, 대만의 국방과 해관을 공동화시킨다고 인식했다. 해운직항의 개방은 중국의 큰항구 물동량을 급증시켜 대만이 지역허브중심으로 가는 길을 방해한다고 파악했다. 이러한 인식에도 불구하고 양안 간의 경제문화체육교류의 흐름을 막을 수 없었다. 그래서 2001년 1월 1일에 시범적으로 소삼통(小三通)[31] 실시했다. 그러나 소삼통으로 인하여 국가안전, 검역, 밀수에 큰 구멍이 뚫렸으며 중국의 선박이 빈번하게 왕래하여 수사, 체포에 어려움을 겪기도 하였다. 더군다나 국제항선이 아니므로 간접적으로 하나의 중국을 실현해 주고 있었다.

　민진당 집권기(2000-2008)에 양안의 왕래는 점진적으로 완화되는 방식으로 처리해 너무 빨리, 너무 많이 개방되는 것을 막아 대만사

---

31) 양안 간의 양문양마(兩门兩马)를 개방했다. 즉 중국의 두 곳과 대만의 두 곳을 개방한 것이다. 푸젠성(중국에도 대만에도 푸젠성이 있다) 진먼(金门) 샤먼(厦门)과 마주(馬祖) 마웨이(馬尾)간 네 곳을 개방하여 이곳을 통해 자유자재로 통과하게 했다. 물론 소삼통의 실시는 2008년 국민당 재집권과 더불어 대삼통을 여는 계기가 되었음은 자명하다.

회가 적응할 시간을 갖게 하여 사회적 가치의 혼란을 방지하고자 하였다. 민진당 정부는 초기에 중국에 대한 개방항목과 산업을 선정했고, 대만자체에 별다른 이익이 되지 않는 항목은 대거 중국대륙으로 이전시켰다. 만약 대만의 산업을 보호하기 위해 중국자본의 대만진입을 허락한다면 단지 대만산업의 경쟁력을 약화시킬 뿐만 아니라 양안일중시장(兩岸一中市場)의 형성을 빠르게 할 수 있다고 파악했다. 그러므로 대만은 경제적으로 중국과 너무 가까이 가지 않음으로서 '중국화'의 위험을 막고 대만의 경제자주성을 유지하고자 하였다.

그러나 기업가들과 대만 내의 재벌들은 중국화와 세계화는 상호보완적이며 상호대립하지 않는다고 주장했다. 결국 민진당 집권기에 양안관계는 정치적으로는 봉쇄되어 있었지만, 경제적인 문제에 대해서는 민생문제로 인해서 막을 수 없는 입장에 처해 있었다. 다시 말해 민진당은 이러지도 못하고 저러지도 못하면서, 양안경제기본협정의 체결은 파리가 꿀단지에 있는 꿀을 먹으려다가 꿀단지에 빠지는 꼴이 된다고 주장했다. 심지어 국민당의 양안경제무역기본협정 체결은 불타 죽을 지도 모르면서 불을 향해 뛰어드는 불나방과 다름없다고 비판했다.

다. ECFA 국민당의 입장

2008년 초 제12대 대만총통에 출마한 국민당의 마잉주는 경선공약으로 중국과 상호호혜의 경제협정을 체결하겠다고 공약했다. 국민당은 FTA를 이용하여 경제문제를 정치화하고자 하였고, 경제를 수단으로 삼아 정치상의 국제공간을 확대시키고자 하였다. 적극적이고 주동적으로 세계경제화 추세를 따라잡고, 국제 지정학적인 혼탁에서 탈피하고자 하였다. 예를 들어 WTO, APEC등에 지속적으로 참여하여 중미간의 지렛대로 활용하고자 하였으며, 중미와 동시에 경제통상협정을 체결하고자 하였다. 특히 한국을 경쟁상대로 여기는 국민당은 한국이 맺은 FTA 체결 숫자를 열거하면서 대만이 경제분야에서 점점 주변화되고 왜소화된다고 대만민중을 환기시켰다.

즉, 중국을 통한 세계화 따라잡기로 요약된다. 경제세계화와 국제화가 추세인 국제정치경제적 환경 속에서 중국경제와 접궤시켜야만 대만내부의 투자환경이 개선되고 세계경제무역의 주류자원이 대만내부 시장으로 흡인되어, 대만의 경제불황 출로를 찾을 수 있다고 인식했다. 또 양안 간의 분업화의 비교우위를 이용하여 타이상(台商)의 기업경쟁력을 강화시키며 경제영역에서의 양안합작은 공통적인 이익을 지니고 있다고 인식했다.

② ECFA에 나타난 양안협상의 특징

첫째, 양안에는 양회라는 반민반관(半民半官)의 1.5트랙의 협상주체들이 참여했다. 양회는 정부로부터 위임을 받아 권한을 행사했으며, 중국과 대만은 이들 기구를 적극활용하여 협정을 체결하였다. 이를 계기로 양안 간의 교류가 증가하자, 2014년 2월 처음으로 1트랙의 관대 관(官대官)의 회담이 성사되었다. 대만 행정원대륙위원회 주임 왕위치(王郁琦)와 중국 국무원대만사무판공실 주임 장쯔쥔(張志軍)은 난징에서 회담을 개최했다. 당시까지 정치적 의제에 관한 협상은 없었지만 2015년 11월에 있었던 양안 간 최고지도자 회담인 시마회(시진핑과 마잉주)는 초보적인 정치협상으로 분류될 수 있다.

둘째, 정경(政經) 분리 원칙이다. 마잉주 집권기에 양안 간 23개의 협정체결은 전부 경제적 의제였고 정치적 의제는 없었다. ECFA와 양안 직항문제도 경제적인 의제로 분류되어 양안 항로의 개념에서 협상을 진행시켰다. 정치적 의제는 양안양회에서 결정할 수 없다고 판단한 베이징은 정치적 의제와 비정치적 의제를 분리하여 전자는 양안사무주 관기구인 대만행정원 대륙위원회 주임과 국무원대만사무판공실 주임이 진행하며, 후자는 여전히 양안양회에서 진행하는 분리트랙을 쓰고 있다. 베이징의 전략적 사고는 정치 의제에 관한 협상을 진행하는 것이었지만 국민당은 정치 의제의 협상이전에 통치권에 대한 상호승인을 획득하고자 하였다.

셋째, 선경후정(先經後政)이다. 경제분야에서 우선 협정을 체결하고 그 후에 평화협정체결을 시도하고자 한다. 이는 2005년 후진타오와 롄짠의 성명에서 구체화되어 정치협상의 단계에 진입할 즈음에 대만의 태양화운동과 2014년 11월 29일 지방선거 참패, 이어진 민진당의 재집권으로 교착상태에 빠졌지만 경제적인 분야는 여전히 진행되고 있다.

넷째, 선이후난(先易後難)이다. 구체적이고 실용적이고 쉬운 의제부터 먼저 협상에 착수하고 추상적인 것은 후일로 넘겼다. 양회 첫 회담에서 타결된 협정은 대륙관광객의 대만여행과 대륙배우자결혼, 중국대륙학생의 대만유학 등 비교적 쉬운 문제들이었다.

다섯째, 선급후완(先急後緩)이다. 현재 꼭 필요하고 급한 의제를 먼저 선택하여 체결하였다. 양안 간에 교류가 증대된 계기가 인도적인 문제에서 비롯된 고향방문인 1987년 대만의 대륙탐친정책이다. 중국과 대만 역시 실용적인 입장에서 이 문제를 접근했다. 기본적으로 양안 간의 협상은 실속적이고 실용적인 태도를 견지했다.

여섯째, 중국의 양보(讓利)다. 지금까지 체결된 경제협상을 분석하면 협상에 있어서 중국의 양보라는 특징이 일관되게 나타난다. 이는 동서독의 경우에도 마찬가지다. 동독이 요구하지 않아도, 서독은 선제적으로 동독제품에 대해서 무관세조치를 취했다. 이러한 조치들은 중국의 심모원려한 전략에서 나왔다. 중국은 중화민족 대부흥이란 미래의 관점에서 협상에 임했다. 특히 마잉주 정권 말기 민진당의 주된 지지기반인 대만 남부의 경제상황이 어렵게 되자 삼중일청(三中一青)정책을 취했다. 대만의 중남부지역, 중소기업, 중하층계층, 청년들에게 이익이 돌아가게 정책을 조정했다. 이는 대만의 실용적이고 경제이익을 중시하는 국민당의 입장과 공산당의 정치이익이 일치했기 때문에 가능했다.

2 협상교착상태의 원인

양안협상은 2008년 까지 이렇다 할 결과가 없었다. 2008년 이후 국민당과 공산당은 '92공식'을 상호 인정했기 때문에 비로소 23개의 협의 체결이 가능했다. 양안 간의 협상이 교착에 빠진 근본적 원인을 한마디로 요약하자면 '하나의 중국 원칙'에 있다. '하나의 중국 문제'는 대만문제의 알파요 오메가다. 양안 간 거의 모든 문제의 근원은 이로부터 발생한다. 이 세상에는 오직 하나의 중국만이 있는가. 대륙과 대만은 모두 중국의 영토인가. 여기서의 중국은 무엇을 가리키는가. 양안은 모두 하나의 중국에 속하는가. 겉으로 보기엔 단순해 보여도 매우 복잡한 문제로서 공산당, 국민당, 민진당이 주장하는 하나의 중국 역시 각기 다르다.

1) 양안협상에 있어서 하나의 중국(一个中国)에 관한 쟁의

양안은 과연 하나의 중국인가. 이 문제가 확실히 해결된다면 양안 간의 거의 모든 문제는 자연스럽게 해결된다고 해도 과언이 아니다. 중국과 대만 간에 '하나의 중국'이란 연결고리가 없다면 양안관계는 바로 양국론으로 변한다. 두 개의 중국(중화민국과 중화인민공화국)이

되거나 하나의 중국과 하나의 대만(一中一台)이 된다. 대만으로서는 실질적 대만독립 또는 법률적 대만독립으로 나아갈 뿐만 아니라 또 다른 하나의 국가가 수립되는 것이다. 그러므로 이 '하나의 중국'은 중국 대륙에게 있어서 결코 포기할 수 없는 과제다. 만약 중국이 하나의 중국을 포기한다면 공산당 성립의 정당성의 근거가 사라져 버린다. 그러나 이 '하나의 중국'에 관한 양안의 견해는 꿈보다 해몽이 많고, 사공이 많아 배가 산으로 갈 형편이다.

하나의 중국은 민진당에게 있어서 긴고주(緊箍咒)다. 긴고주는 손오공의 머리를 조이는 삼장법사의 주문이다. '하나의 중국'이라는 주문만 외면 민진당은 곤혹스러워진다. 또한 하나의 중국은 국제 간, 특히 중미 간의 관계를 시험하는 잣대다. 대만에 대한 중미 간의 문제는 미국의 '하나의 중국정책(One China Policy)'과 중국의 '하나의 중국 원칙(One China Principle)'의 대결이다. 중국에게 있어서 하나의 중국은 양안관계를 연계하는 마지노선이다. 그 만큼, 하나의 중국은 현재까지는 중미, 중일, 양안 간 피차 공인된 최저한도다.

2005년 당시 대만의 중국국민당 주석 롄짠(连战)은 중국대륙을 방문하여 공산당과 공동으로 '92공식'의 기초에서 양안교류와 협력을 추진하기로 합의했다. 이후부터 '92공식'은 국공양당의 지도방침이 되었다. 중국대륙의 관방성 문건에서 최초로 '92공식'의 단어가 출현하게 되었다.

2008년 5월 20일 이후 마잉주가 총통으로 취임하고 나서 '92공식'은 정식으로 확립되었다. 2010년 '92공식'의 기초에서 양안은 공동으로 ECFA 협정을 체결할 수 있었다. 이 공식의 기초에서 국공양당은 모든 지금까지의 협상을 진행시킨 것이며, 2008년 양안양회의 회담재개에서부터 2015년 말까지 23개의 협의가 체결, 2014년 양안사무수장회담(대륙위원회 주임위원, 국무원대만사무판공실주임)의 회담, 2015년 11

월 7일 시진핑과 마잉주 간의 양안영도인회담(시마회, 마시회) 역시 '92공식'의 기초에서 이뤄진 것이라고 국공양당은 표명하고 있다. 양안 간 최대의 성공적인 협상을 하게 된 데에는 '92공식'이라는 존재하면서도 존재하지 않는 이상한 단어를 찾아냈기 때문이다.

그러나 또 2016년 '92공식'을 인정하지 않는 민진당의 차이잉원이 재집권하면서 양안은 또 교착상태에 빠졌다. 특히 민진당의 내부 입장과 국민당, 미국, 중국의 관계가 요동칠 것이 예상된다. 현재 차이잉원의 양안정책은 현상유지다. 현상유지가 구체적으로 무엇인가에 대해서 명확하게 밝히지 못하고 있는 것이 사실이다. 애매함과 모호성으로서 양안관계를 유지하고자 노력한다. 이는 민진당의 딜레마다. 그러므로 대만민중의 입장에서 본다면 국민당은 아무래도 양안관계에 장점이 있고, 민진당은 대만본토노선에 즉, 대만의 내재화에 각기 그 장점이 있다.

2) '92공식'(1992 Consensus)

1992년 양안 간에 '하나의 중국 원칙'에 대한 '92공식'의 전후시말을 이해하기는 상당히 어렵다. 세계의 저명언론, 중국언론 혹은 중국국민당 방면에서는 '92공식'에 대해서 뭔가 협의된 결과가 있듯이 말하지만 민진당의 입장에서 세밀하게 관찰해 본다면 '92공식'은 협의된 문서 자체가 존재하지 않을 뿐만 아니라 양안 간에 결코 교집합적인 부분도 없다. 92년 양안 양회의 실무진들은 비록 홍콩회담에서 쌍방은 점진적으로 하나의 중국 원칙에 관한 묵계를 형성하게 되었지만 양안양회는 관방이 위탁한 비관방조직이고 구두협상으로 형성된 불성문(不成文) 공식이었다. 무엇보다도 쌍방은 '92공식'에 대한 이해와 해석이 달랐다. 전 해기회 부회장 취우진이(邱進益)는 '92공식'이라고 칭하기 보다는 92양해(九二諒解)라고 칭하는 것이 더 적합하다고 밝혔다. 당시 협상의 최고 정책결정권자인 대만 총통 리덩훼이, 행정원 대륙위원회 주임 황쿤훼이(黃坤輝), 해기회 회장 구쩐푸 등 모두 '92공식'의 존재를 부인했다. 문서 자체에 서명하지도 않았을 뿐더러 양회간에 오간 팩스와 편지가 전부다. 물론 국민당과 공산당은 '92공식'을 인정하지만, 이 역시 서로 이견이 있다. 이는 아무리 좋게 해석해도 각치쟁의(擱置爭议), 즉, 쟁의성 있는 의제에 대해서 잠시 보류해두는 무실적인 정신이라고 보는 게 타당하다.

'92공식'이라는 용어 역시 2000년 4월 28일 대륙위원회 주임위원인 쑤치(苏起)가 만들어 낸 명사다. 당시 민진당의 천쉐이볜이 갓 당선되고 나서 양안관계의 긴장을 우려한 쑤치가 '92공식'이라는 정치용어를 만들어 냈다. 양안은 1992년 홍콩회담 후, 하나의 중국문제 및 그 함의를 둘러싸고 결렬한 토론을 벌였는데 이로서 형성된 양안 간의 견해와 인식이 함축된 명사가 곧 '92공식'이다. 국민당의 '92공식'에 대한 공식적 입장은 '일개중국 각자표술'이다. 하나의 중국에 대해 각자가 표술한다는 의미다. 공산당은 '하나의 중국 원칙'의 견지를 의미한다. 초기에 중국은 '92공식'을 승인하지 않았다. 2005년 국민당 주석 렌짠이 중국대륙을 방문하여 후진타오 주석과 회담한 후 중공은 '92공식'을 받아들이기 시작했고, 공문서상에 사용하였다. 중국대륙의 '92공식'에 대한 함의는 "해협양안 각자가 구두방식으로서 모두 하나의 중국 원칙을 표술한다"는 공통된 인식이다. 일반적으로 '92공식'은 국공양당 간에 "대만은 중국에 속한다"는 문구를 기초로 한 '하나의 중국'을 일컫는 말이다. 그러나 국공양당 간에도 "하나의 중국에 대해서 각자 표술한다"는 서술에 대해서는 현재 양당 간에 쟁의가 있다.

① 민진당 집권기(2000-2008, 2016-)의 '92공식'

민진당, 대만단결연맹, 시대역량, 건국당 등의 범록진영[32]은 모두 '92공식'을 부정한다. '92공식'은 실제적으로는 오직 중국국민당과 중국공산당 양당 간의 사사로운 공식일 뿐이라고 인식한다. 중국은 국제무대에서 동원가능한 각종의 전술을 구사하여 중화민국이란 이름을 지우고자 모든 역량을 동원했으며, 심지어 상업적인 웹사이트 등에서도 중

---

32) **범록(泛綠)진영**: 범록은 대만독립을 지지하는 정당 및 단체를 가리킨다. 예를 들자면 민주진보당(民主進步黨), 시대역량, 대만단결연맹(臺灣團結聯盟), 건국당(建國黨)등의 정당과 대만교수협회, 대만사(臺灣社)등의 민간단체들이다. 범남색진영의 명칭에 상대적으로 사용되며, 각 단체가 견지하는 이념의 강도에 따라서 심록 (深綠)과 천록(淺綠)으로 구분할 수 있다. 녹색진영은 대중화주의에 반대하고 중화민국의 존재를 부정하는 경향이 있다. 비록 표면적으로는 중화민국을 인정하지만 실질적으로는 중화민국의 존재를 부정한다. **심록진영**은 중화민국의 존재를 절대적으로 부정한다. 아울러 중화민국 정권을 국민당 외래 정권통치의 연장으로 본다. 가능한 빨리 독립을 해야 한다는 쪽과 대만은 이미 독립했다는 쪽으로 나눠져 있다. 대만정명과 제헌, 대만명의로의 유엔가입을 주장하며, 중국 대륙에서 주장하는 염황의 자손(炎黃之孫)을 부정한다. 혈연으로 볼 때 대만인은 원주민과 한족의 혼혈인으로 보며, 언어, 문화상에 있어서도 대륙간의 제대관계(脐带关系)를 부정한다. 하나의 중국의 문제 있어서도 하나의 중국을 인정한다. 이들이 승인하는 하나의 중국은 대륙의 중화인민공화국을 가리킨다. 그러므로 국제상의 중국이라는 단어는 중화인민공화국이라고 생각한다. **천록진영** 혹은 온건녹색진영의 사람들은 비교적 현실정치, 국제정치현실, 대만내부 정치현실, 대만민의를 고려하여 현재의 대만은 이미 주권독립국가라고 본다. 그러므로 독립을 선포할 필요가 없으며, 현단계의 대만의 국호는 중화민국이라고 부른다. 비교적 정치적으로 온건한 타이두 노선을 따른다. 혈연상으로도 대다수의 사람들은 대만인들은 한인혈통으로 간주한다. 예를 들자면 대만에 있는 화교의 개념이다. 범록진영은 양안일중시장 혹은 양안경제문제상의 태도에 대해서 두 파로 나눌 수 있다. 계급용인파(戒急用忍) 와 강본서진(强本西進)파다. 민진당 집권초기 정책상으로 적극개방 유효관리(積極開放, 有效管理)였으나 2006년에 적극관리 유효개방(積極管理, 有效開放)로 돌아서 강본서진 근류대만(强本西進, 根留台灣)으로 전환했다. 이는 타이상(台商)의 과도한 중국투자를 제한하기 위해서다. 그러나 양안경제무역 발전의 추세상 천슈이볜 집정 기간 내내 대륙에 대한 점진적인 개방을 취했다. 범록진영은 개략적인 정치경향을 일컬으며 대체적으로 대만정명, 대만본토의식을 강조한다. 이외에도 과거 국민당의 백색공포, 계엄통치의 영향으로 인해 국민당에 비해서 비교적 친일의식을 지니고 있다. 범록의 주장은 대만주체의식을 확립하고, 정치상의 주권완정 지위를 획득하는 것이며, 아울러 대륙 범위의 이탈을 목표로 하나의 독립적이고 자주적인 국가를 건설하고자 한다.

212

국과 대만이 각기 국가로 인식할 수 있는 국별표시 등에 대해서도 심한 정치적 간섭이 지속되고 있다. 그 본질은 국제사회에는 오직 중화인민공화국만 존재한다는 것이다.

비록 집권 초기 천쉐이볜은 중국과의 협상을 원했지만, 대만독립을 추구하는 민진당의 입장에서 '하나의 중국'은 받아들일 수 없었고 아예 '92공식'의 존재마저 부정했다. '92공식'이란 문서가 있으면 가져와 보라는 태도를 취했다.[33] 천쉐이볜은 '92공식'의 세 가지 불확정성을 언급했다. '92공식' 문건이 실제로 존재하는가의 여부, 구체적 내용 및 회담 재개의 불확실성, 92년의 홍콩회담은 오직 하나의 중국이란 공식이 있을 뿐이며 각표(각자 표술한다)의 공식은 없다고 밝혔다. 각표는 국민당의 일련의 희망사항(wishful thinking)일 뿐이다라고 밝혔다.

2008년 마잉주는 총통당선자의 신분으로 천쉐이볜과 만났다. 이때도 천쉐이볜은 92홍콩회담은 단지 일중(하나의 중국)만 있을 뿐 각표(각자표술)없는 공식이며, 각표는 국민당의 일련의 염원일 뿐이라고 재차 강조했다. 천쉐이볜에게 있어서 '92공식'은 결코 존재하지 않았다.

2016년 민진당의 총통후보인 차이잉원 역시 '92공식'을 받아 들 일 수 없었다. 그러나 중국대륙의 반발이 예상되어 "1992년 홍콩에서 있었던 양안 회담의 역사적 사실을 존중한다"고만 밝혔다. 그러나 이는 '92공식'의 승인을 요구하는 중국의 요구와는 거리가 멀다. 지금의 양안관계는 천쉐이볜의 시기와 비슷한 상태로 다시 리턴 해 버렸다.

---

33) 천쉐이볜은 "쑤치가 '92공식'이라는 이 네 글자를 날조해서 창조해낸 새로운 명사라고 말했다. 날조한 시간은 2000년 4월 28일이다. 이는 내가 총통으로 취임하기 전의 일이었고 당시 국민당 정부 관료 중 어떠한 사람도 이에 대해 해명하지도 않았다. 총통취임 초기에 하마터면 사기 당할 뻔했다"고 밝혔다. 소위 말하는 "일중각표의 '92공식'은 잘못된 믿음이며, 취임 후에 샅샅이 뒤져 철저하게 살펴보았다(翻箱倒柜). 또한 당시 관련인사들의 철저한 조사를 실시했다. 결론적으로 '92공식'은 없었다"고 밝혔다.

② 국민당 마잉주 집권기(2008-2016)의 '92공식'

앞서 말한바와 같이 2005년 중국국민당 주석 롄짠은 중국대륙을 방문하여 후진타오와 '92공식'의 기초에서 양안관계를 추진한다는 협의를 달성했다. 후진타오와 롄짠 간에 5항의 공동성명은 향후 마잉주 정권이 들어서자 구체적으로 실행되었다. 롄짠의 방문으로 인해 국공양당은 국공양당포럼(국공론단)이란 양안 간의 소통기제를 확립했고, 공동으로 '92공식'을 추진하였다. 동년 대만의 친민당 주석 쏭추위(宋楚瑜), 신당 주석 위무밍 역시 대륙을 방문하여 '92공식'의 기초하에서 후진타오와의 회담을 개최했다.

2008년 마잉주는 총통으로 당선되기 전에 거듭해서 1992년에 양안은 일개중국, 각자표술(하나의 중국에 대해서 양안은 각자가 표술한다)의 공식을 달성했다고 밝혔고, 이를 '92공식'으로 정의내렸다. 그러므로 2008년 마잉주 집권이후 양안 간 재개된 회담은 모두 2005년 롄짠과 후진타오 간의 공보에서 밝힌 입장대로 진행되었음을 알 수 있다.

국민당의 '92공식'에 대한 내부적 합의는 대만내부와 국제사회에 대해서는 일중각표(一中各表, 하나의 중국에 대해서 각자 표술한다)를 '92공식'이라고 주장하고, 중국대륙에 대해서는 '하나의 중국'만을 표현함으로써 '92공식'에 대하여 대내외적으로 구별되는 내용과 사용법을 보여준다. 이는 중국도 마찬가지다. 국제적으로는 대만은 중국의 일부분임을 말하지만, 대만정부에 대해서는 대만과 대륙은 모두 중국에 속한다고 강조하는 선별적 대응이다. 중국은 수차례 '하나의 중국 원칙'이 중국의 마지노선이라고 강조했다. 그러나 대만의 마지노선은 하나의 중국에 대해서 양안이 각자 표술하는 협상의 마지노선이다. 중국이 대만을 정치실체로 받아들이지 않는다면 대만을 평등하게 대하지 않는 것이 되고 이는 일개중국 각자표술의 부정을 의미하며 양안은 협상테이블에서 만나기 어렵다.

중국의 견해는 하나의 중국에 관한 표술에는 두 개의 차원이 있다.[34) 하나는 외교적인 차원이다. 즉 세계는 오직 하나의 중국만이 있고, 대만은 중국의 일부분이고, 중화인민공화국정부는 중국을 대표하는 유일한 합법정부라는 것이다. 다른 하나는 양안관계 방면을 처리하는데 있다. 즉, 베이징은 대만에게 결코 먼저 중화인민공화국을 승인해야 교류를 진행한다고 요구하지는 않는다. 마찬가지로 양안협상은 중앙과 지방의 협상도 아니라고 말한다. 이 차원에서 말하는 하나의 중국에 대한 진술은 "세계에는 오직 하나의 중국만이 있고, 대만과 대륙은 모두 중국에 속한다. 중국의 주권과 영토완정은 분할 할 수 없다." 이는 곧 각자표술을 통한 중국의 대내외 분리표술을 잘 드러내고 있다.

3) 강대국 중국의 위압

중국은 '하나의 중국 원칙'에서 만큼은 타협의 여지가 없다. 실제적으로도 대만을 평등하게 대하지도 않는다. 왜냐하면 중국은 스스로 시간은 자신의 편에 있다고 인식하고 있기 때문이다. 대만과 국교를 맺고 있는 국가도 현재 22개국에 불과하다. 이마저도 미국의 뒷마당인 중남미 일부 국가, 아프리카의 일부, 태평양에 산재해 있는 조그만 도서국들이다. 대만인들 스스로 이들 국가를 검은 친구, 작은 친구(黑朋友小朋友)들이라 칭한다. 유색인종 국가들이거나 소국에 한정되어 국교를 맺고 있기 때문이다.

특히 2008년 이후 중국의 굴기가 현실화 되면서 양안의 경쟁에서 우세한 위치에 있다고 인식한다. 외교경쟁에서도 중국을 대표하는 합법

---

34) 文匯報, 2000年5月3日.

적 지위를 점차적으로 취득했다. 1971년 유엔의 상임이사국 지위도 대만의 중화민국을 대체했고 세계의 강국들 역시 모두 중국과 수교하였다. 전체적인 국제정세가 중국에 유리하며, 경제역량은 이미 세계 제2위의 경제대국이 되었다. 군사역량 역시 1990년대 이후부터 군사비 성장률은 두 자리 숫자를 기록하고 있고, 중국은 국제사회의 영량력도 높아지고 있는 추세며 대만의 중국에 대한 무역의존도 30퍼센트(2016년)를 이미 넘어섰다. 대부분의 타이상(台商)들 역시 중국과 이해관계를 가지고 있다. 이러한 요소들은 중국은 스스로 양안 간의 경쟁에서 시간은 중국의 편에 있다고 생각한다.

그렇기 때문에 대만의 중국에 대한 협상카드는 시간이 경과함에 따라 점차 줄어들고, 대만은 장차 중국의 압력에 굴복할 것이라고 인식한다. 중국의 대만에 대한 태도는 패권주의적 태도를 보이고 기고만장하다. 이는 과거에도 마찬가지였다. 중국이 개혁개방 정책을 채택하고 국력에 힘이 생기자 중국의 간섭을 덜 받는 홍콩의 언론 역시 "대만이 시간을 끌면 끌수록 협상카드는 더 줄어 들것이고 경제실력 역시 나날이 위축될 것이다."고 밝혔다.[35] 중국이 제의하는 가혹한 조건 역시 대만을 어렵게 만든다. 중국의 입장에서 보면 일국양제는 대만에 제공하는 가장 관대한 조건이다. 시진핑은 '하나의 중국 원칙'인 '92공식'을 인정하고, "단지 대만 당국이 국제상의 분열활동을 중지하고 진정으로 하나의 중국 입장에 돌아와 양안정치협상에서 의제를 놓고 실제행동으로 적절한 분위기를 만들어 내야 비로서 협상을 재개할 수 있다"고 말한다. 그가 소위 말하는 실제행동은 '92공식'을 인정하는 일이다.

만약 민진당이 중국이 주장하는 하나의 중국 원칙을 인정한다면 대만의 유엔가입 혹은 주권국가를 회원자격으로 참여하는 국제조직의 가

---

35) 文汇报, 1998年1月27日.

입이 힘들뿐만 아니라 미국에 대한 대량의 무기구입을 중지해야 한다. 민진당의 입장에서 보면 이러한 조건은 앉아서 죽기를 기다리는 바와 같다. 대만독립을 희망하고, 대만의 앞날은 대만민중의 민의에 의해 결정해야 한다는 입장에 있는 민진당은 당강을 포기하지 않는 한 시진핑이 말하는 하나의 중국 원칙인 '92공식'은 근본적으로 용인할 수 없다.

중국에게 있어서 양안의 협상이 회복될 수 있는 전제는 '하나의 중국 원칙'이며 따라서 중국이 희망하는 양안의 통일 모델은 '일국양제'다. '92공식'의 인정이라는 협상의 전제를 설정하고 그 결과도 상정하는 중국의 태도는 협상을 어렵게 만드는 본질이다. 현재 일국양제는 대만에서 받아들이기 어렵다. 이는 국민당과 민진당도 그 입장이 일치한다. 대만의 모든 민중, 당파들은 모두 이 일국양제를 받아들일 수 없다고 생각한다. 일국양제는 결국 양안 간의 정위(定位)를 중앙과 지방의 관계로 전락시키고 평등하게 협상을 원하는 대만의 주류민의에도 위배된다.

2016년 차이잉원 정부가 들어서고 나서 중국은 대만이 협상을 진행할 성의가 부족하다고 비판했지만 오히려 대만은 중국이야말로 선전전, 여론전, 심리전을 중지하고 패도적 태도를 버려야 한다고 주장한다. 이는 천쉐이벤 집권기간에도 마찬가지였다. 이에 대해 중국은 대만이 협상을 원하지도 않으며, 성의도 없다고 비판했다. 나아가 북한과 같은 트러블메이커(trouble maker)라는 이미지를 만들고자 모든 외교적 역량을 동원하고 있다.

4) 쌍방의 신뢰기초가 여전히 취약

주권 문제는 양안협상의 가장 골칫거리다. 여기에 중국의 패권적인 심리태도도 협상을 어렵게 하는 큰 요소지만 근본적으로 민진당과 공산당 양당 간에는 상호신뢰의 기초가 매우 취약하여 만약 민진당이 대만의 집권당이 되면 협상은 항상 교착상태에 빠졌다. 이는 차이잉원 정부가 들어서서도 마찬가지다. 대만은 양독문제(동독과 서독)와 양한 문제(북한과 남한)를 자주 인용하곤 한다. 양독은 통일되기 전에도 이미 상호승인 했다. 남북한도 동시에 유엔에 가입했다. 왜, 대만은 상호승인도, 국제조직 참여도 불가능한가? 중국 역시 대만의 일거수일투족의 대외활동에 의심의 태도를 보이며 양국론을 내세워 독립을 추구한다고 인식하고 있다.

양안 간 불신이 형성된 원인은 대만문제 발생 원인에 대해 각기 다르게 보고 있기 때문이다. 공산당은 대만문제의 발생 원인을 국공내전이 물려준 유산과 여기에 외국세력의 개입(미국)으로 들고 있다. 국민당에게도 국공내전이 대만문제 발생의 원인이다. 그러나 민진당의 주류는 샌프란시스코 조약에서 대만문제의 발생을 찾고 있다. 이 조약에서 일본은 대만에 대한 주권을 포기한다고만 밝혀 대만의 주권을 누구에게 양도하는지는 밝히지 않았다. 그러므로 대만의 앞날은 대만인들이 결정해야 한다는 논리를 펴고 있다. 현재 대만의 주류민의는 통일도 독립도 오직 2300만 대만인들의 선택에 의해 결정되어야 한다고 주장한다. 반대로 중국은 중국대륙과 대만의 양안동포가 함께 대만의 앞날을 결정해야 한다고 주장한다.

더군다나 2005년에는 반분열국가법을 제정하여 대만에 대한 무력사용을 법률로 확정해 놓았다. 비록 대만에 대한 무력사용은 외국세력의 대만 개입과 타이두를 겨냥한 것이지 대만민중을 겨냥한 것이 아니라고 주장하지만 이 주장은 대만에서 쉽게 먹혀들지 않는다.

5) 대만정체성 문제

냉전시기 중미는 소련견제에 상호 이익이 있었기 때문에 대만문제는 크게 부각되지 않고 주변화 되어 있었다. 그러나 천안문 사태, 냉전의 해체, 중국의 전략적 지위의 약화, 국제사회의 중국에 대한 고립정책과 대만에 대한 동정론으로 인해, 대만문제는 다시 부각되기 시작했다. 또 대만내부에서는 민주화와 본토화, 타이두화의 길을 걸으면서 정체성의 변화가 일어났다. 현재 자신을 중국인으로 인식하는 대만인은 소수다. 이는 양안 간에 새로운 쟁점으로 부각되어 점점 더 두드러졌으며 젊은 세대들에게는 정체성의 변화가 분명하게 일어났다. 2014년에 있었던 '태양화 운동'이 그 단적인 예다.

대만은 국가정체성에서 있어서도 큰 변화를 겪고 있다. 국가정체성은 특정구역내의 특정의 군체들이 특정한 역사의 기간 중 공동운명의 기초에서 형성된 고도의 일체성이다. 국족(國族)은 광의의 개념의 공통적인 혈연, 언어, 역사와 밀접하게 관련되어 있다. 국족은 민족과 같은 개념이나 국가를 필요로 한다. 그러므로 국가를 어떻게 생각하는지에 대한 개념이 국가정체성이다. 민족은 근대 일본에서 들어온 개념으로서 경제, 언어, 문화 등에서 공통적인 민중들이 실질적인 정치통일과 지역일체화 후에 형성된 이익단위이다. 스탈린이 정의하듯이, 민족은 인간의 역사에서 형성된 공통된 언어, 지역, 경제생활 및 문화상의 공통적인 심리를 깔고 있는 공동체다.[36] 그러나 정치통일과 지역통일체의 과정에서 약소한 인민의 나라는 경계가 나누어지기도 하고 여러 나라에 걸쳐서 민족과 문화를 형성하기도 한다. 바로 국족과 민족의 구별은 여기에 있다. 전자는 반드시 국가를 필요로 한 반면 민족은 자치권이나 국가형태를 필요로 하지 않는다. 이는 종족이 민족정체성에서 필요한 요소 중 하나이며 종족정체성이 구축한 민족정체성은 국가정체성 속에서 중요한 위치를 차지하고 있음을 보여준다. 국가정체성과 종

---

36) 스탈린, 스탈린선집 상권, 北京 : 人民出版社, 1979년, pp.61-64.

족문제가 통일될 필요성은 없지만 대만에서는 이 두 문제가 동시에 제기된다. 아래의 도표는 양안 간에 발생하는 차이를 비교적 대만인의 입장에서 역자가 재정리한 것이다. 여기서 공리주의적 입장은 양안 간을 통일과 독립에 구애받지 않고 실용주의적 입장에 근거해서 비용과 편익으로 계산하려는 경향이 강함을 의미한다.

표 4-1 양안차이성 비교표[37]

관계전제	양안정위	민족	역사서술	문화	언어	정치	경제, 사회
하나의 민족	대륙 대만 (대륙/대만은 모두 중국에 속함)	중국인	5천년사	중국 문화	중문, 국어	공산당 정치/ 다당민족	대륙과의 교류를 확대하여 경제발전 유지
두 개의 민족	중국	중국인	5천년사	일원적, 보수적	베이징어	공산당 전제	국강민빈 (國强民貧)
	대만	대만인	4백년사	다원, 현대	국어, 대만어	민주자유	부유하고 진보한 사회
공리주의 (功利主義)	중국 대륙, 대만	중요하지 않음	중요하지 않음	중요하지 않음	중요하지 않음		신흥시장

2013년 대만정치대학 선거센터 여론조사의 자료에 따르면 지난 20여 년간 자신을 대만인이라고 인식하는 사람들은 명백히 증가하고 있다. 이 조사에 의하면 자신을 대만인이지 중국인이 아니다가 57.5%, 자신을 중국인이라고 인식하는 사람은 3.6%로, 자신을 중국인이면서 대만인이라고 인지하는 비율은 36.1%로 나타났다. 비록 마잉주(馬英九)집권과 더불어 양안 간 교류가 급증함에도 불구하고, "나는 대만인이

---

37) 包諄亮, 「兩岸政治矛盾與未來」, 王央城主編, 『前膽兩岸關系發展的趨勢』, 台北 : 國防大學戰略研究所出版, 2007, p.38.

다"라는 비율은 민진당 시기보다 오히려 더 증가했다. 이는 양안 간의 경제교류가 양안 간의 정체성 확대와는 별 관계가 없음을 입증한다.

이러한 대만의 정체성의 혼란과 혼동 그리고 복합성은 결국 양안문제에 있어서 다음과 같은 문제를 가져오게 만들었다. 특히 중화민국의 존재와 1949년 대만으로의 철수로 인하여 조성된 역사적 해석과 지위는 대만의 정체성 혼란과 밀접하게 연관되어 있다.

첫째, 대만 내부의 일치된 목소리를 내기가 어려워졌다. 특히 대(對)중국 문제에 있어서는 일치점을 찾기가 어려울 정도의 극단적인 주장과 의견이 대립되어 있다. 정치적으로 보수나 진보, 또는 경제우선주의 또는 정치우선주의와 같은 방법상의 문제가 아니라 중국이냐 대만이냐를 선택하는 근본적인 문제이기 때문에 합치점을 찾기가 어렵다.

둘째, 각 당의 정책을 지지하는 세력들이 서로 비슷하여 양안문제의 해결이 더 어렵게 되었다.

셋째, 따라서 대만의 양안정책은 누가 집권하느냐에 따라 달라졌으며 그런 결과 일관성을 상실하게 되었고 그에 따라 정치적인 목적과 입장에 따라 대만내부의 정치는 크게 요동치고 온탕과 냉탕을 오갔고 장기적인 정책의 수립과 대응을 어렵게 만들었다.

마지막으로 베이징 정부 역시 대(對)대만정책은 일관되게 수립하고 추진하려고 노력하고 있으나 대화상대가 누구냐에 따라 강온정책을 동시에 동원하면서도 대상의 선택과 대화에 따라 전진과 후퇴를 반복해야 하는 파행을 가져오기도 하였다는 점이다. 그러나 양안은 항상 교류의 채널은 열어놓고 있다. 특히 양장(蔣介石, 蔣经国)시대와 리등훼이 시대에도 비밀특사가 오고 갔으며, 천쉐이볜 시기에도 소삼통을 시범적으로 실시하였으며 이는 마잉주 집권기 대삼통을 여는 계기가 되었다. 2016년 타이두를 강령으로 삼는 민진당의 차이잉원 정부가 집권했다. 중국은 제도화된 양안양회의 협상을 중단했다. 하지만 공산당과 국민당과의 교류채널은 항상 열려있으며 해마다 국공포럼을 개최하며, 국민당이 집권하고 있는 지방단체장도 중국과의 정기적 회의를 진행하고 있다.

6) 대만내부의 공식 결핍

원칙적으로 대만은 중국과의 정치협상의 가능성을 결코 배제하지는 않는다.[38] 그러나 대만은 전형적인 분열사회다. 통일과 독립이라는 목적은 양립할 수 없다. 녹색진영과 남색진영은 그 당강의 목적부터 차이가 확연하다. 녹색진영 내부에서도 대만독립을 목적으로 하고 있으나 현실주의적인 입장과 이념형적인 입장이 또 나눠진다. 녹색진영의 건국당, 대만단결연맹, 시대역량, 민진당은 각기 그 순서상으로 대만독립에 대한 열의 정도가 다르다. 남색진영 역시 신당, 친민당, 국민당 순으로 통일을 열망하는 강도가 다르다. 흔히들 기타 국가에서 나타나는 보수와 진보의 문제가 아니라 대만은 통일과 독립의 스펙트럼으로 나타나기 때문에 의견이 수렴될 가능성이 희박하다. 그러므로 만약 양안 간에 통일에 대한 정치협상을 시작한다면 대만은 바로 극심한 내부 갈등의 상황에 직면하게 된다. 2008년 해협회 회장의 최초의 대만방문, 2014년 최초의 양안 관방 실무수뇌회담, 2016년 최초의 양안최고 지도자 회담 당시 대만은 지독한 정쟁을 겪었다.

현재 양안 간 경제, 사회, 정치, 문화 등의 층면에서 그 차이는 매우 크다. 만약 협상을 진행한다면 한편으로는 중국의 협상압력에 적응해야 하고 다른 한편으로는 대만내부의 서로 다른 당파의 이해관계를 조정해야 한다. 비록 대만의 중국대륙정책은 공통된 인식이 점차 형성되는 추세지만, 장기적으로 볼 때 통독문제에 대해서 여전히 공통된 인

---

38) 自由时报, 1996年7月7日.

식이 결핍되어 있다. 경솔하게 정치협상으로 진행했다가는 대만내부의
정쟁을 불러일으킬 수밖에 없는 구조다. 그러므로 대만은 신중한 태도
로서 중국의 협상 공세에 대응할 수밖에 없다.

7) 쌍방의 서로 다른 협상목적

① 중국의 협상 추진 목적

양안협상에 있어서 베이징의 목적은 상당히 명확하다. 바로 대만과
의 통일을 위해서다. 베이징은 비록 대만의 선경후정, 선이후난의 원칙
과 사무성회담을 먼저 진행하는 것에 동의했지만, 이러한 사무성 협상
은 양안정치협상을 열기 위해서다. 예를 들어 시진핑은 2013년 10월
APEC를 이용해서 대만의 총통특사 샤오완창(蕭万长)을 만난 자리에서
양안 간에 장기적으로 존재하는 정치이견은 점차적으로 최종적으로 해
결해야 하며, 다음 세대에게 물려주어서는 안된다고 말했다. 시진핑의
뜻은 양안정치협상을 시작하자는 압력을 행사한 것이다. 역시 국무원
대만사무판공실은 2013년 10월에 상하이에서 양안 간의 씽크탱크 회
의를 개최하여 정치의제에 관한 2트랙의 평화포럼(和平论坛)을 개최했
다. 중국이 양안협상을 진행하는 또 다른 목적은 점차적으로 대만의
각계 각층의 인사들을 중국편으로 끌어들여, 양안의 통합을 증진시키
고, 양안관계에 프레임을 구축하여 장차 대만을 조금씩 조금씩 중국이
주도하는 대중화경제권의 틀에 묶어 놓으려고 하는데 있다.

② 대만의 협상 목적

대만은 원래 양안협상에 대해서 상당한 경계심을 지니고 있었다. 협
상으로서는 공산당을 이길 수 없다는 역사의 경험이 크게 작용했다.
대만이 중국과의 협상을 진행하는 가장 중요한 목적은 첫째, 경제

교류와 인민들의 왕래로 의해서 생겨나는 여러 문제들을 해결하기 위해서다. 둘째, 일종의 신뢰구축 조치(confidence building measures, CBMs)를 위해서다. 양안 간 상호신뢰가 결핍되어 그 관계는 상당히 취약하다. 한반도와 남중국해를 포함하여 대만해협은 동아시아의 3대 화약고 중의 하나다. 국제사회는 대만해협의 파고가 낮아지기를 희망한다. 워싱턴은 양안 간의 협상과 대화를 격려한다. 중국과의 협상은 국제사회 구성원들의 의무이고, 대만해협의 평화와 안정을 촉진하기 위해서다. 셋째로 국제사회에서는 어느 국가도 중국의 굴기를 무시할 수 없는 현실이다. 대만 역시 중국대륙시장의 중요성을 경시할 수만은 없다. 대만은 지금까지 중국시장에 대략 2000억 이상을 투자했다. 한편으로는 중국대륙에서 타이상의 권익을 보호해야 하며, 다른 한편으로는 양안협상을 이용하여 베이징이 대만에 취하는 고립책동을 국제사회에 알리고, 국제경제 무역질서에서 중국의 공세를 약화시켜야 한다.

그러므로 대만은 쟁점이 적은 사무성 의제로부터의 협상을 원한다. 마잉주 정부는 경제적, 기능적 의제에 출발하여 2015년 말까지 23개의 협의를 도출했다. 중국의 입장에서 사무성 협상의 재개는 대만과의 정치성 협상에 들어가는 선결조건이 된다. 중국은 사무성 협상에 대한 흥미가 별로 없고 사무성 협상을 정치협상의 디딤돌로 보는 경향이 강하다. 마잉주 정권은 이를 이용해 경제협상에 있어서 대폭적인 중국의 양보를 이끌어 냈다. 따라서 만약 중국이 양안 간 정치협상의 미래가 암담하다고 판단된다면 사무성 협상은 언제든지 중단될 수 있다.

양안협상에 관한 중국의 입장

중국의 대만에 관한 통일전략은 역사적으로 몇 차례의 조정이 있었다. 그러나 기본적인 방안은 저우언라이가 1955년에 제출한 전쟁 혹은 평화 두 가지 방식을 여전히 벗어나지 않는다. 1971년 이전에 중국은 전쟁이라는 수단을 사용해 통일을 이룬다는 입장으로 취했지만, 1971년부터 완화되어 1979년 미국과의 관계 정상화 후에는 점진적으로 평화의 방식으로 대만문제를 해결하고자 하였다. 평화통일의 방법은 양안 간의 협상에 의해서만 달성될 수 있다.

1 중국의 정치성 협상과 사무성 협상에 대한 원칙

대략적으로 양안협상을 2가지로 분류할 수 있다. 첫째, 사무성(공능성, 기능성)협상이다. 경제적인 의제의 관한 협상을 주로 일컫는다. 양안민간교류와 경제무역 왕래로부터 파생하는 의제들이다. 사무성 협상은 주권과 관계된 민감한 의제와는 관계되지 않는다. 둘째, 정치성 협상이다. 소위 말하는 정치적 협상은 사무성, 공능성, 경제성 의제의 협상과 구별되고, 주권, 통일, 독립 또는 양안정치에 관계된 의제의 협상이다. 그중에서도 가장 민감한 주제는 대만독립 혹은 양안통일의 각종 모델에 관한 협상이다. 예를 들어 핀란드모델, 연방제, 국가연합, 유럽연합, 일국양제, 국협(커먼웰스, Commonwealth), 대만독립, 남북한 혹은 동서독 모델 등의 협상을 일컫는다.

중국지도자들의 담화와 관방문건에 근거하여 정치협상의 의제를 살펴보면 양안평화통일, 국기, 국가, 국호문제, 양안지도자 상호방문, 대만지위, 공식적인 적대상태 종결, 평화협정 체결, 양안공동 남중국해 주권 보호, 조어도(釣魚島)문제에서의 협력, 대만의 국제공간문제 등에 관한 협상이다. 또한 남중국해에서 관련국들은 첨예하게 대립하고 있는데 남중국해 남사군도(南沙群島)의 태평도는 대만의 해경이 실제 점유하고 있다. 동중국해의 조어도 역시 행정구역상으로는 대만의 이란현(宜蘭縣)에 속한다. 물론 중국 역시 이들의 영유권을 주장한다. 그러므로 태평도와 조어도에 관해서 중국은 민족주의에 호소하여 대만과의 적극적인 협력을 원한다. 국제사회에서 공동으로 보조를 맞추고자 하기 때문이다. 그러나 이는 주권문제에 관계되기 때문에 양안 간의 협력은 매우 어렵다.

대만이 제기한 정치협상의 의제는 중국의 미사일 철거 문제, 대만해협 비군사구역 문제, 양안 군사상호작용 행위준칙, 적대상태 종결, 평화협정 등이다. 외국학자들에 의해서 제기된 잠정협의(interim agreements)[39]의 협상, 핫라인 설치 등도 정치의제에 속한다.

양안 간의 정부부문에서 제기 된 정치협상 의제는 중첩되기도 한다. 예를 들어 적대상태 종결, 평화협정 체결, 양안영도인 상호 방문, 대만 국제공간 등에 관해서는 쌍방이 모두 제기한 것이고, 이러한 의제들은

----

39) 미국은 1995-1996년 대만해협의 위기를 목도하면서 자신들의 의도와 상관없이 대만해협에 연루될 것을 걱정하였다. 이로써 미국의 학계에서는 양안관계의 새로운 프레임 구축을 위한 양안 간의 잠정협의(interim agreements), 임시적협의(modus vivendi) 등의 주장이 나왔다. 주된 내용을 살펴보면 양안은 통일도 전쟁도 없는 상태로 50년을 유지한다. 50년 내에 정치협상을 진행하지 않는다. 대만은 비자위적, 공격적 무기의 구매도 가능하다. 국제사회에서의 대만의 역할을 제고하고 국제활동에 참가한다. 미국은 양안 협의의 보증인 신분으로 양안 간 제2트랙의 대화를 맡는다. 그러나 이 협의는 모두 중국에 의해 거절당했다. 주요 학자들로서는 케네스 리버탈(Kenneth Lieberthal), 해리 하딩(Harry Harding), 수잔 스링크(Susan Shrink), 다릴 존슨(Darryl N. Johnson), 리차드 부시(Richard Bush), 스탠리 로스(Stanley Roth) 등이 있다.

관해서 협상을 진행할 가능성은 비교적 높다.

그러나 정치협상은 최종적으로 통일과 독립의 민감도가 매우 높은 의제가 포함되기 때문에 대만은 줄곧 이를 꺼려해 왔다. 그 결과 양안 협상의 대부분은 사무성, 공능성, 경제성 의제에 관한 협상이었지만 2015년 11월 7일 싱가포르에서의 양안지도자 회담은 정치의제의 협상으로 분류할 수 있다. 또한 대만의 WTO 옵저버 참여문제, 대만의 국제공간문제 등에 관한 협상은 정치성 협상에 해당되지만 이러한 협상은 우발적인 것이고 비정기적인 것이며 제도화된 것이 아니다.

2008년부터 2015년 말까지 양안 간에 23개의 협의가 체결되었다. 비록 양안의 협상성격은 민간성, 경제성, 사무성과 기능성 회담이지만 중국에게 있어서 사무성 협상은 대만과의 정치협상을 위한 사전 정지작업이다. 말하자면 정치협상이야말로 중국이 바라는 진짜 목적이다. 사무성 협상은 정치성 협상으로 넘어가는 징검다리로 이용하고자 한다. 정치성 협상이 성공하기 위해서는 우선 '하나의 중국'에 대한 중국의 입장을 대만에 관철시켜야 한다.

시진핑 역시 현재 단절된 양안회담 재개의 전제조건은 민진당의 '92공식'의 승인이다. 민진당이 '92공식'만 승인한다면 양안 간의 사무성 협상은 언제라도 재개가 가능하다. 그러나 사무성 회담의 진전 여부는 정치성 협상으로 나아갈 것인지의 여부에 의해 결정된다. 과거부터 이어져 온 양안 정치협상의 다섯 가지 원칙은 지금도 바뀌지 않고 있다. 첫째, 하나의 중국 원칙 견지다. 이는 타협의 여지가 없다. 둘째, 평등협상, 셋째, 협상의 의제를 제한하지 않는다. 넷째, 외국세력의 간섭을 허락치 않는다. 다섯째, 협상의 의제, 협상의 명의는 양회가 권한을 부여 받은 상황에서 먼저 일정협상을 한다.[40]

---

40) 联合报, 1997年10月29日.

중국은 통일을 하나의 복잡한 과정으로 이해하고 있다. 결코 단번에 해결될 성질이 아니다. 마오저둥은 대만해방은 백년을 기다려도 된다고 했다. 기나긴 시간을 필요로 한다. 중국은 양안협상에 대한 장기적인 전략 속에서 양안협상을 단계와 절차로 나누어 진행하자는 제의를 하였다. 기본적으로 중국은 양안협상을 교류, 정치대화, 정치협상 절차 협상, 정치협상의 4단계로 진행하는 전략을 가지고 있다. 중국의 장기적 전략은 대만을 돈으로 사버리는 것이 가장 효율적이다. 그러므로 무슨 수를 써서라도 대만과 중국을 같이 묶어 놓아야 한다. 양안 간에 연결고리가 끊어지면 각기 별도의 나라가 된다. 대만과 중국을 묶어놓는 가장 확실한 방법은 양안은 '하나의 중국'에 속한다는 사실을 지속적으로 대만에 주입하는 것이다.

2000년 민진당이 집권하고 나서 천쉐이볜은 중연원(中研院) 리위앤저(李远哲) 원장에게 권한을 부여해 다당파소조(跨党派小组)를 만들어 중국과 협상을 진행하고자 하였다. 중국의 입장 역시 조정되었다. 2000년 5월 20일 중공중앙대만공작판공실, 국무원대만사무판공실이 현재의 양안관계 문제에 성명을 발표했다. "단지 대만당국이 명확하게 양국론을 주장하지 않고 양회가 1992년에 달성한 각자가 구두방식으로 해협양안은 모두 하나의 중국 원칙을 표술한다는 공식(공통된 인식)을 명확히 승락한다면, 우리는 대만방면에서 권한을 부여 받은 단체 혹은 인사와 접촉대화를 원한다"고 밝혔다.[41] 2008년 마잉주는 '92공식'을 승인하고 나서 중국과의 사무성 협상을 시작할 수 있었다. 그러나 2016년 다시 민진당의 차이잉원이 집권하고 나서 '92공식'을 승인

---

41) 中国时报, 2000年5月21日.

하지 않는다는 이유를 들어 기존에 정기적으로 해오던 모든 제도적인 협상들을 중단했다. 결국 하나의 중국 원칙이 문제였다.

3 정치협상 의제에 대한 중국의 입장

현재 통일문제에 대한 협상이 어렵다는 점을 중국은 잘 알고 있다. 그러므로 지금까지 제기한 정치협상의 의제는 모두 최종적인 통일의 사전작업이다. 중국은 이미 '하나의 중국 원칙'을 인정한다면 어떤 의제든지 언제라도 이야기할 수 있다고 밝히고 있다. 즉 '대만당국이 관심을 가지는 각종 문제', '심지어 국기와 국호의 문제'도 논의 할 수 있다[42]고 말한다. 중국의 지도자 및 대 대만업무에 종사하는 관료들의 주장에 근거하여 양안의 정치협상의 의제는 대략적으로 표 4-2와 같다.

위에서 서술한 문제에 대해서 중국은 무엇보다도 '하나의 중국 원칙'을 먼저 확립해야 한다고 주장한다. 하나의 중국 원칙을 확립한 후 양안은 정식으로 적대상태를 종결하고 협상을 돌파구로 삼자고 주장한다. 후진타오 시기는 일법양보(一法兩報)에 근거하여 대만정책을 수립했다. 일법은 반분열국가법이며 양보는 2005년 공산당 주석 후진타오와 국민당 주석 롄짠 간의 후-롄공보와 친민당 주석 송추위와 후진타오 간의 후-쑹공보다. 일법은 공동으로 '92공식'을 인정하며, 양안 간에는 하나의 중국을 승인해야 한다. 양보는 완전히 반분열국가법 3조, 4조, 5조에 호응한다. 시진핑 역시 2016년 국민당 주석 홍슈쭈와의 회견에서 하나의 중국 원칙인 '92공식'에 기초해서 타이두를 반대하고 통

---

42) 중국 부총리 우쉐치앤(吳学谦)은 1992년 6월 30일 베이징에서 양안관계방문단과의 만남에서 "오직 마주 앉아서 어떤 문제라도 모두 꺼낼 수 있다. 심지어 국기, 국호의 문제도 포함된다"고 밝혔다. 行政院大陆委员会, 大陆工作参考资料, 第二册, p.167.

일을 견지함을 밝혔다. 그러나 중국은 양안평화협정 혹은 상호불가침 협정은 체결할 수 없다고 밝힌다. 왜냐면 이러한 협정의 체결은 국가와 국가 간의 행위이기 때문이다.

표 4-2 양안정치협상에서 논의할 수 있는 의제

의제 내용	누가, 어디서, 제출	비고
양안통일문제	중국의 역대 지도자들 모두 산발적으로 발언	
대만당국이 관심을 가지는 각종 문제	1995년 1월 30일 쟝저민의 쟝팔점 중 삼점	전제조건 : 하나의 중국 원칙
국기, 국호, 국가 문제	우쉬에취앤(吳学謙) 1992년 베이징, 양안관계연구 방문단과의 접견시에 제출	전제조건 : 하나의 중국 원칙
최고지도자회담, 명의, 지점과 관계된 문제	중대판(中台办), 1994년 10월 24일 발표, 1994년 10월 25일 인민일보 해외판	전제조건 : 하나의 중국 원칙
대만의 정치지위 문제	1998년 11월 7일 인민일보 4판	전제조건 : 하나의 중국 원칙
양안 삼통(통상, 통항, 통우)	왕다오한(汪道涵), 1993년 4월 27일, 구왕회담 제1차회의	
양안 적대상태 정식종결	쟝팔점 중 3점	전제조건 : 하나의 중국 원칙
대만국제조직 참가 문제	탕수뻬이, 1999년 2월 10일, 베이징, 대만 신당(新党) 입법위원과의 회견	전제조건 : 하나의 중국 원칙
대만당국 정치지위 문제	첸치천, 2000년 1월 28일, 쟝팔점 5주년 기념식	전제조건 : 하나의 중국 원칙
하나의 중국 원칙의 함의	탕수뻬이, 1997년 12월 14일, 대만학자와의 좌담회	
양안 최고지도자 호칭문제	양안양회 2016년.	하나의 중국 원칙인 '92공식' 기초하에서 진행됨

4 협상주체에 관한 중국의 입장

1955년 저우언라이가 대만문제의 해결방법 즉 평화적 방법과 무력의 방법 두 가지 방안을 발표한 후부터, 중국은 매우 오랜 기간 동안 일관되게 국공양당 협상을 주장했다. 제3차 국공합작으로 조국통일대업을 완성한다는 의도다. 예를 들어 1981년 9월 '엽9조'의 발표에 의하면 "양당의 대등한 협상, 즉, 제3차 국공합작을 실행하여 조국통일 대업을 완수하자"고 하였다. 그러나 대만 내부의 정치환경의 변화와 대만내부 권력구조의 조정에 따라 중국은 국공협상만을 주장할 수 없게되었다. 과거 양장(장제스, 장징궈)의 권위주의 통치시기에는 국민당이 곧 중화민국인 당국(党－国)일체의 시기였고, 중국대륙 역시 당국일체의 국가였기에 두 당이 양안의 미래에 대해서 결정하는 것은 어느 정도 가능성이 있었다. 그러나 민주화된 대만은 이제 어느 일당에 의해 대만의 미래를 결정할 수 없다. 이에 중국은 국민당만을 대만의 협상대표로 인정한 종래의 입장을 더 이상 주장할 수 없게 되었다. 1990년 6월 11일 쟝저민은 전국통전공작회의(全国统战工作会议) 개막식에서 비록 여전히 국공 양당의 대등한 협상을 주장했지만 "협상에 참가하는 대표 중, 역시 기타 당파, 대표성 있는 단체 인사들과의 협상도 고려한다"고 밝혀 기존의 입장에서 한걸음 물러났다. 1998년 원단 쟝저민은 중국의 전국정협(全国政协) 신년모임에서 '국공 양당'을 다시 언급하지 않았고 '쌍방은 협상을 재개하자'고만 고쳐 발표했다.[43] 1995년 1월 30일 '쟝8점'에서 해협 양안 평화협상(海峡两岸和平谈判)을 제기했다. 왜냐면 대만의 권력구조가 바뀐 상황에서 '국공 양당의 대등 협상'은 이미 현실 상황에 부합되지 않았다. 2000년 3월 민진당의 후

---

43) 쟝저민의 전국정협에서의 발표 전문, 行政院大陆委员会编, 大陆工作参考资料, 第二册, pp.221-225.

보로서 대만총통에 천쉐이볜이 당선된 후 중국은 협상의 주체를 민진당으로 전환시켜야만 했다.

2000년 4월 21일 쟝저민은 하나의 중국을 지지하는 일체 대만의 각당, 단체의 인사들과 양안관계와 평화통일에 대해 의견을 교환하기를 원한다고 밝혔다.[44] 그러나 2000-2008년 천쉐이볜 시기는 '92공식' 문제로 인해서 별다른 협상이 진전되지 못했다. 대만과의 협상이 불가능다고 판단한 중국은 2005년 후진타오와 국민당 주석 롄짠 간의 회담, 후진타오와 대만의 친민당 주석 송추위 와의 회담, 후진타오와 대만의 신당 주석 위무밍과의 회담 등 남색진영의 정당을 통해 '92공식'을 확인시켰다. 그러나 협상의 주체는 어디까지나 당 대 당의 협상이었지 타이베이 정부와 베이징 정부 간의 협상은 아니었다. 이 중 후진타오와 롄짠 간의 회담은 국공양당 협상으로서 이후 국공론단(포럼)으로 제도화되었다. 더군다나 2014년 양안 정부의 양안업무 핵심관계실무자 회담(장관급)이 개최되었고, 2015년는 양안최고지도자 회담이 있었다. 그렇지만 이 회담에서의 당사자간의 호칭은 어디까지나 '선생'이었다. 주임, 장관, 부장(장관), 총통, 중화민국, 중화인민공화국 등의 어휘는 신문이나 언론에서도 등장하지 않았다. 중국은 국제사회에서 양안 간의 관계가 정부 간, 국가 간의 회담으로 비춰질 수 있는 형상을 극도로 회피하였다.

---

44) 大公报(香港), 2000年4月22日.

중국은 이미 정치협상을 추진할 충분한 힘을 구비하고 있다. 대만의 전 국방부 차관 린중빈(林中斌)은 중국은 48시간에서 72시간만에 대만을 점령할 국방력을 갖추고 있다고 밝혔다.[45] 비록 린중빈의 말이 지나치다고 볼 수 있지만, 첫째, 중국의 개혁개방은 기대이상의 결실을 거뒀고 종합국력 역시 증가하고 있다. 둘째, 홍콩과 마카오는 이미 중국에 회귀했다. 비록 홍콩 민주화운동과 홍콩 독립의 시위가 존재하지만, '일국양제'의 구상은 이미 홍콩에 성공적으로 실천되고 있다고 인식한다. 따라서 대만문제를 해결하기 위한 '적극적 시범작용'이 홍콩에서 시행되고 있다고 파악한다. 셋째, 중국과 세계의 주요국가 및 주변국과의 관계는 상호의존적인 추세에 있다. 중국의 국제지위는 대만과 비교할 수 없다. 넷째, 미국과의 정상회담을 통해서 쌍방은 중 – 미 전략대화를 이어오고 있다. 이뿐 아니라 중미 간에는 20여 개의 소통채널이 있다. 중미는 전략적 파트너 관계며 미국은 세 개의 커뮤니케(72년 상하이 커뮤니케, 79년 수교커뮤니케, 82년의 817커뮤니케)에서 승낙한 '하나의 중국'에 대한 입장을 폐지하기 어렵다. 심지어 클린턴 정부 때는 '3불지지'를 선포했다. 다섯째, 국제사회는 양안 간의 평화를 기대하고 있다. 여섯째, '하나의 중국 원칙'은 대다수의 국가에 의해 공인되고 있다. 이러한 사실들을 종합해보면 중국은 양안정치협상을 추진하기 위한 강대한 힘과 배경을 갖추고 있다.

정치협상으로 볼 때, 지금까지 양안 간의 협상은 모두 사무성 협상, 경제협상이 대부분이다. 현재는 정치협상으로 나아가기 위한 전단계에

---

45) 中国时报, 2017年, 1月18日.

속한다. 중국은 각종 동원가능 한 전략을 운용하여 차잉원 정부로 하여금 '92공식'을 인정하게 만드는 것이 현재의 기본 과제다. 이 과제가 해결되면 양안은 협상의 테이블에서 만나지 않을 수 없다. 우선 양안 협상이 재개되는 기본 원칙은 '92공식'을 민진당으로 하여금 승인하게 만드는 것이다. 특히 이러한 목표를 달성하기 위해 중국에게 있어서 경제적 카드는 매우 중요하다. 대국의 우세를 활용하고, 대만이 처한 곤경을 이용하는 수법은 중국이 관용적으로 사용하는 수단들이다. 마잉주 집권기 중국은 사무성 협상에서 이를 충분히 보여주었다. 중국의 대만에 대한 전략은 크게 여섯 부분으로 나눌 수 있다.

1 대만에 대한 지속적인 압력 구사

대만을 협상의 테이블로 나오게 하기 위한 중국의 책략은 대만민중들을 초조하게 만드는 것이다. 2016년 현재 대만의 대중국 무역의존도는 이미 30퍼센트 이상을 넘고 있다. 베이징 정부는 차이잉원 정부에 대해 관광객 축소, 타이두 성향이 강한 대만남부의 열대과일 수입 제한 등 압박을 가하며 대만사회에 조급한 분위기를 조성하고 있다. 경제우선, 민생우선인 대만정부의 입장을 어렵게 만들어 대만이 중국과의 협상에 긴박감을 느끼게 만든다. 구체적인 방법으로는 대만의 분열을 이용한다. 차이잉원 정부가 들어 선 후 정기적으로 진행해 오던 제도적 협상기제를 모두 닫아 버렸으나 2016년 11월, 중국은 국공포럼을 지속적으로 이어나갔다. 이 포럼에서 국민당 홍슈쭈 주석은 이미 '하나의 중국'을 함께 표술한다는 '일중동표(一中同表)46)'를 밝혔다. 이는 국민

---

46) 일중동표(一中同表)는 양안관계 문제를 처리하기 위한 하나의 주장이다. 중화인민공화국과 중화민국은 모두 전체중국(whole China)의 일부분으로 인식한다. 중화민국과

당 내부에서의 대략적인 공식인 '일중각표'보다 더 통일에 기울어지는 견해로서 민진당과 국민당 간에 첨예한 쟁점이 되고 있다. 중국은 국제사회에서도 대만해협에 전쟁 발발의 가능성을 띠우기도 한다. 대만에 대한 무력 위협, 제3국을 통한 대만에 대한 압력 행사, 분열사회의 특징을 보이는 대만내부를 선동하여 중국의 입장을 관철시키고자 한다.

1) 대만에 대한 무력사용 위협

중국의 협상행위의 주요한 원칙은 확고부동함이다. 심지어 위협은 필요하며 할만한 가치가 있다고 여긴다.[47] 위협은 대만을 협상테이블로 불러내는 중요한 수단이다. 대만정부의 통계에 의하면 1987년부터 1994년 까지 중국의 지도자 계층은 최소 60차례의 담화를 발표했고, 대만에 대한 무력사용을 언급했다.[48] 또 2000-2008년 민진당 집권기에는 대만해협 중간선을 넘어 비행한다거나 미사일 발사 등 수시로 대만에 대한 위협을 가해 긴장 분위기를 조성했다. 중국이 대만에 대한 무력사용 위협을 언급하는 목적 중의 하나는 대만을 정치협상의 테이

중화인민공화국은 현재 각자의 영역에서 완정(完整)한 관할권을 가지고 있으며, 상호 예속 되지 않는다고 파악한다. 다시 말해 '중국'에 대한 주권쟁의에 대해서 잠시 보류해 두자는 것이다. 2004년 대만대학의 장야쭝(张亚中)교수가 주장한 것이다. 이는 현재 국민당의 일중각표(一中各表, 하나의 중국에 대해서 각자 표술)보다 중국과 더 가까워지는 표술방안이다. 바오종허(包宗和) 교수의 일중공표(一中共表, 하나의 중국에 대해서 공통으로 표기)와 유사하다. 2015년 국민당의 총통후보로 나온 홍슈쭈(洪秀柱)가 일중동표를 사용하자 당내 입법위원들의 극심한 반발을 불러와 후보가 교체되는 사태를 야기했다. 현재 국민당의 정책은 '일중각표'와 '92공식'이다.

47) Rucian W. Pye, "Understanding Chinese Negotiating Behavior: The Role of Nationalism and Pragmatism," in Kim R. Holmes and James J. Prsytup(eds.), Between Diplomacy and Deterrence: Strategies for U. S. Relations with China (Washington D.C. : The Heritage Foundation, 1996), p.224.
48) 行政院大陆委员会, 台海两岸关系说明书, 台北 : 行政院大陆委员会, 1994年7月, pp.176-202.

블로 나오게 하기 위함이다.

1996년 1월 30일 외교부 대변인 천젠(陈健)은 "만약 외국세력이 조국으로부터 대만을 분열해 나가거나 혹은 대만독립을 기도한다면 중국은 한치의 망설임 없이 무력으로 조국통일을 실현할 것이다"[49]고 밝혔다.

2000년 2월 21일 중국은 대만정책에 대한 백서를 발표하였는데, 대만에 대한 무력사용의 3대 조건을 구체적으로 열거하고 있다. 첫째, 만약 대만이 어떠한 명의로 중국으로부터 분열해 나가는 중대한 사변이 출현 할 때, 둘째, 대만이 외국에 침략 당할 때, 셋째, 대만당국이 협상을 통한 평화적인 통일 문제를 무기한 회피할 때. 이러한 세 종류의 상황에서 중국은 "일체의 가능한 단호한 조치"를 취할 것이라고 밝혔다. 단호한 조치는 무력사용으로 중국의 영토적 일체성을 유지하고 중국의 통일대업을 완성하는 것이다.

대만에 대한 무력사용 위협 외에도 중국의 지도층은 명시적 혹은 암시적으로 무력으로 대만을 침공하는 방식을 표시했다. 첫째, 상륙작전[50] 둘째, 대만봉쇄[51], 셋째, 진먼(金门), 마주(马祖) 등의 외도 공격, 넷째, 미사일 공격이다.[52] 이외에 동원가능한 모든 무력위협의 수단을 운용하여 대만이 독립의 길로 나아가지 못하도록 노력한다. 예를 들어 만약 대만부근 해상에서 대만을 봉쇄하는 군사연습을 한다든가[53], 난

---

49) 文汇报, 1996年1月31日.

50) 후야오방(胡耀邦)은 홍콩 잡지사 사장과의 대화에서 만약 중국이 능력이 있다면 상륙작전도 가능한 선택 중의 하나라고 내비쳤다. 曲名, 二零一零两岸统一, 台北 : 九仪出版社, 1995年, pp.189-192.

51) 1984년 10월, 덩샤오핑이 일본 공명당 당수와의 만남에서 중국은 대만을 봉쇄할 능력이 있다고 밝혔다. The New York Times, October 12, 1984.

52) 1996년 3월 중공은 지룽(基隆)과 까오슝(高雄) 해역에 미사일을 발사하여 미사일로 대만을 공격할 수 있는 능력을 보여주었다. 2016년 현재 대만을 겨냥하고 있는 미사일은 1400여기가 넘는다.

53) 1994년을 예로 들자면 중국의 군사연습은 19차례에 달했다. 그 중 난징군구와 동해함

징전구의 무력 배치를 증가하거나 전함 혹은 전투기로 대만해협 중간 선을 넘어간다든가 혹은 공해에서 대만의 상선이나 어선을 점검하거나 교란한다.[54]

중국의 대만에 대한 무력위협은 리등훼이의 특수양국론 주장 후에, 대만독립을 당강으로 채택하고 있는 민진당의 천쉐이볜이 총통으로 당선된 후, 2004년 총통선거 전후, 대만에 대한 위협을 가했다. "타이두 는 곧 전쟁(台独即战争)"이라고 표시하고[55], 중국이 결심만 하면 선혈 로서 영토주권을 수호하겠다고 강조했다. 2005년 전인대는 반분열국 가법을 통과시켜 대만에 대한 무력사용을 법률로 확정지었다. 중국은 무력사용을 빌미로 삼아 두 가지 효과를 얻고자 한다. 먼저 대만민심 을 불안하게 하여 주식시장의 공황을 조성한다. 언론계, 학계, 반대세 력으로 대만정부에 비판을 가하고 대만이 정치협상의 테이블로 나오도 록 압력을 가하는 것이다. 둘째, 중국은 국제사회가 대만해협의 긴장정 세에 대한 관심을 이용한다. 예를 들어 중국은 각종의 채널을 통해 대 만에 대한 일전불사의 소식을 미국에 전했다. 이는 미국으로 하여금 대만정세의 엄중성을 의식하게 만들고 미국의 대만에 대한 압력을 행 사하여 대만을 억제하도록 만들었다.

2014년 민진당의 싱크탱크인 신환경문교기금회(新境界文教基金会) 는 2025중국 대 대만 군사위협평가보고서(2025年中国对台军事威胁评

대와 7차례에 달했다.

54) Tai Ming Cheng, "China's Military Agenda Towards Taiwan," paper prepared for the Conference on the Strategic Implications of Taiwan's New Problem, co-organized by IISS, CAPS, and Sigur Centre, in Washington D.C., June 30-July 1, 1998, p.12 ; and Richard A. Bitzinger and Bates Gill, Gearing Up for High-Tech Warfare? Chinese and Taiwanese Defense Modernization and Implications for Military Confrontation across the Taiwan Strait, 1995-2005(Washington, D.C. : Center for Strategic and Budgetary Assessments, February 1996).

55) 大公报, 2000年8月15日.

估报告)에서 인민해방군은 대만에 대해 크게 4개 방면에서 위협을 가하고 있다고 발표했다.[56]

첫째, 네트워크전을 통한 위협이다. 대만의 전선은 이미 지리상의 섬이 아니라 네트워크로 구성된 디지털 국토다. 핵심적인 기초시설을 상대로 실제적인 디지털국토를 공격하고자 한다. 둘째는 미사일 위협이다. 인민해방군은 2025년이 되면 거의 1400여기의 미사일을 배치하여 대만을 겨냥하게 된다. 여기에 더해 450여기의 장검(长剑) 계통의 순항 미사일 배치가 완료된다. 그럴 경우 대만의 패트리어트 미사일로는 전면적인 방어가 불가능하게 된다. 탄도미사일은 중국의 인민해방군이 무력으로 대만을 위협하거나 속전속결로 대만을 공격하는 주요전력이다. 셋째, 인민해방군의 장거리 반항공모함 탄도미사일(Anti-Aircraft Missile)은 대만의 방공식별구역을 실질적으로 장악하고 있다. 해방군의 5세대 전투기가 배치되면 중국의 제공전력(制空战力)은 대만을 명확히 초월한다. 넷째, 인민해방군의 해군은 점진적으로 수상과 수중에서 해군함재기로 구성된 함대로 구성되어 대만은 물론이고 일본, 미국과 대항한다. 대만은 제해력(制海力)에서도 중국에 크게 뒤진다. 인민해방군은 지속적으로 군사력을 확충하여 2007년 대만에 대한 비상작전능력 구축, 2010년 실질적 대만군력 추월, 2020년은 대만에 대한 대규모 작전을 펼칠 수 있는 중대한 시기가 된다.[57]

2) 시간압력 응용

무력위협과 공동으로 보조를 맞춰 중국의 대만통일에 대한 절박감을 한층 고조시켰다. 예를 들어 대만문제는 무기한 미뤄져서는 안 된다는

---

56) http://military. china. com/important/11132797/20140305/18375712. html.
57) http://military. china. com/important/11132797/20140305/18375712. html.

내용이 주를 이룬다. 2000년 1월 첸치천은 전국대판(全國台办)에서 대만문제 해결을 위한 긴박감을 가져야 한다고 발표했다. "통일에 대한 시간표가 없을 수는 없다"고 밝혔다.[58] 중국공산당 중앙군사위원회 부주석인 장완녠(张万年)은 2000년 4월 21일 발표한 세 개의 불윤허(不允许)를 발표했다. 즉, 어떠한 형식이라도 타이두를 절대 윤허하지 않는다. 외국세력의 대만문제 간섭을 윤허하지 않는다. 대만문제를 무기한 미루는 것을 윤허하지 않는다. 아울러 해방군은 결심이 있고, 믿음이 있고 어떠한 대만독립 기도를 분쇄할 능력이 있고 중국의 완전한

표 4-3 중국 최고지도자들의 대만독립에 대한 발언

시간	장소	지도자	발언내용
2002.5.8	쟝쩌민과 미국 전대통령 조지 H.W. 부시와의 회견	쟝쩌민	만약 타이두를 주창한다면 중국 인민은 답을 할 수 없다.
2008.3.4	정치협상회의 대만조 출석	후진타오	우리는 타이두분열세력이 어떠한 명의, 어떠한 방식으로, 대만이 중국으로부터 분열해 나가는 것을 절대로 용서치 않을 것이다.
2013.6.13	국공포럼, 국민당 주석 우보숑과의 회견	시진핑	어떠한 형식의 타이두 분열주장과 행동에 대해서 타협할 수 없다.
2016.11.1	국공포럼, 국민당 주석 홍슈쭈와의 회견	시진핑	어떠한 정당 어떠한 사람, 어떠한 시기, 어떠한 형식으로, 국가를 분열하는 활동은 전체 중국인민의 반대를 받을 것이다
2016.11.11	인민대회당에서 개최한 쑨원탄생 150주년 기념식	시진핑	어떠한 사람, 어떠한 조직, 어떠한 정당, 어떠한 시기, 어떠한 형식으로, 어떠한 땅 한 덩어리라도 중국 영토로부터 분열해 나가는 것을 절대로 윤허할 수 없다. (6个任何)

58) 星岛电子日报, 2000年1月8日.

통일을 완성할 것이다라고 밝혔다.[59] 홍콩과 대만매체들 역시 의도적이든 아니든 중국이 대만을 위협하는 도구로 사용되기도 하고 수차례 중국이 대만과의 통일 시간표를 설정했다고 보도해 대만인들을 공황에 빠트렸고 중국의 대만에 대한 압력에 일조하였다. 또 2005년에는 반분열국가법을 통과시켜 대만이 시간에 대한 압력을 더욱 더 느끼게 만들었다. 이 법 8조에는 평화통일의 가능성이 완전히 소멸된다면 비평화적 수단을 동원할 수밖에 없다고 명시하였다.

3) 양회의 교류를 무기한 중단

중국이 자주 쓰는 책략은 일방적으로 대화 중단 혹은 협상중단을 통지하고 여기에 더하여 상대에게 대화와 협상을 언제 재개하는지 알려주지 않는다. 이는 한편으로는 협상의 재개를 자신이 조종하여 협상의 해석권이나 주도권을 행사하고자 함이고 다른 한편으로는 상대가 불확실성의 심리상태에 빠지게 만든다. 예를 들어 1995년 6월 양안 양회의 사무성 협상의 중지나, 1999년 중국대표 왕다오한의 대만방문을 보류하면서 언제 협상을 재개하는지 발표하지 않았다. 2016년 차이잉원 정부가 들어서자 양안 양회의 정상적인 소통 채널은 닫혀있다. 이외에도 중국은 고의적으로 해기회를 푸대접한다. 양안 양회의 정상적인 소통 채널을 피하고, 양안교류에 관한 일을 대만의 민간단체와 접촉, 연락, 협상으로 처리한다. 예를 들어 국공론단은 여전히 10회를 넘어섰고, 또 2016년에는 녹색진영을 배제하고 남색진영이 장악한 대만의 현, 시장을 불러들여 베이징에서 협상을 진행했다. 대만내의 당내 경쟁을 조성하고, 대만정부에 압력을 가하기 위한 방편이다.

---

59) 大公报, 2000年4月22日.

2 유리한 협상환경 조성

중국은 협상을 개최하기 전에 항상 유리한 협상환경을 조성하여 적극적이고 주도적인 공세의 위치에 서고자 한다. 이러한 전략의 운용은 국제사회의 지지, 대만의 외교공간 봉쇄, 대만의 주권국가의 지위를 약화시키는 것을 포함한다. 대만은 다원적인 사회고 심지어 분열된 사회다. 녹색진영과 남색진영은 대중국정책에 있어서 상당한 견해의 차이를 보인다. 중국은 개혁개방 정책이 지속되었다고는 하나 권위주의 체제를 유지하여 다양한 방법을 동원하여 언론매체를 통제한다. 이에 반해 대만사회는 중국과의 협상에 있어서 상당히 취약한 입장에 처해 있다. 뿐만 아니라 대만은 상당할 정도로 국가안전을 미국에 의지한다. 대만의 민진당은 국제사회와 미국의 정책에 상당히 민감하기 때문에 중국은 이를 효율적으로 이용할 수 있어 대만과의 협상에서 보다 넓은 전략적 운용 여지를 지니고 있다.

1) 유리한 국제환경 조성

중국은 1949년 신중국을 수립할 때부터 대만해협의 양안문제는 내정이며 대만문제는 국공내내전이 남겨준 문제로 표명하고 외국의 개입을 절대 용납하지 않는다고 밝혔다. 덩샤오핑은 1983년 6월 26일 발표한 '덩6점'에서 국공양당은 평등하게 협상을 개최하자고 주장했다. 중국이 인식하는 대만문제는 국공내전과 이에 따른 외세의 개입 등 복잡한 국제적 배경을 가지고 있다는 점을 깊이 인식하고 있지만 "외국의 개입은 절대로 안 된다(但万万不可让外国插手)"[60]고 밝힌다. 더군다나

---

60) 中共中央台湾工作办公室、国务院台湾事务办公室编, 中国台湾问题, p.225.

대만에 대한 국가이익을 지니고 있는 미국과 일본은 중국에 대해서 이중전략을 채택한다. 따라서 중국은 이들 국가들이 국제무대에서 대만을 지지하는 것을 막아야 한다.

먼저 국제사회에서 대만의 생존공간을 축소시키고자 한다. 예를 들어 양안의 화해의 분위기가 맞이한 마잉주 정권에서도 세계보건회의(WHA), 국제민간항공기구(ICAO)에 참가한 대만의 자격은 옵저버에 불과했다. 마잉주 집권기에는 외교휴병(外交休兵)으로 인해서 양안 간에 지나친 경쟁은 삼갔지만, 2013년 감비아는 중국의 유인 없이도 자발적으로 대만과 단교했다. 그러나 중국은 양안관계의 분위기를 해치지 않기 위해 아프리카 소국 감비아와의 수교를 미루다가 2016년 민진당의 차이잉원 정권이 들어서자 2년 전 대만과 단교한 감비아와 외교관계를 회복했다. 2016년 12월 21일 아프리카의 소국 상투메 프린시페(São Tomé e Príncipe)와 수교했다. 중국은 아직까지도 할슈타인 원칙[61]을 견지하기 때문에 중국은 기타국가들이 대만과 수교한다면 이는 곧바로 중국과의 단교로 이어진다.

다음으로 중국은 미국과 일본의 대만에 대한 지지를 약화시키거나 대만에 대한 무기판매국들의 의지를 약화시키고자 한다. 강대국들이 대만해협에서의 전쟁을 원하지 않는 심리상태를 이용하거나 혹은 중국 대륙에서의 기업이익을 이용하여 이러한 국가들로 하여금 대만에 압력을 가하도록 만들어 양안 간의 정치협상을 압박한다. 셋째, 중국과 국교를 맺고 있는 수교국들에게 하나의 중국정책 지지를 선언하게 만들며 대만과의 관방 왕래를 저지시킴으로써 대만의 독립주권국가의 지위

---

61) 1955년 서독인 할슈타인의 이름을 딴 정책으로, 독일의 유일한 합법 정부는 독일연방 공화국이라는 원칙하에 동독과 외교관계를 맺으려는 국가(서독과 이미 외교관계를 맺은 국가들의 경우)와 외교관계를 단절하는 내용을 골자로 하고 있다. 이 정책은 1969년 빌리 브란트가 집권해 동방 정책(Ostpolitik)을 펼치면서 사실상 유명무실해졌고, 1972년 독일기본조약 체결과 함께 공식적으로 폐기되었다.

를 약화시킨다.

대만문제에 대한 가장 관건적인 국가는 미국이다. 덩샤오핑은 "대만문제를 근본적으로 따져보면 이는 미국문제며, 만약 미국이 중국의 내정을 간섭하지 않는다면 대만문제도 없다(台湾问题归根究底是美国问题, 没有美国干预中国内政, 就不会有台湾问题)"고 밝혔다.[62] 중국의 전략은 미국이 줄곧 '3개의 커뮤니케' 준수를 요구하고, 하나의 중국 원칙을 지키라고 강조한다.

중국은 국제사회에서 끊임없이 일국양제의 통일모델을 홍보한다. 국제사회가 일국양제 모델로서 대만과의 통일을 받아주기를 희망한다. 중국이 국제사회에 진행하는 선전의 목적 중의 하나는 대만을 말썽제조기(trouble maker)라는 형상을 만들어 국제사회가 대만에 대해 압력을 가하여 협상에 나오기를 희망한다. 현재 차이잉원에 정부에 대해서도 상당한 공격을 가하고 있다. 특히 미국이나 일본의 학자 매체들이 대만에 압력을 가하기를 가장 희망한다. 그러나 이들 국가들 역시 이중적인 입장을 취한다. 2017년 트럼프가 당선된 이후 차이잉원의 전화를 받는다든가, 하나의 중국정책을 파기할 언사를 내비치는 행위를 통해서 대만문제를 중미협상의 카드로 이용하고자 하는 의도를 보이고 있다.

2) 대만내부에서 민의 쟁취

1998년 5월 11일에서 13일 중국은 전국대대공작회의(全国对台工作会议)를 소집해 대만에 대한 3대 중점업무를 지시했다. 첫째, 양안 경제, 문화, 체육, 과학기술 등의 영역에 관한 교류 강화 둘째, 대만의 각 당파와 연계 강화 셋째, 하나의 중국 원칙하에서 정치협상 진행[63]이었

---

62) 赵春山,「两岸关系面临新课题挑战」, 中国评论, 1998年, 第10期, p.51.
63) 大公报(香港), 1998年5月14日.

다. 이는 정치협상을 제외하고 2008년에 집권한 마잉주 정부에서 그대로 이뤄졌다. 중국은 대만의 민심을 쟁취하기 위해서 먼저 민족주의에 호소한다. 대만과의 협상을 통해 조국통일대업을 끊임없이 고취하고, 대만당국(정부)과 대만민중을 분리하여 희망을 보낸다. 예를 들어 1990년 9월 24일 국가주석 양상쿤(杨尚昆)은 대만의 중국시보(中国时报)와의 인터뷰에서 두 개의 희망을 가지고 있다고 말했다. 하나는 대만 당국에 희망을 걸고 있고 다른 하나는 대만민중에게 걸고 있다.[64] 쟝쩌민 역시 중공 15대 정치보고에서 애국주의 전통을 지닌 대만민중에게 희망을 보낸다며 양안의 통일에 공헌해 달라고 부탁했다. 모든 통일 대업은 모든 중국인들의 공통희망이라고 거듭 강조한다. 통일에 대한 반대는 시대의 조류에 위배되며 이는 민족과 인민의 소망을 배반하고 결국엔 멸망을 자초한다고 강조한다. 대만이 중국이 제시하는 전제조건하에 진행되는 협상을 거절한다면 대만당국은 역사의 죄인이며 장차 역사의 쓰레기통으로 갈 것이라 험담한다. 천쉐이볜 집권시기, 후진타오는 민진당 정부에 대한 희망을 접고 대만의 민중에게 희망을 걸었다.

둘째로, 양안 경제무역관계를 카드로 사용한다. 양안의 경제무역액의 규모는 1979년 7800만 달러에서 1999년 258억 달러였고, 2016년도에는 2000억 달러에 달한다. 대만의 중국에 대한 무역의존도는 2014년에는 50%에 달했고 지난 2005-2015년 간 10년 동안 거의 35~40%를 유지하고 있다. 타이상들의 대 중국 투자액도 증가추세에 있다.[65] 과거 중국은 지속적으로 대만으로 하여금 3통을 개방하도록 유도했다. 리등훼이의 계급용인 정책, 천쉐이볜의 적극관리 유효개방에 대해서 지속적으로 포기를 강요했다. 그러므로 중국은 타이상에 대해서 지속

---

64) 人民日报, 1990年11月20日.
65) http://bbs.tianya.cn/post-333-854567-1.

244

적으로 우대 및 특혜조치를 취했다. 중국은 대만동포투자보호법, 대만동포투자 격려에 관한 규정(关于鼓励台湾同胞投资的规定)을 제정했다. 이는 중국과 대만의 경제기술교류를 촉진시키기 위한 것으로 양안의 경제무역에 유리한다. 타이상이 지속적으로 중국대륙에 투자하도록 동포의 명의로 우대조치를 취했다. 국대판 주임 천윈린(陈云林)은 중국은 이전과 같이 지속적으로 양안경제, 문화교류와 인원왕래를 발전시킬 것이고 밝혔다.

사실상 중국에서 타이상의 이익은 대만을 움직일 수 있는 카드가 되었다. 그런 결과 적지 않은 타이상들이 천쉐이볜의 적극관리 유효개방 정책을 반대했고 중국과의 삼통을 요구했다. 다른 한편으로 중국은 이미 대만의식을 지니고 있는 대만기업인들을 탄압하여 그들이 공개적으로 통일을 찬성하도록 압박을 가함으로써 대만독립을 지지하는 역량에 타격을 가한다. 차이잉원 정부에 들어서서는 노골적으로 대만의 민생을 이용해서 경제카드를 사용하며 '92공식'에 대한 승인을 압박하고 있다.

셋째로 통일전선 전술을 채택한다. 통일전술은 중국이 말하는 삼대 법보(法宝) 중의 하나다.[66] 통일전선은 무산계급이 조직과 동맹군을 어떻게 이끄는가의 문제로서 이는 무산계급조직의 당당한 혁명대군으로 인식하고 있다. 대만내부는 통독문제로 인해서 사회의 공통된 인식이 부족하고, 녹색진영과 남색진영의 정당들 간에는 역사의 경험에 대한 이견이 존재한다. 중국은 이러한 기회를 이용하여 대만내부의 모순을 이용하여 대만에 압력을 가한다. 이러한 통일전선의 운용을 통해서 중국은 타이상과의 관계를 더욱 더 강화하고, 한편으로는 그들의 중국

---

66) 1939년 마오저뚱은 〈공산당인〉 발간사에서 중국공산당의 18년 혁명투쟁의 역사경험을 제출했는데 통일전선, 무장투쟁, 당의 건설은 중국공산당이 중국혁명에서 적에게 이긴 3대법보다. 공산당신문, http://cpc.people.com.cn/GB/64156/64157/4418419.html

대륙에 대한 투자를 유도하고, 중국에서의 구인, 구직, 창업의 기회를 증가시키는 전략을 동원했다.

쟝저민 시대에는 대만인들로 하여금 '계급용인정책'을 반대하게 만들었고, 후진타오 시대에는 천쉐이볜의 '적극관리 유효개방정책'에 반대하게 만들었다. 시진핑은 차이잉원의 '신남향정책'에 대해 대만내부를 이용해서 반대하고 있다. 경제로서 정치를 촉진하고(以经济促政治), 상업으로서 정치를 포위하며(以商围政) 나아가 민간인들로서 관료집단을 핍박(以民逼官)하게 만드는 것이다. 예를 들어 푸젠성과 대만의 특수관계를 이용하여 통일대업을 위해 보다 큰 공헌을 하라고 강조한다. 이외에도 중국은 민진당의 중국정책 온화파들을 적극적으로 끌어들이고 대만내부의 통일지지 역량을 강화하고자 한다. 대만내부의 중국대륙정책에 대한 이견을 이용하여, 대만 여론을 통일에 유리하게 만들고자 한다. 중국은 중국의 어용정당(공산당을 제외한 민주당 다수당파)을 이용해서 대만의 친통일단체를 불러들이고, 해외의 친중국 성향의 화교단체들을 중국의 대대만 정책에 동조하도록 유도하여 이들로 하여금 대만을 핍박하여 중국과 타협하게 만든다.

3) 중국의 능동적인 공세

중국의 의도하는 의제가 제외되어 협상이 불리할 경우 언론매체를 이용해서 자신에 유리한 분위기를 조성하고, 회담장의 배치나 협상의 제를 변화시켜 상대가 수동적이고 방어적 지위로 처하게 한다. 예를 들어 1994년 7월 말에서 8월 초 양안은 제5차 사무성 협상을 타이베이에서 개최했다. 이 시기는 중국에 상당히 불리했다. 왜냐면 치앤다오후(千島湖) 사건이 발생했다.[67] 이를 처리하는 과정에서 사람 목숨을 들풀같이 취급하는 중국의 만행에 대만민중은 분노를 일으켰다. 이러한 상황 속에서 열린 양안협상은 대만에게 천시, 지리, 인화의 우세가 있었고 중국은 피동적이고 수모의 위치에 몰릴 수밖에 없었다. 그러나 그 해 7월 태풍이 내습하여 십여 명의 불법 중국 어민을 대만 쑤아오 (苏澳) 방파제 내의 해상여관에 안치해 바다에 익사한 불행한 사고가 발생했다.[68] 중국은 이를 기회로 삼아 대규모의 언론공작을 전개하여 대만을 비판했다. 대만의 매체 역시 이에 동조하여 대만정부를 비판하였다. 이로서 중국의 불리한 처지는 오히려 역전되었다. 여기에 더하여 중국의 협상대표 쑨야푸(孙亚夫)는 한밤에 한 차례의 회담을 더 요청했다. 불행히도 언론에 노출되어 대만의 매체, 입법대표들이 이를 가차 없이 꾸짖었다. 이는 대만의 협상단이 전력으로 중국협상단에 맞서게 할 수 없게 만들었다. 협상의 기세는 소리 없이 중국으로 기울어졌다.

3 '하나의 중국 원칙'의 일관된 관철

중국이 주장하는 '하나의 중국 원칙'을 대만이 받아 들여야만 양안은 비로소 협상을 시작할 수 있다고 강조한다. 예를 들어 쟝저민이 제출한 쟝8점 중에 양안은 "하나의 중국 원칙하에서 정식으로 적대상태를 종식하고 협상을 진행하여 협의를 달성하자"고 주장했으며, 쟝은 1996년 9월 3일 프랑스 피가로(Le Figaro)지와의 인터뷰에서 다시 한 번 이 주장을 제기하고, 동시에 쟝8점을 약간 수정하여 양안 고위층의 상호방문을 주장하고, 하나의 중국 원칙하에 양안 지도자는 비로소 만날

---

67) 치앤다오후(千島湖) 사건은 1994년 봄에 중국 저쟝성(浙江省) 치앤다오 호수를 유람하던 대만관광객 24명과 6명의 중국선원과 2명의 가이드가 약탈, 살해당한 사건이다. 이 사건은 대만사회에 상당한 충격을 주었다. 또 중국관료들의 사건처리와 태도에 불만이 고조되어 반중정서가 조성되었다. 약탈살해범은 동년 6월에 총살되었다.
68) 行政院大陆委员会, 「非法海上船屋与开放雇用大陆船员的关系」 说帖, 1994年7月29日.

수 있다고 밝혔다.[69] 중국의 해기회 상무부회장 탕수뻬이는 대만기자단과의 회견에서 '하나의 중국 원칙'하에서 평등방식으로 양안이 관심 있는 정치의제로서 협상해야 한다고 밝혔고[70], 홍콩의 문회보 역시 사설에서 "대만당국은 마땅히 대세를 가늠해 하루 빨리 하나의 중국 원칙하에서 조국대륙과 정치접촉과 협상을 진행하라"[71]고 밝히고, 거듭 강조하여 "중국정부와 중국인민은 하나의 중국 원칙을 수호하고, 국가주권과 영토완정 이러한 원칙과 직결되는 문제에서는 절대로 타협할 수 없고 절대로 양보할 수 없다."[72]고 밝혔다. 2016년 시진핑은 국민당 주석 홍슈쭈와의 만남에서 더욱 더 확고하게 원칙을 밝혔다. 즉, '하나의 중국 원칙인 '92공식"이라는 확실한 정리를 했다.

국제사회가 대만을 국가로 승인하거나 만약 대만이 독립을 선포하면 중국은 반드시 이에 상응하는 보복을 공언하고 있다. 만약 대만이 하나의 중국 원칙을 거부한다면 양안의 협상재개는 불가능하고 쌍방 관계역시 완화되기는 불가능하다. 차잉원 정부도 이를 깊게 인식하고 있다.

4 정당성 주장을 통한 협상전략

정당성이 비교적 높은 일방은 협상능력 역시 비교적 강하다. 앞서 설명한 바와 같이 정당성은 중국이 서구 및 일본을 대상으로 전개하는 협상에서 자주 동원되는 전략이다. 양안 간에 있어서 중국의 전략 중의 하나는 필요에 따라 자신의 정당성을 만들어 낸다는 점이다.

69) 自立早报, 1996年9月7日.
70) 自由时报, 1996年11月1日.
71) 文汇报, 1996年10月18日.
72) 文汇报, 2000年3月25日.

1) 역사적 조류에 순응해야 한다는 인식

예를 들어 에크파(ECFA)가 체결되기 전에 중국은 삼통은 양안 인민의 공동 소망이라고 선언했다.[73] 조국통일의 실현은 대세며 민심이며 누구도 이를 막을 수 없다[74]고 강조했다. 바꿔 말하면 대만이 삼통을 막고 중국의 조건을 거부함은 조국통일을 완성하고자 하는 민의에 위배되고, 역사의 조류에 항거하는 것이다. 그러므로 중국이야말로 민심에 순응하고 역사의 조류에 부합된다는 논리를 펴고 있다. 중국 통전부 부장 왕자오궈(王兆国)는 중국 건국 47주년 기념회에서 "대만 당국은 역사적 조류를 따르고 민족대의를 중시하여 하나의 중국 원칙하에 정식으로 양안 적대상태 문제를 종결하고 혹은 양안이 공통으로 관심을 가지는 기타 정치의제로서 협상을 시작해야 한다."[75] 또 다른 예는 중국 국대판 주임 천윈린(陈云林)은 "우리는 대만 당국이 역사의 조류에 순응해 대만동포와 결부된 이익을 중시하고 우리의 건의와 주장으로 돌아와 조금도 미루지 말고 우리와 정치협상을 진행하자"[76]고 주장했다. 시진핑은 양안운명공동체, 양안일가친(两岸一家亲) 등의 어휘를 동원해 그 정당성을 강조했다.

2) 일국양제 모델을 강력하게 마케팅

일국양제는 현재 양안 통일을 해결하는 모델이다. 그러나 대만은 줄곧 확고하게 이 모델을 거부해왔다. 중국은 도처에 일국양제를 선전할 뿐만 아니라 이는 대만에 우대를 주는 조건이라고 강조한다. 예를 들

---

73) 大公报, 1998年1月27日.
74) 瞭望(北京), 第51期, 1998年12月28日, p.26.
75) 文汇报, 1996年10月1日.
76) 위와 같은 주.

어 중국외교부장 탕쟈쉬앤(唐家璇)은 1998년 9월 25일 뉴욕에서의 연설에서 대만문제를 처리하는 방식을 강조했고, 홍콩과 마카오에 비해 더 관대하다고 밝혔다.[77] 일국양제를 선전해 중국의 탄성과 관대함을 드러내 보이고, 국제상의 지지와 대만내부를 분화시킨다. 나아가 중국은 양안협상은 결코 중앙과 지방의 협상이 아니고 대만은 중화인민공화국이 중앙정부라는 것을 전제를 승인할 필요도 없다고 말하면서 중국의 온화하고 합리적인 형상을 만들고자 한다.

3) 대만의 명예를 손상

중국은 가능한 모든 방법을 동원해 대만을 정치협상의 테이블로 끌어내기 위해서 언론을 통한 대대적인 선전전을 전개해 왔다. 즉, 정치협상을 진행하지 못하는 모든 책임을 대만에 떠넘기고, 대만이 협상을 지연한다고 비판하고, 중국과의 협상진행에도 성의가 없고, 협상중단의 책임을 대만에 전가한다. 이외에 중국은 대만을 트러블 메이커라고 부정적으로 묘사하여 동아시아 불안정의 근원이라고 먹칠한다. 대만독립을 지지하거나 가담하는 자는 민족의 반역자며, 친일, 친미 사대주의자며 한간(汉奸)이라고 명예를 훼손한다.

4) 양안 간의 공통된 인식에 대해 중국에게 유리하게 해석

1998년 10월 15일, 양안 양회는 구왕회담을 개최했고 4항의 공식(공통된 인식)을 달성했다. 그러나 중국이 해석한 공식과 대만의 인지와는 상당한 차이가 있다.(표 4-5참조)

이외에도 '92공식'의 해석에 있어서도 양안 간에는 차이가 있다. 중

---

77) 联合报, 1998年9月27日.

국의 이러한 형태의 책략은 기정사실(fait accompli)을 조성하여 정당성을 제고하고, 교착상태의 원인을 상대에게 돌리는 기능이 있다.

5 기정사실(fait accompli) 조성

양안 사무성 협상은 국민당이 재집권하기까지 줄곧 성사되지 못했다. 예를 들어 화물기 납치범 송환문제는 진먼협의에 의거해서다. 이를 위해 대만의 납치범 류산종(刘山忠)을 대만으로의 강제 송환을 기정사실화 했다.[78] 대만은 지속적으로 정치협상을 진행하자는 중국측의 협상제안을 모두 거절했다. 양안은 이미 정치협상에 진입했다는 인상을 조성하거나 혹은 양안 양회와 교류, 대화의 시기, 정치성 의제의 제출로 대만을 응전하게 했고, 대만을 정치협상 테이블로 나오도록 압박을 가했다. 예를 들어 탕수뻬이는 샤먼에서 거행되는 양안경제관계세미나(跨世纪两岸经济关系与展望研讨会)에 자오런허(焦仁和)를 초청하여 양안정치협상의 일정 문제를 제기하고자 했지만 대만이 참가를 거절해서 그 목적은 달성되지 못했다.[79] 1998년 10월 14일 구왕회담 기자회견에서 탕수뻬이는 노골적으로 양안정치성 대화가 이미 8층에서 열린다고 밝혔다. 마찬가지로 이는 양안이 이미 정치성 협상을 진행한다는 기정사실을 조성하고자 한 것이다.

시진핑은 '92공식'에 관해서도 이미 해협양안은 하나의 중국 원칙에 협의했다고 기정사실화 시켜 차이잉원정부가 이를 인정하도록 강요하고 있다.

---

78) 文汇报, 1998年10月4日.
79) 이는 1997년 12월 14일, 탕자쉬앤이 항조우 차엽박물관(茶叶博物馆)에서 대만학자 방문단과의 회견에서 필자에게 드러내었다.

6 마지노선으로 밀어 붙이기

중국은 대만의 입장에 대해서 항상 부정적으로 해석하고 중국의 불만을 거듭해서 대만에 표시하여 대만의 마지노선을 수정하게 만든다. 예를 들어 중국은 2000년 3월 18일 대만 총통에 당선된 천쉐이볜을 향해 장차 그 말을 듣고 그 행동을 본다(听其言, 观其行)고 간접적인 압박을 가했다. 그러면서도 천쉐이볜이 발표한 일련의 선의에 대해서도 거듭해서 비판을 가했다. "대만의 새로운 지도자는 단지 이러한 자태만 보이지 말고 행동을 보이라고 밝혔다".[80] 중국은 5월 20일 천쉐이볜 취임연설에서 대만의 양보를 희망했다. 천쉐이볜 역시 취임연설에서 최대의 성의를 보였다. 그는 "이미 있는 기초에서 선의로서 합작의 조건을 만들고 공동으로 하나의 중국문제를 처리하고 역시 중국이 대만에 대한 무력을 동원하지 않는 한, 독립선포, 국호개명, 양국론 헌법 삽입, 대만해협의 현상을 변경시키는 통일과 독립에 관한 국민투표를 실시하지 않을 것이며 역시 국통강령과 국통회를 폐지하지 않겠다"고 밝혔다. 그러나 중국은 여전히 불만을 표시했다.

---

80) 大公报, 2000年5月1日.

양안 사이의 격리된 시간이 흐를수록, 대만은 갈수록 독립을 갈구하
고 중국대륙은 점점 더 통일에 대한 압박을 느끼고 있다. 자주적이고
독립적인 생활을 하고자 하는 것은 자연스러운 현상이다. 대부분의 대
만인들 역시 이를 원한다. 그렇지만 이러한 자연적인 현상은 중국에게
는 '타이두'로 비쳐진다. 대만은 중국과의 전쟁을 원하지 않는다. 그 결
과 대만의 주류민의는 통일도 독립도 아닌 지금과 같은 현상유지다.
이 현상유지 이면에는 대만인들이 대만인들을 통치해야 하며 홍콩과는
다르다는 인식이 깔려 있다. 중국에게 있어서 대만의 현상유지는 곧
대만이 주권독립국가로 고착시키는 일종의 전략으로 인식된다. 차이잉
원의 대중국정책은 현상유지정책으로서 이는 대만의 주류민의와 일치
한다. 대만을 하나의 중국에 편입시키는 '92공식'에 대해 거부할 수밖
에 없다.

양안이 하나의 중국문제에 관한 이견으로 교착상태에 빠질 때마다
중국은 대만을 위협했다. 전 난징군구 부사령관 왕홍광(王洪光) 중장
은 환구시보에서 대만의 주류민의는 타이두며, 인민해방군은 대만을
무력통일하기 위한 준비를 철저히 해야 되며 2020년 전후 양안 간의

군사충돌을 내다봤다.[1] 인민대학의 진찬룽(金灿荣) 역시 시진핑은 무력사용에 대한 시간표를 제시해야 한다고 강조했다. 중국의 강경파와 통일을 지향하는 대만의 범람진영은 양안 간의 전쟁을 가장 두려워하지만 그들 자신 역시 대만이 독립을 선포하는 것을 가장 두려워한다. 대만은 중국의 무력사용을 두려워하고 중국은 대만의 독립선포를 두려워한다. 각자는 서로에게 최후의 카드를 한 장씩 지니고 있다. 이는 쌍방이 교착상태에 빠져 서로 예속되지 않는 상태를 유지하게 만든다.[2]

본 장은 양안협상의 전망을 분석하고자 한다. 앞의 4장이 중국의 대만에 대한 협상전략이었다면 5장의 제1절은 대만의 중국협상에 대한 전략과 직면한 문제점을 분석한다. 제2절은 미래의 양안협상에 영향을 미치는 요소를, 제3절은 중국의 협상에 대한 일련의 원칙을 소개하고자 한다.

제1절 중국과의 협상에 있어서 대만의 전략과 곤경

양안협상은 쌍방향으로 상호작용하는 과정이며 협상승부는 쌍방의 협상카드의 많고 적음, 전략적 우열, 확고부동한 의지력 여부 등의 요소로 결정된다. 또한 이 요소들은 국내외 정세발전의 영향을 크게 받는다. 본 절은 대만이 중국과의 협상에서 구사하는 전략과 방법을 소개하고 아울러 대만이 중국과의 협상에서 직면한 문제점을 분석한다.

---

1) 环球时报, 2016年12月17日,
   http://taiwan.huanqiu.com/article/2016-12/9823878.html.
2) 자유시보, 2016년 11월 6일, http://talk.ltn.com.tw/article/paper/1049303.

1 과거 대만의 대(对)중국 협상전략

대만은 사무성(事務性)협상과 정치성(政治性) 협상을 철저하게 구별했다. 사무성 협상은 양안 간의 교류로 인해 파생되는 여러 문제를 해결하기 위해서는 필수적이다. 그러나 대만에게 있어서 중국과의 정치협상은 대만의 독립주권국가의 지위를 손상시킨다. 중국의 입장에서는 대만은 국가가 아니고 단지 중국에 부속된 하나의 성(省) 일 뿐이다. 그러므로 대만내부의 공통된 인식이 마련되기 전에 중국과의 정치협상은 어렵다. 설령 정치협상을 하더라도 거기에 상응하는 보답을 받지 못할 가능성이 크다. 이러한 입장에서 대만은 사무성 협상에서는 비교적 적극적이었고, 정치협상에는 적대적 협상의 전략을 채택했다. 기본적으로 대만은 대만의 앞날에 관계된 정치의제를 건드리고 싶어 하지 않는다. 그런 결과 과거부터 지금까지 심지어 1993년 구왕회담이 처음 열릴 때도 대만정부는 훈령을 통해 해기회 협상대표에게 정치성 의제는 건드리지 못하게 하였다. 비록 마잉주 집권기에는 중국의 정치협상 요구와 압력에 직면하여 정치협상에 대한 태도가 조금씩 느슨해졌지만, 전략적으로 사무성 협상이 먼저 성과가 있어야 의미 있는 정치협상에 진입할 수 있다는 입장을 견지했다.

대만은 국내와 정세의 변화에 따라 외교, 국방, 양안 간 상호작용의 공격과 방어의 전략이 결합된 협상전략을 채택했다. 리등훼이 집권기(1988-2000)는 중국붕괴론의 영향을 받고 화평연변[3]을 추진하기 위해서 협상을 채택했다. 천쉐이벤 시기(2000-2008)의 집권초기는 소삼통을 비롯해서 중국과의 협상이 있었지만 '중국위협론'의 분위기가 지배적이었고, 2005년 중국이 반분열국가법을 통과시킨 이후로는 긴장관

---

3) 화평연변(和平演変)은 무력의 수단을 사용하지 않고 공산국가 내부를 교란시켜 평화적으로 정권을 붕괴시키는 것을 말한다.

계에 접어들었다. 마잉주 시기(2008-2016)는 '중국기회론'으로 기울어진 시기였다. '92공식'에 대한 각자의 해석을 바탕에 깔고 형식적으로는 '92공식'의 기초에서 출발하여 비교적 정치적 의제에 관계되지 않는 경제문제에 관한 협상을 진행했다. 물론 대만은 원칙적으로는 이미 정치협상의 가능성을 배제하지는 않는다. 그러나 민중의 권익에 관계된 의제를 우선시 했다. 이렇듯 대만은 국내외 정세를 고려하여 대중국정책을 조정하였고 협상전략도 대 중국정책의 영향을 받았다.

정치, 경제, 사회, 가치관 등 여러 면에서 권위주의체제의 중국과 대만은 그 차이가 여전히 크다. 그러므로 이타대변(以拖待变, 시간을 끌면서 변화를 기다리는)협상 전략을 채택한다. 대만은 손에 쥔 모든 패를 내 보이며 승부를 최대한 미루고자 한다. 중국내부의 변화를 기다리는 것이다. 경제적 교류는 진행하나 정치적인 대화는 지연시키고 나아가 때가 무르익으면 전제조건 없는 정치협상을 진행하고자 한다. 대만의 전략은 합리적이지만 "대만문제는 중국내정에 속한다"는 중국의 입장과 배치된다. 만약 중국이 자신들이 주장하는 '하나의 중국 원칙'을 견지하고 하나의 중국 원칙을 협상의 전제조건으로 삼는다면 양안 간의 정치적협상은 교착상태에 빠질 수밖에 없다.

그러나 양안의 민간교류는 협상이 교착상태에 빠지더라도 큰 영향을 받지 않는다. 비록 차이잉원 정부에 대해 중국정부는 대만관광객 감소와 대만농수산물의 수입을 제한해 압력을 가하고 있지만 전면적으로 양안교류를 중단시키지는 않았다. 만약 양안관계를 전면적으로 단절해 버리면 대만을 완전히 미국과 일본의 편에 서게 만들게 되기 때문이다.

현재 대만의 타이두들이나 중국은 모두 시간은 자신의 편에 서 있다고 본다. 타이두의 생각은 중국이 한층 더 발전하여 중산층이 늘어나면 민주화에 대한 요구가 증대되며 이는 결국 중국의 정치제도 변화로 나타날 것이라 판단한다. 즉, 민주화 된 중국은 대만에게는 더 이상 적이 아니다. 반대로 시진핑이 설정한 '두 개의 백년'이란 '중국 꿈(中国梦)'이 이뤄진다면 대만은 자연스럽게 중국에 흡수된다고 본다.

미래의 양안은 하나의 중국 원칙과 양국론 사이에서 그 평행을 유지하지 못하면 협상은 진행되기가 어렵다. 만약 중국이 '하나의 중국 원칙'의 입장을 철저하게 견지한다면 민진당이 집권한 이상 쌍방의 신뢰구축은 당분 간 힘들 수밖에 없다. 미래의 양안이 이러한 교착상태를 뛰어넘는지의 여부는 '하나의 중국 원칙'에 대해서 중국이 얼마만큼이나 더 탄성을 발휘하는가의 여부에 달려있다. 중국에게는 민진당이 받아들일 수 있는 창조적 전략이 필요하다. 그렇지 않으면 양안 간의 제1트랙은 수렁에 빠질수 밖에 없다.

2 대만의 대(对)중국 협상의 곤경

양안협상에서 대만은 항상 소극적이고 피동적이었다. 이는 대만내부의 정치경제 상황과 매우 깊은 연관성을 지니고 있기 때문이다. 대만 내부에 공통된 인식이 결핍되어 있고, 또한 소(小)가 대(大)와 경쟁하는 열세적 처지여서 비교적 근신하는 태도를 보일 수밖에 없다.

중국과의 협상에서 대만이 처한 곤경의 일부분은 양안 간의 협상역량의 비대칭과 관계 된다. 또 다른 부분은 국내외적인 환경과 같은 일련의 불리한 요소에 의해 그 전략선택이 제한된다.

1) 비대칭적 양면협상(两个阶段谈判)

양안 간 진행된 협상은 일종의 비대칭협상이다. 대만이 구비한 전체

구조역량(整体结构力量)이 중국에 미치지 못한다. 보다 더 불리 한 점은 한편으로는 거대세력 중국을 상대하고 또 다른 한편으로는 대만 내부의 분열적 상황에 대처해야 한다는 점이다. 대만의 협상대표는 중국 대표를 굴복시키기도 어렵지만 대만내의 이익단체 혹은 정치세력과도 흥정을 해야 한다. 대만이 중국과의 협상에서 열세에 처하게 되는 주된 원인이다.

대만은 이미 다원화 된 사회며, 통일과 독립을 둘러싸고 여야 정당 간에는 뚜렷한 이견이 존재한다. 그러므로 대만정부는 내부의 통일된 의견을 응집시켜야 한다. 이는 중국의 입장과는 매우 큰 차이를 보인다. 중국은 권주위체제로서 언론매체에 대한 통제가 쉽고 이를 협상의 도구로 활용한다. 대만은 개방된 민주사회여서 언론의 자주성과 독립성이 상당히 높다. 협상이 시작되더라도 대만의 언론은 중국의 협상대표를 비판하는 것보다 자국의 협상대표를 더 가혹하게 질책한다.[4] 그러므로 대만의 협상 대표단은 중국의 협상단 보다 더욱더 내부의 압력을 받는다.

현재 대만내부에는 여전히 통일과 독립을 둘러싼 쟁의와 국가정체성이라는 문제가 상존한다. 그러나 대만의 주류민의는 점진적으로 대만 독립을 지지하는 경향이 증가하는 추세에 있다는 점이다.[5] 통일과 독립을 둘러싼 쟁의는 대만 내부의 통일된 여론형성을 어렵게 만든다. 마찬가지로 여야의 정당 및 여론을 주도하는 학술계도 통일과 독립에

---

4) 양안협상에서의 언론매체의 역할과 영향력의 문제는 程建人, 媒体与两岸谈判, 台北：台北论坛基金会, 1994年6月.
5) 2000년 4월의 여론조사에 의하면, 조사에 응한 30.2%가 '현상유지 이후 다시 결정', 16.2%가 '현상유지 이후 다시 통일', 21.1%가 '영원한 현상유지', 14.6% '현상유지 이후 독립', 3.9% '되도록 빨리 독립선포', 2.7%가 '되도록 빨리 통일'로 조사되었다. 2014년 10월에 대만 국립정치대학선거연구센터(NCCU) 조사에서는 현상유지가 60%, 독립선호 16.4%, 통일선호 7.4%, 되도록 빨리 독립 4.7%, 되도록 빨리 통일 1.7%였고 무응답자는 14.2%였다.

대한 쟁론이 있어서 거대한 틈이 존재한다. 이는 대만이 중국대륙정책을 추진함에 있어서 불리하게 작용할 수밖에 없다.

푸트남의 이론을 대만에 대입해 보더라도 대만은 전형적인 이질적 사회다. 그러나 대만의 이러한 다원주의적 사회임에도 푸트남이 말한 '무언의 친구'가 발현하는 유리한 점을 활용하지 못한다. 중국의 협상단 내부에서도 대만에 대해 매파와 비둘기파가 존재한다. 예를 들어 중국대륙의 연안 주민들은 내륙지구 주민들에 비해 양안 간의 군사충돌을 더 원하지 않는다. 또 대(對)대만업무에 종사하는 상하이의 관료들은 베이징의 관료들보다 양안정책에 있어서 더 탄력적인 성향이 있다. 상하이를 기반에 둔 왕다오한의 '하나의 중국 원칙'의 해석 역시 베이징 보다 더 유연했다. 그러나 그들 역시 대만에 대한 최종목적은 일치한다.

중국은 언론매체를 손쉽게 통제할 수 있는 비교적 봉쇄된 사회며, 중국공산당은 중앙선전부를 통해서 국가신문출판광전총국을 긴밀하게 통제할 수 있다.6) 이와 마찬가지로 대만은 언론매체를 이용해서 중국대륙에 영향을 미치고 싶어 하지만 통제가 사실상 불가능한 일이다. 현재 양안 간에는 기자들이 상호 파견되어 있고, 양안의 소식들을 실시간으로 접할 수 있다. 그러나 대만의 소식을 매일 보도하는 CCTV의 해협양안(海峽兩岸)의 프로그램을 보면 타이두 주창자들은 한간(汉奸)이며 매국노일 뿐이다.

2013년 시진핑은 "정치가판보(신문), 정치가판간(잡지), 정치가판대(방송), 정치가신문인터넷(政治家办报, 办刊, 办台, 办新闻网站)을 견지해야 한다"고 강조했다. 즉, 당의 시각에서 신문, 잡지, 출판, 방송, 인터넷웹사이트 등을 만들어야 한다는 것이다. 보도에 종사하는 사람

---

6) 중앙선전부 부부장은 국가신문출판광전총국의 국장이다.

들 역시 심리적으로는 정치입장이 우선이며 신문입장은 그 다음이다. 보도의 많고 적음, 보도의 각도는 미리 예정된 정치적 요구에 부응한다. 심지어 사건 자체는 모두 부차적이고 도구적이다.[7] 중국의 언론매체는 공산당이 엄격하게 통제하는 중국협상단의 일부분이다. 이에 비하여 대만이 언론매체를 이용해서 중국의 내부에 영향을 미치기는 어렵다. 대만 자체가 전면적으로 자유롭게 개방되어 있어서 중국정책의 기획과 협상전략의 운용에서도 서로 다른 대만내부 단체의 견제를 받는다. 이는 대만을 소극, 피동, 방어적인 입장에 처하게 만드는 이유들이다.

2) 대만의 경제카드 지속적으로 소실

대만의 중국시장에 대한 무역 의존도는 갈수록 심화되고 있다. 물론 차이잉원 정부는 중국에 대한 무역의존도를 줄이기 위해 '신남향정책'을 추진하고 있지만 그 성공 가능성은 미지수다. 대만 행정원 대륙위원회 통계에 의하면 1987년 양안을 개방하고 교류를 시작한 이후 대만의 중국에 대한 수출 증가량은 매년 두 자리 숫자를 기록했다. 양안무역은 1987년 15.5억 달러에서 1999년 258.3억 달러, 현재는 2013년 대만의 대중국무역규모는 1972억8천 달러로, 수출 1566억4천 달러, 수입 406억4천 달러며, 대만은 중국의 제7대 무역국이며, 대만의 중국대륙 무역의존도 40%가 되었다. 2013년 대만에 있는 중국유학생 숫자도 1822명으로 증가했고, 양안 간 법적으로 결혼한 숫자의 누계도 321,683명이 되었으며, 이는 중국정체성 회복에 도움이 된다. 대만에

---

7) 杨振武(2013), 「新时期中国特色社会主义新闻事业的行动纲领－深入学习贯彻习近平同志在全国宣传思想工作会议上的重要讲话精神」, 『新闻战线』, 第11期, http://paper.people.com.cn/xwzx/html/2013-11/01/content_1422853.html.

온 중국 여행객은 매년 400만을 초과했고, 대만 10개 지점과 중국대륙 54개 지점 연결하여 매주 670편이나 된다. 중국에서 사업을 하는 중국에 등록된 타이상의 수도 공식적 통계로는 20만명 정도이나 실제적으로는 150만 정도로 추산하고 있다.[8] 대만의 중국대륙투자액은 확대추세며 투자기한도 장기투자로 변해하고 있다.

만약 중국이 대만에 대해 경제제재를 단행하는 경우 대만은 중국에 비해 더 많은 피해를 입는다. 중국대륙시장은 이미 대만의 첫 번째 수출 시장이 되었고, 대만은 대 중국 수출에서 상당한 흑자를 기록하고 있다. 대만기업은 중국대륙에 지나치게 의존하여, 대만중소기업의 쇠락, 산업공동화 및 국내 및 기타 지구의 투자의 위기가 존재하며, 최종적으로는 대만과 중국의 경제통합으로 진행될 가능성도 존재한다. 무엇보다도 경제통합과정에서 대만은 결코 그 주도권을 가지고 있지 않다.[9]

중국은 경제로서 정치를 촉진하는 전략을 구사했다. 중국의 입장에서 본다면, 대만과의 통일에서 가장 효과적인 방법은 대만을 돈으로 사버리면 된다. 마잉주 시기 중국은 두 갈래 전선을 강화했다. 정치적으로는 양안양회와 양안사무수장회담, 양안지도자회담(시마회)등의 공식기관을 통한 교류를 증가시켰고, 경제적으로는 중국의 거대한 관방자금으로 대만기업을 인수합병하거나 주식을 매입했다. 양안 교류 초기의 중국은 타이상의 자금과 인재, 기술, 관리경험을 빌어, 세계 공장의 지위를 확보하는데 이용했다. 중국경제가 장대하게 성장한 이후, 핵심산업, 관건적 기술이 결핍되어 이를 본국산업을 육성하는 목표로 설

---

8) 대만행정원 대륙위원회, www.mac.gov.tw
9) 타이상은 중국투자에 과도하게 치중하여 대만의 산업공동화 현상을 초래하고 있다. 11%의 타이상은 대만에서의 경영을 종결하였다. 다른 1/3의 타이상들은 점포는 대만, 공장은 중국에 있는 홍콩모델을 배우고, 생산라인을 중국으로 전부 옮겨, 대만은 단지 수주, 설계, 자금 조달 등의 기능만 있다.

정하여 대만기업에 대한 사냥을 확대했다. 대량의 자본을 투입하여 산업을 일으켜 대만기업과 직접적인 협상에 나서거나, 혹은 대만의 우량산업에 대해서 인수 합병과 주식투자를 통해 후발주자의 딜레마를 벗어났다.

양안경제기본협정을 체결하자 중국은 국가자본을 조달하여 직접적으로 패널, 태양에너지, LED산업 등에 투자했다. 그러나 하이테크 기술의 결핍으로 인해 대량생산과 저가제품으로 전락해, 공급이 수요보다 많아 가격이 떨어지고 오히려 자신들에게 손해를 입히기도 하였다. 이러한 실패의 경험에 비춰, 대만기업과의 정면대결 전략에서 인수합병, 주식투자로 전환되었다. 결과적으로 대만에서의 인수합병과 주식투자는 중국기업집단의 금전게임이 아니라 중국산업발전을 위한 절묘한 계책이 숨겨져 있었다. 최근 칭화그룹(Tsinghua unigroup)의 예에서 알 수 있듯이 무한한 자금으로 세계적인 대기업의 인수합병을 진행할 뿐만 아니라 대만의 중요한 기업들도 표적물이 된다.

중국경제에 대한 과도한 의존은 대만경제를 약화시켰다. 중국의 붉은 자본에 대해서는 속수무책이며, 정부 역시 기업에 대해 방임한다. 대만자본시장에 대한 투자인들의 신뢰가 사라져, 자금이 대량 빠져 나간다. 대만자금의 해외로의 유출은 2015년 2분기까지 2047억이 넘는다. 더욱 엄중한 것은 중국자본은 외국자본으로서 대만주식을 점령하는 주력부대며, 자본시장에서 대만의 우수기업을 합병하고, 대만산업의 기반을 없애 버린다는 점이다.

대만의 기형적인 산업생태와 자본시장이 연결되어 일종의 악순환이 계속된다. 2~30년 전 대만의 경제성장은 대만이 주문하고 중국에서 생산하는 것으로서 대만경제에 보탬이 있었다. 중국은 고용율을 높이는 이익을 얻고 기업영리상에서 우량기업들의 외자보유가 과반을 넘어서 기업에서 창조된 영리적 이익은 외국투자인들이 향유한다.

바꿔 말해 과거 GDP의 성과는 중국노동자와 외국투자인들에게 돌아가고, 대만기업의 월급은 오히려 줄어들고, 실업률이 더 높아졌다는 점이다.

마잉주 집권기에 중국은 대만산업에 대한 인수합병 전쟁에 참가했다. 돈으로서 총탄을 대체하고자 한 것이다. 즉, 상업전장으로서 무력전장을 대체하여 대만을 사버리는 전략을 구사했다. 이러한 상황 속에서 대만인들의 실질적 소득은 높아지지 않았고 오히려 중국에 대한 합병을 두려워한 민중들은 다시 민진당의 차이잉원 정부를 선택했다. 물론 차이잉원 정부 내부에도 이견이 대립하고 있다. 대만의 경제를 위해 중국으로 가자는 서진파와 중국의 과도한 무역의존을 탈피하기 위해 동남아로 향해야 한다는 남진파가 존재한다. 그러나 현재는 분명 남진파가 우세하다.

중국의 지도계층은 이미 공개적 장소에서 대만은 중국무역으로 거액의 흑자를 누리고 있어 대만경제는 중국대륙이 지탱해 준다고 강조한다. 중국은 비록 대만에 대해서 무역제재나 양안교류중단을 취하겠다고 밝히지 않고 있지만, 대만에 대한 경제적 제재수단을 가지고 있다고 겁을 주는 것을 잊지 않고 있다. 경제수단은 원래 대만의 협상 카드였다. 그러나 이러한 협상카드는 조금씩 조금씩 역전되어 대만의 부채가 되어버렸다.

3) 중국의 압력증가 추세

중국의 협상가들은 고도의 인내심을 구비하고 있다. 이는 중국의 가장 큰 협상특징 중의 하나다. 그러나 대만과의 협상에서 중국의 협상 인내심이 바닥을 드러내 보이는 경우가 자주 관찰된다. 이는 시간적 요소가 중국에게 압박으로 작용하기 때문이다. 중국은 이미 외교, 경제무역, 군사력 등의 경쟁에서 대만을 월등히 뛰어넘었다. 그러나 시간은 사람을 기다려 주지 않기 때문에 초조감을 쉽게 나타낸다. 대만민주화의 발전은 대만인들의 자주성과 주체성을 제고시켰으며, 중국과 깊은 인연을 지닌 '룽민(荣民, 쟝제스와 함께 대만에 온 사람들)'들은 쇠락했고, 이에 따라 중국에 대한 구심력도 퇴색하였고, 통일을 지지하는 대만 내부의 역량 역시 갈수록 줄어들고 있다. 더욱이 대만독립건국을 종지를 삼는 민진당이 2016년에 재집권했다. 또 현시의 과반 이상, 국회의 과반이상을 장악해 창당 이래 가장 장대해졌다. 아울러 '나는 대만인이다'라는 대만의 정체성을 갖춘 사람들이 늘어나고 있는 추세다. 중국은 통일에 대한 긴박감을 가질 수밖에 없는 이유다.

1980년대 덩샤오핑 시대에는 대만과의 통일을 조국의 삼대임무[10] 중의 하나로 설정했지만 통일은 그래도 비교적 먼 미래에 있었다.[11] 쟝저민은 1998년 8월 24일 대만관련 관계책임자들과의 대화에서 양안 정치협상은 이미 역사적으로 협상일정에 진입했다.(进行两岸政治谈判己历史性地提上了议程)"[12]고 밝혔다. 또 1998년 10월 구왕회담 전에 쟝저민은 담화에서 "통일문제는 영원히 시간을 끌 수 없다(统一问题不能永远拖下去)"고 밝혔다.[13] 2000년 2월 21일 백서에서 만약 대만이 무기한적으로 양안협상을 지체시킨다면 대만에 대한 무력사용도 가능하다고 밝혔다. 이러한 거동은 중국이 대만과의 정치협상에 대한 긴박감을 나타낸 것이다. 2005년 후진타오는 통일에 대한 가능성이 희박하거나 대만이 시간을 지연시킨다면 무력을 행사하여 대만을 해방한다는

---

10) 반패권주의 세계평화수호, 대만과의 통일, 경제건설 및 4개 현대화건설이다.
11) 덩샤오핑은 1983년 양리위(杨力宇) 교수와의 접견에서 "당연히 통일 실현은 시간이 필요하다. 만약 급하지 않다고 말한다면 그건 거짓말이다. 우리와 같은 노인들을 빠른 시일 내에 실현을 희망한다"고 말했지만 비교적 느긋했다
12) 华青, 「两岸政治谈判势在必行」, 瞭望新闻周刊, 第38期, 1998年9月21日, p.31.
13) 联合报, 1998年10月13日.

반분열국가법을 통과시켰다. 시진핑은 양안 간 최고지도자 회담을 개최했고, 양안 주무부서 장관회담을 진행시켜 정치협상에 대한 열망을 드러냈다.

4) 미국의 양안정책

덩샤오핑은 대만문제는 곧 미국문제라고 말했다. 그만큼 미국은 대만의 안전에 가장 관건적인 국가다. 미국은 대만문제를 중요한 카드로 활용해서 중국과의 관계개선에 활용했다. 또 대만내부를 통제하기 위해서 '대만포기론'을 언론에 띄우기도 했다.

미국의 입장으로 볼 때 양안관계의 현상유지(status quo)가 미국의 이익에 가장 부합된다. 만약 대만이 독립해버리거나 혹은 대만이 중국과 통일되어 버린다면 중국을 견제할 카드가 없어진다. 그러므로 미국과 중국에 대해서 이중억제 전략을 편다. 즉, 중국에 대해서는 대만에 대한 무력사용은 허용치 않겠다고 경고하며, 대만에 대해서는 타이두를 지지하지 않겠다고 경고한다. 즉, 현재와 같은 통일도 독립도 아닌 상태로 대만이 있기를 바라는 현상유지다. 그러나 정확한 의미의 현상유지는 없다. 모든 현상은 변화한다. 그렇다면 도대체 미국이 생각하는 현상유지는 무엇인가. 2004년 4월 21일 미국무부 아태차관보(James Kelly)제임스 켈리는 '대만관계법 25주년' 국회청문회에서 '현상'이라는 개념을 지속적으로 사용하면서 미국의 양안정책에 관한 입장을 밝혔다. 소위 말하는 현상유지(status quo)는 "미국이 정의하는 현상유지(as we define it)"다. 대만에 대해서는 독립을 지지하지 않으며, 중국에 대해서는 대만에 대한 무력사용(use of force)이나 무력위협(threat of force)에 반대하는 것이라고 밝혔다.[14]

미국은 한국전쟁 이틀 후에 대만해협에 개입한 후 전략적으로 대만을

'불침의 항공모함(unsinkable aircraft)'으로 간주했다. 그러나 국제정세의 변화에 따라, 전술적인 면에서 미국은 중국에 대해 대만주권문제를 조금씩 양보했다. 현행 미국의 대만해협 정책의 핵심원칙(core principles)은 '삼보일법(상하이공보, 중미수교공보, 817공보, 대만관계법)'에 기초한 '하나의 중국정책'이다. 그러나 하나의 중국정책은 중국의 '하나의 중국 원칙'과 다르다. 미국은 항상 '우리의 일중정책(our one China policy)'으로 부른다. 미국은 국제정세의 변화에 따라 대만을 중국에 대한 협상카드로 유용하게 활용했다. 세계정세의 발전에 따라 대만문제는 중미 간에 주변화 되기도 하였고 중심문제로 되기도 하였다.[15]

3개의 공보 중에 미국이 진술한 문자를 비교해 보자면, 미국의 대만 및 양안관계의 입장은 계속해서 중국의 압력에 양보했다. 먼저 상하이

---

14) James A. Kelly, Overview of U. S. Policy Toward Taiwan, Assistant Secretary of State for East Asian and Pacific Affairs, Testimony at a hearing on Taiwan, House International Relations Committee Washington, DC, April 21, 2004. https://2001-2009.state.gov/p/eap/rls/rm/2004/31649.htm

15) 제1기로서 국공내전에서부터 1972년까지다. 국공내전이 발발하자 미국은 국민당의 편에 섰고, 1950년 한국전쟁 발발 이틀 후에 미7함대가 공산주의 확산을 봉쇄한다는 명분으로 대만해협에 개입하여 쟝제스를 지원했다. 1954년에 미국은 대만과 공동방위 조약을 체결하면서 중공과는 적대적 관계에 섰다. 이 시기는 중미 양국은 상호 군사대치기에 있었다. 제2기로는 1972년부터 1989년 기간이다. 이 기간은 대만문제가 주변화 된 시기다. 대략적으로 1972년 닉슨의 중국대륙 방문부터 1989년 천안문 사태까지의 기간으로 중-미간 대만문제에 관한 논쟁은 소강상태에 있었다. 중미 양국은 소련 견제에 대한 공통된 이익을 가지고 있었으므로, 미국은 중공을 끌어 들이기 위해 1971년 중화인민공화국의 유엔가입을 묵인하고, 쟝제스(蔣介石)는 유엔(UN)에서 축출되어 그 정통성에 타격을 입었다. 제3기로는 1989년 천안문 사태 이후 현재까지의 시기다. 이 시기는 대만문제가 다시 부각된 시기며, 2010년 미국이 아시아 회귀정책을 선언하고 나서 대만문제가 중미 간에 첨예한 문제로 부각되고 있다. 1989년 천안문 사태로 인해서 중국은 국제적으로 고립되었다. 무엇보다도 소련의 해체로 인해서 중국의 전략적 가치와 지위가 그만큼 떨어졌으며, 미국으로서는 대항해야 할 적이 없어졌다. 또한 1980년대 말에 이르면 미국은 이미 중국대륙의 굴기를 인식하기 시작하였고, 그런 결과 중국굴기로 인한 미국의 걱정과 맞물려 대만문제가 다시 부각되기 시작했다. 이에 미국은 다시 대만카드를 중시하기 시작했다. 미국은 '하나의 중국정책'으로서 중공의 입장을 설득시키고, 대만에 대해서 '대만관계법'을 빌어서 대만을 이해시켰다.

공보에서 중국이 대만에 대한 주권을 소유한다는 입장에 대해서 모호한 설법으로부터 시작하여 점점 이를 받아들이는 쪽으로 나갔다. 둘째, 미국은 중화인민공화국 정부가 중국을 대표하는 유일합법 정부임을 승인했다. 셋째, 미국은 817공보에서 미국은 두 개의 중국, 혹은 일중일대의 정책을 추구할 뜻이 없음을 밝혔다. 이 세 개의 공보를 비교해서, 1998년 6월 30일 클린턴은 상하이에서 구두로 '3불지지정책' 표명했다. 즉, 대만독립 불지지, 두 개 중국 혹은 일중일대(一中一台) 불지지, 대만이 국가를 조건으로 하는 국제조직 가입을 지지하지 않을 것임을 표명했다.[16]

미국과의 친소관계에 따라 타국들도 자신들의 국가이익을 위해 대만에 대한 이중적인 태도를 취하고 있다. 대만의 지위를 둘러싸고 대만과 '중국'은 어떠한 관계에 있는가에 대해서는 다수의 국가들이 애매모호한 태도를 취하고 있다. 대만문제에 대해서 이러한 모호한 태도를 취해야만 대만과의 실질적인 관계를 맺을 수 있기 때문이다. 만약 법률적으로 대만이 중화인민공화국의 하나의 성이거나 일부분임을 승인한다면 각 국 정부는 대만과의 관계를 향상시킬 경우에는 베이징 중앙정부의 묵인 혹은 동의를 얻어야 하기 때문에 이는 각 국이 스스로를 옭아매는 것이 되기 때문이다.[17]

1996년 대만해협 위기 이래, 미국의 정책중심은 대만해협에서의 군사충돌을 방지하는 것이다. 미국이 피동적으로 전쟁에 개입되기를 원

---

16) The Washington Times, July 1, 1998 ; and The Wall Street Journal, July 2, 1998.
17) 중국은 외국과의 수교에 반드시 일중원칙을 강요한다. 예를 들어 한국은 중국과의 수교성명에서 "대만은 중국의 일부분임을 승인한다(인정한다, recognize)"고 밝혔다. 미국과 일본은 대만이 중화인민공화국의 일부분이라는 것을 승인하지는 않았지만, 세 개의 공보에서 "대만은 중국의 일부분이라는 사실"을 인지(Acknowledge)한다고 밝혔다. 인지와 승인은 분명 다르다. 심지어 일본은 중일수교에서 '충분히 이해한다(fully understand)', '존중한다(respect)'는 단어를 사용했다.

하지 않기 때문이다. 대만문제는 미국이 정치, 경제, 군사, 문화에서 체계적으로 중국대륙에 영향력을 행사 할 수 있는 좋은 카드다. 만약 미국이 대만에서의 영향력을 잃어버린다면 서태평양상의 전략적 국면에 구멍이 뚫린다. 이는 한국, 일본과 동남아 국가들로 하여금 동아시아 지역에서 미국에 대한 신뢰를 다시 의심하게 만들 것이다. 만약 미국이 베이징의 무력사용을 묵인한다면 국제적인 위신은 실추될 것이고, 아시아 국가들 역시 미국에 대한 안보의존도는 낮아지고 상대적으로 중국대륙의 영향력은 급속으로 확대될 것이기 때문이다.

종합하자면 미국은 지금까지 중국을 견제하는 카드로 대만을 활용했다. 이국제공(以国制共, 국민당으로서 공산당을 제어함), 이장제모(以蔣制, 쟝제스를 이용해 마오저뚱을 제어함), 이대제화(以臺制華, 대만으로서 중국을 제어함), 화이불통(和而不統, 양안은 평화로우나 통일은 안됨)이다. 양안은 평화롭게 지내지만 통일되어서는 안 되며 대만으로서 중국을 제어하고자 한다. 미국은 대만관계법에 의거하여 대만에 무기를 판매한다. 대만은 미국 무기의 성능여부를 떠나 미국의 안전보험에 가입하기 위해서 무기구매라는 보험료를 지불하고 있고 또한 이는 대만인들을 심리적으로 안정시키는 역할을 하기 때문에 미국의 정책에 보조를 맞출 수밖에 없다.

지난 20년 간 미국은 대만문제에 대해서 두 가지 요인에 의해 영향을 받았다. 하나는 대만의 민주화며, 다른 하나는 중국의 굴기였다. 대만의 민주화로 인하여 이전처럼 대만을 쉽게 조종할 수 없다. 2003-2008년 천쉐이볜 시기는 대만과 미국 간 전략적 불일치를 드러낸 시기였다.

중국의 굴기는 현실화되었다. 중국 굴기(中國崛起)는 구소련의 붕괴 이후 조성된 탈냉전 시대와 동시에 이루어짐으로써 중국은 점차 구소련을 대신하게 되었다. 미국은 굴기하고 있는 중국을 겨냥하여 아시아 회귀정책(Return to Asia)을 채택하였다. 중국의 동아시아 전략은 부상하는 국력과 국위에 걸맞은 국제적 위상을 높이면서 먼저 동아시아 해양에서 중국의 이익을 확보하여 전통적 패권을 회복하는 것이다. 그런 결과로 중미 관계는 협력의 요소보다 갈등의 요소가 더 많다. 지금 동아시아에서 첨예하게 전개되고 있는 것이 그 증거다. 그 무대는 동아시아 해상의 네 개의 화약고다. 남중국해(난사군도), 대만해협, 동중국해(조어도), 서해의 해양지역이다. 특히 대만해협은 앞으로 상당한 긴장이 예상된다.[18] 미국 역시 2016년 5월 16일 '6항 보증(六項保證)'과 '대만관계법'이 미국과 대만관계의 중요한 기초임을 확인하는 결의안을 하원의 만장일치로 통과시켰다.[19] 이로써 1982년 로널드 레이건 미국 대통령이 대만 지원에 대한 원칙을 구두로 약속한 '6항 보증'은 미국에서 처음 문서로 만들어진 형태로 공식화됐다.[20] 트럼프가 당선된 이후 처음으로 차이잉원의 전화를 받는가 하면, 중국과의 협상에서 있어서 '하나의 중국' 카드를 다시 만지작거리고 있다.

---

18) 또한 대만은 난사군도(南沙群島)의 최대 섬인 태평도(太平島)를 실지 지배하고 있다. 물론 국제중재재판소(PCA)의 결정을 인정하지 않는다고 밝히고 있지만, 태평도를 국제보급운수기지로 내 줄 수 있다고 언론에 흘리고 있다. 이는 중국을 강하게 자극했다.

19) H. Con. Res. 88-Reaffirming the Taiwan Relations Act and the Six Assurances as the cornerstone of United States-Taiwan relations. May 16, 2016.

20) 6항 보증은 대만관계법을 수정하지 않을 것, 대만에 대한 무기판매에 대한 종결 시점을 설정하지 않을 것, 무기판매에서 중국의 의견을 묻지 않을 것, 미국은 양안 간에 조정자 역할을 하지 않을 것, 미국은 대만주권의 입장에 대해서 변경하지 않을 것, 양안 간 협상을 억지로 강제하지 않겠다는 것이다

미래의 양안협상에 영향을 미치는 요소

    차이잉원 정부가 들어서고 난 뒤 현재 양안협상은 교착상태에 처해 있다. 민진당과 공산당 간의 하나의 중국 원칙에 대한 타협이 불가능하기 때문이다. 그러나 진정한 문제점은 쌍방간에 상호 신뢰가 결핍되어 있다는 점이다. 중국은 경직된 자세로 대국으로 자처하지만 대만은 비약적인 경제발전으로 아시아의 네 마리 용 중의 하나가 되었으며, 문화적으로도 대만의 주체성에 바탕을 둔 본토화가 진행되고 있고, 정치적으로는 촌장부터 이장까지 모두 주민의 직간접적인 참여로 의사가 결정되는 민주화의 길을 걸어왔다. 대만내부에서의 이러한 변화와 발전은 결과적으로 대만의 독립자주의식의 제고를 가져왔다. 현재 대만 내부에는 일국양제의 통일방안이 들어설 시장은 존재하지 않는다. 이러한 요소들은 양안 간 협상에서 타협을 어렵게 만든다.

    차이잉원은 양안의 현상유지정책 채택을 경선공약으로 내세우고 2106년 대만총통에 당선되었다. 이는 두말할 필요없이 중국의 압력에 직면할 수밖에 없다. 만약 차이잉원 정부가 하나의 중국 원칙에 관한 '92공식'을 승인하지 않는다면 양안 간의 협상은 진전되기 어려울 것이다.

    현재 양안 간의 협상은 여전히 정치협상을 위한 전단계에 해당된다. 미래의 양안관계는 장차 어떻게 전개 될 것인가? 가능한 빨리 정치협상에 진입하는가? 쌍방의 협상역량은 누가 더 감소하고, 누가 더 증가하는가? 이러한 문제들은 대만의 정치경제 발전, 양안의 교류와 상호작용, 중국의 내부의 정치경제 정세, 특히 미국을 중심으로 하는 국제환경의 변화 등 다양한 차원에서 영향을 받는다.

1 대만의 정치발전

'하나의 대만 두 개의 세계(一個臺灣, 兩個世界)' 이만큼 대만사회를 절묘하게 묘사한 말도 드물다. 대만에는 다양한 차원에서 두 개의 세계가 존재하고 있다. 이를 구체적으로 열거하자면 통일로 대변되는 남색진영, 독립으로 대변되는 녹색진영, 확연한 국가정체성, 통일과 독립에 대한 견해 차이, 남북문제(북쪽은 주로 국민당, 남쪽은 주로 민진당), 본성인과 외성인 간의 성적 문제, 동부와 서부의 발전 정도의 문제, 푸통화와 민난어(대만어) 문제 등이 그것이다. 이처럼 다양하고도 각양각생이 각자의 이해관계를 달리하는 함의가 숨겨져 있다. 두 세계는 분명 대만통합의 최대 걸림돌이다.

장제스와 장징궈에 의한 권위주의적인 통치의 종결은 음지에 있던 또 다른 하나의 세계가 나오는 계기가 되었다. 양장시대(장제스, 장징궈)에는 '대만독립'이라는 단어는 금기어였다. 그러나 1980년대 말에 이르러 대만내부는 정치개혁을 요구하는 시위가 출현했다. 대만의 경제발전과 이에 따른 중산계층의 등장으로 대만민주화의 과정이 진행됨으로써 대만주체의식이 더욱더 제고되었다. 나아가 민주헌법 제정은 민주화 성과를 제도화하는 것으로써, 민주화는 헌정궤적(憲政軌跡)에 안착되었다. 그리고 1990년대 초 대만은 마침내 진정한 민주정치의 길로 들어섰다.[21]

---

21) 민진당 역시 대만의 당금(黨禁)을 뚫고 1986년에 창당했다. 1987년 장징궈는 38년 동안 지속되던 계엄령을 해제하고 역사적인 대륙탐친(大陸探親)을 실시해 양안 간 교류가 시작되었다. 미국 카터정부의 인권외교, 레이건 정부의 민주계획 등은 대만의 정치민주화를 위한 외부의 강력한 압박으로 작용했다. 미국은 민주와 인권을 강조해 끊임없이 권위주의 정당인 국민당에 대해 압력을 행사했다. 또 펑밍민(彭明敏) 등의 타이두 세력들이 미국으로 망명하여 적극적으로 유세한 결과 친타이두적인 미국의원들도 증가했다. 미국의 의원들은 국민당의 권위주의 통치를 반대하였으며 심지어는 대만에 대한 무기판매 정지라는 카드를 내세워 압력을 행사했다. 심지어 일부 의원들

민주화는 곧 대만의 주인은 대만인이며 대만의 앞날은 대만인들이 주체가 되어야 한다는 것으로서 중국위주가 아닌 대만위주의 본토화, 중국인이 아닌 대만인이라는 각성과 대만민주화는 대만의 주체의식을 높이는 계기가 되었다. 이러한 일련의 과정에서 중화민국의 헌법 법통, 양안관계, 국가정위(国家定位)등의 주권문제에 관한 확연히 다른 이견이 백가쟁명식으로 분출되었다.

2 양안의 교류

1987년 11월 대만이 '대륙탐친'을 결정한 이후 30년을 경과한 오늘날 양안의 교류는 괄목할만한 발전을 이룩하였다. 비록 차이잉원 정부가 들어선 이후 중국은 전면적으로 관계를 단절하지는 않았지만 지속적으로 관광객, 농산물 수입을 줄이고 있다. 이에 맞서 현재 민진당의 차이잉원(2016-) 정부는 '신남향정책'을 채택해 대만의 중국의존도를 줄이려고 노력하고 있다. 그러나 차이잉원 정책의 노력에도 불구하고 대만의 중국대륙투자액은 확대추세에 있고 단기투자에서 장기투자로 변하고 있으며 투자영역 역시 노동밀집형 산업으로부터 고기술, 금융, 부동

은 타이두를 지원하기까지 했다. 1990년대 초 중정기념당 광장에서 민주화를 요구하는 철야 데모를 시작되었고. 1990년 3월의 '야백합' 학생운동이 시작되었다. 국민대회해산, 임시조관폐지, 국시회의 개최 및 정치경제 개혁 시간표 제출 등의 4대 요구를 주장하여 대만의 민주정치를 요구했다. 리덩후이는 한편으로는 학생들의 요구를 승락하여 국시회의를 개최하고, 다른 한편으로는 1991년 동원감란시기임시조관을 폐지하였다. 대만민주화의 가장 큰 장애인 '만년국회'는 1996년 6월 사법원 대법관회의의 결정을 거쳐 제1기 중앙인민대표, 즉, 국대대표(國大代表)와 입법위원 등 770인은 1991년 연말 전에 모두 퇴직해야 됨을 결정했으며, 아울러 이른바 '만년국회'의 운영을 중지하여 대만의 민주화 공정은 이로서 새로운 신기원에 진입했다. 그러나 대만의 헌법개정은 매우 빈번해, 1991년 1차 개헌부터 2005년 까지 총 7차례의 개정이 있었고, 평균적으로 2년마다 1차례의 헌법 개정이 있었다. 헌법개정이 빈번한 원인은 여야가 개헌이라는 카드로서 권력 쟁취의 도구로 활용했기 때문이었다.

산 에너지 등으로 확대되어 갔다. 투자구역은 동으로부터 서로 확대되었다. 이미 푸젠, 광동성으로부터 쟝쑤, 저쟝, 상하이, 허베이, 베이징, 텐진 등지와 더불어 중서부지구로 확대되고 있다. 투자영역 역시 노동밀집형 산업으로부터 고기술, 금융, 부동산 에너지등으로 발전되어 갔다.

종합해보면 현재 양안은 점진적으로 경제가 통합되는 추세에 있다. 칼 도이치(Karl W. Deutsch)의 주장에 따르면 경제무역, 서신왕래, 언론교류, 교통, 관광 및 사회소통교류는 정치통합(political intergration)을 촉진시키는 전제조건이다.[22] 통합의 정도가 안전공동체(security community)의 경계에 들어서면 공동체 내의 성원들은 전쟁의 수단으로 피차 간의 분쟁을 해결하지 않는다.[23] 다시 말해, 만약 양안이 경제무역, 문화, 교육 등의 영역에서 확실히 통합의 추세에 있다면 전쟁을 통한 분쟁의 해결에는 그만큼 더욱 많은 대가를 치르게 될 것이다. 그러므로 이러한 정황은 양안 간의 상호의존성(mutual dependency)과 상호취약성(mutual vulnerability)을 모두 증가시켜, 쌍방은 평화의 수단으로 피차의 이견을 해결하게 된다. 또한 양안 간의 교류는 객관적인 환경의 영향을 받는다. 예를 들어 양안이 세계무역조직(WTO)에 가입한 후처럼 지속적으로 경제체제를 개선하고 국제시스템에 편입된다면 대만의 기업체들 역시 세계적인 차원에서 중국과 밀접하게 연계될 가능성이 높아진다. 대만의 중국 경제에 대한 의존이 높을수록 이는 중국에게는 하나의 큰 협상카드가 된다. 중국이 경제로서 정치를 핍박하는 이상핍정(以商逼政)의 책략을 구사할 것은 자명하다.

------

22) Karl W. Deutsch, "Transition Flows as Indicators of Political Cohesion," in Philip E. Jacob and Henry Tenue(eds.), The Integration of Political Communities(Philadelphia: J. B. Lippincot Company, 1964), pp.75-95.
23) Karl W. Deutsch, and Others, Political Community and the North Atlantic Area: International Organization in the Light of Historical Experience(Princeton, New Jersey: Princeton University Press, 1957), p.5.

3 중국이 당면한 문제들

중국은 '4개의 함정'에 직면해 있다. 즉, 중진국 함정(Middle Income Trap), 타키투스 함정(Tacitus trap), 서양화와 분열화의 함정(西化, 分化), 투키티데스 함정(Thucydides Trap)이 그것이다.

첫째, 중진국 함정이다. 개발도상국이 중간소득국가에서 성장력을 상실하여 고소득국가에 이르지 못하고 정체되어 있거나 다시 저소득국가로 후퇴되는 현상을 말한다. 그 원인은 성장동력의 부족이고, 나머지 하나는 경제전환의 실패에서 비롯된다. 경제 성장은 특정 사람과 특정 분야에 집중되고 사회의 불평등이 급속히 커져 불안정을 불러올 수 있다. 대체적으로 초기의 개도국은 비록 독재정권일지라도 정치적 안정이 지속된다면 어느 정도까지 경제발전을 이룬다. 인건비가 낮고, 선진국의 공장역할을 수행하며, 특정 산업에 대한 선택과 집중이 가능하기 때문이다. 그러나 경제가 어느 수준에 들어서면 새로운 성장 동력을 창출해 내야 한다. 그렇지 않으면 장기불황에 빠질 가능성이 있다. 라틴 아메리카가 그 예이다. 비록 2~30년간의 노력에도 경제가 회복되지 못해, GDP가 아직까지 만 달러의 문턱을 넘지 못했다. 세계은행의 자료에 의하면, 1960년 세계 101개국이 중등수입의 경제수준이었으나 2008년에 이르러 13개 국가만이 중진국 함정을 뛰어 넘었다. 절대다수의 국가들은 중진국 함정에서 벗어나지 못했다. 중국 역시 이를 고민하고 있다.

둘째, 타키투스 함정(Tacitus Trap)이다. 로마의 최고지도자이며 집정관인 코넬리우스 타키투스가 한 말로 정부가 한번 신뢰를 잃으면 "콩으로 메주를 쑨다"해도 민중들은 곧이듣지 않는다는 것이다. 정부가 좋은 일을 하든 나쁜 일을 하든 모두 나쁘게 인식하고, 정부가 거짓을 말하든, 진실을 말하든 모두 거짓으로 여긴다는 것이다. 시진핑이 가장 강조하고 있는 것이 바로 타키투스 함정이다. 민중에 대한 신뢰는 얻기는 매우 어렵지만, 훼손되기는 매우 쉽다. 이를 위해 시진핑은 반부패전쟁, 법치건설과 사법개혁을 결합시키고 있다. 특히 현재 중국의 사회문화를 볼 때 SNS는 이미 대중화 되었고, 인터넷상의 각종 댓글이 난무하는 시대를 살고 있다. 만약 공적업무 처리에 시의적절한 대응을 하지 못한다면 비록 사소한 사건일지라도 일파만파로 파급될 수 있다. 그래서 공적업무의 투명도를 개선하고, 민중과의 소통채널이 매우 중요한 이유이다. 왜냐면 이를 극복하지 못할 경우 공산당 통치의 정통성이 치명적 손상을 입을 것이다.

셋째, 서양화와 분열화의 함정이다. 중국은 아편전쟁 이 후, 서양화와 분열화의 길을 걸었다. 그 결과 중국은 갈라졌으며, 간난을 무릅쓰고 반봉건과 반식민의 상태에서 중화인민공화국을 탄생시켰지만, 건국한 후에도 대만문제를 비롯해서, 분열적인 요소들은 여전히 남아 있다. 신쟝과 티벳 역시 민족, 인권, 민주의 이름으로 언제든지 폭발할 위험 요소를 갖추고 있다. 공산당이 만약 분열적인 요소를 잘 극복하지 못한다면 청말 제2의 리홍장(李鴻章)이 되어 역사의 죄인으로 전락할지도 모른다.

중국은 서양과 '화약연기 없는 전쟁'을 치르고 있다고 생각한다. 미국을 중심으로 하는 서구세력이 평화적인 방법으로 중국의 사회주의제도를 와해시킨다는 화평연변(peaceful evolution)에 대한 우려를 아직도 가지고 있다. 시진핑은 '문화안전'을 특히 강조하고 있다. '서양 잡사상'의 침투에 대비해 사회주의 핵심가치관을 강조하고 종엄치당(从严治党, 엄격하게 당의 기율을 관리)을 강조한다. 중국이 처한 현실을 타개함에 있어서 사상적인 측면에서 본다면 시진핑은 덩샤오핑 보다는 마오저뚱 시대에 더 가깝게 와 있다고 하겠다.

마지막으로 투키티데스 함정(Thucydides Trap)이다. 고대 아테네의 역사학자 투키티데스는 『펠레폰네소스 전쟁사』를 저술했다. 그가 본 이 전쟁의 원인은 굴기하고 있는 아테네의 성장이었고, 이를 두려워한 스타르타가 아테네를 침공하게 되었다는 것이다. 새로 굴기하는 신흥 대국은 필연적으로 기존대국에 도전하기 때문에 기존대국은 이러한 위협에 대응해야만 한다. 비록 시진핑은 2015년 미국방문에서, 투키티데스 함정은 없는 것이라고 강조하였다. 그러나 대국 간에 일단 전략적 오판을 한다면 이는 자신들이 스스로 투키티데스 함정을 만드는 것이다. 21세기 국제정치학의 가장 큰 화두는 굴기하는 중국과 기존패권국인 미국의 대응일 것이다. 중미관계는 갈등과 협력의 요소를 다 갖추고 있는데 특히 안보적인 측면에서 남중국해의 남사군도 문제, 동중국해의 조어도 문제, 대만해협 문제, 미국과 일본, 오스트레일리아, 한국, 필리핀간의 동맹문제, 미국과 미얀마, 베트남과의 관계개선 등을 볼 때 현재 미중관계는 협력의 요소보다 갈등의 요소가 더 증폭되어 가고 있다. 또한 중국이 '중국 꿈'을 순조롭게 실현한다면, 미국의 패권은 자연적으로 심각한 도전에 직면하게 될 것이다. 그 결과 중미간의 충돌, 전쟁의 가능성을 배제할 수만은 없다.

시진핑은 '두개의 백년'을 이루기 위한 자신의 집정이념으로 '4개 전면(四個全面, Four Compreshensives)[24]을 내세우고 있다. 중국은 14억이 넘는 인구대국이다. 전 세계가 중국이 4개의 함정을 뛰어 넘을지 주목하고 있다. 그에 따라 중국의 미래가 어떻게 변화하는지, 미래의 10년 중국공산당 6세대 지도자들의 정치민주화 여부, 이로 인한 중국 정권의 변화는 어떻게 전개되는지가 그것이다. 중국정권의 변화, 특히

---

24) 즉, 전면 소강사회건설(全面建成小康社會), 전면 심화개혁, 전면 의법치국(依法治國), 전면 종엄치당(從嚴治黨, 당을 엄격하게 관리)이다. 여기서 전면이라는 것은 경제에 강조점을 둔 과거와는 달리, 정치 · 경제 · 사회 · 문화 등 전반에 걸쳐서 전면적으로 동시에 추진한다는 것이다. '4개 전면'은 2015년 3월 전인대를 통과함으로써 최소한 향후 시진핑의 임기동안 중국을 통치하는 기본 치국이념이 될 것이다.

공산당 일당독재체제의 변화가 불가피하다면 정치민주화 혹은 새로운 전제정권이 출현할지, 혹은 아래로부터 위로의 정치혁명이 일어날지, 이러한 가능성의 변화는 의심할 여지도 없이 양안관계에 충격을 가할 것이다.

4 국제환경의 변화

국제환경에 대한 중국의 기본적인 인식은 현재의 국제권력구조는 다극화의 방향으로 발전하고 있는 과정이라고 본다. 그러나 다극세계의 구조는 아직 완성되지 않았고, 현실은 여전히 일초다강(一超多强)이다. 강대국 간의 차이는 상당할 정도로 균형적으로 되어 가고 있으며 미국의 실력은 상대적으로 하락추세에 있다. 대국의 숫자는 늘어나고 있지만 20년 안에 미국에 필적할 만한 실력을 갖춘 나라의 등장은 예상하기 어렵다. 그러나 2000년 이후 중국은 적극적으로 군비와 무장을 강화해오고 군사비 지출도 두 자리 숫자의 증가세를 유지해왔다. 나아가 지속적으로 자체무기를 연구하고 러시아로부터 신형무기를 수입해오고 있다. 지역패권을 겨냥하는 초강대국의 의도가 상당히 드러나 보인다. 양안 간의 군사적 평형은 이미 깨진 지 오래다. 만약 양안이 무력으로 충돌할 경우 미국과 일본 등의 국가들이 개입할 수 없다고 생각된다면 중국은 인내심을 발휘하지 않고 대만문제 해결을 미루지는 않을 것이다. 즉, 협상에 대한 인내심이 바닥이 나면 무력적 방법을 동원하는 모험을 시도할 가능성이 높다.

중국은 전통적 대륙 국가에서 해양국가지위로 전환시키는 의도를 드러내고 복합성 국가임을 강조하고 있다. 이러한 형세는 이미 아태 지구 주변국가들의 경계심을 자극했다. 일찍이 과거 중국 해군이 작성한 해군의 발전을 3단계로 구분해서 기획했다.[25] 2021-2040년 이 시기의 중국의 목적은 해양강권국가와 대등해지는 것이었다. 세계의 어느 대양에서나 전투를 치를 수 있는 해군을 만드는 일이다.[26] 중국의 군비와 무장력의 정비는 주변국들에게 중국위협론을 부각시킨다. 특히 동남아시아에서는 베트남이 동북아시아에서는 일본이 주시하고 있다.

중국의 군사 발전에 가장 도전을 받고 있는 나라는 당연 미국이다. 냉전이 해체되고 나서 미국의 대 중국정책에는 3종류의 다른 견해가 있어 왔다. 중국봉쇄(confrontation)정책, 전복책략(destabilization), 전방위 교류정책(comprehensive engagement)정책이다.[27] 또 이들을 복합적으로 사용하는 위화(圍和, congagement)정책이다. 즉, 중국에 대해 봉쇄(confrontation)와 교류(engagement)를 병행하는 것이다. 그러나 본질적으로 모두 중국을 억제하는 것이며 이는 연성봉쇄(soft containment)와 경성봉쇄(hard containment)의 차이일 뿐이다. 클린턴 집권초기, 중국은 천안문 사태로 인해서 외교적으로 고립되었고, 소련의 해체로 인해서 중국의 전략적 가치가 떨어져 미국은 더 중국 봉쇄정책을 취했다. 이 시기는 대만의 전략적 가치가 높아졌다. 그러나 1994년 이후 클린턴 정부는 점진적으로 교류정책으로 기울어졌다. 더

---

25) 2000년 전은 1단계로 해군전략과 과학기술 인재를 양성하고 함정은 대형화, 탄도미사일화, 전자화 방향으로 발전했다. 2단계는 2001-2020년의 시기로, 자체적으로 항공모함을 건설하며, 3단계는 2021-2040년의 시기로 명실상부한 해양강군이 되는 것이다.
26) Jun Zhan, "China Goes to the Blue Waters: The Navy, Seapower Mentality and the South China Sea," The Journal of Strategic Studies, Vol. 17, No. 3(September 1994), p.192.
27) David Shambaugh, "The United States and China: A New Cold War," Current History, Vol.94, No.593(September 1995), pp.243-244 ; David Shambaugh, "Containment or Engagement of China?" International Security, Vol.21. No.2(Fall 1996), pp.180 -209 ; Gideon Rachman, "Containing China," The Washington Quarterly, V.19. No.1(Winter Hardliner Are Wrong," The National Interest, No. 49(Fall 1997), pp.42-51 ; David Shambaugh, "China Engages Asia: Reshaping The Regional Order," International Security, Vol.29, No.3(Winter 2004), pp.64-67.

욱이 1996년 3월 대만해협 위기 후에 미국은 진일보하여 대중국정책을 재조정하였다. 교류와 신뢰구축조치(confidence building measures)를 실시했고, 1997년 쌍방은 성명을 발표하여 건설적 전략 파트너 관계를 확립했다. 2000년대에 들어서 미국이 중동에서 일으킨 두 개의 전쟁, 대 테러전쟁 등의 요소로 인해 국제사회에서 중국의 도움을 필요로 하게 되었다. 이 시기는 민진당 천쉐이볜 정부시기로서 미국은 국제사회에서 중국의 도움을 필요로 했기 때문에 대만이 지나치게 독립의 방향으로 경사되는 것에 대해 압박을 가했다.

2011년 이후 아시아 재균형정책으로 미국은 남중국해, 동중국해, 대만해협, 서해에서 중국을 포위하고 있다. 다시 대만의 전략적 가치가 상승하고 있는 추세다. 2016년 미국 국회는 중국에 대한 봉쇄책략의 강화를 요구하고 있고, 현재 중미 관계는 협력의 요소보다 갈등의 요소가 더 많다. 트럼프는 폭스 TV와의 인터뷰에서 미국은 '하나의 중국정책'의 속박을 받지 않을 것이라고 분명히 밝혔다.[28] 장차 '하나의 중국정책'을 베이징과 거래할 수 있는 협상카드로 삼겠다는 의도를 분명히 밝힌 것이다.

브레진스키의 지정학적인 관점에서 세계의 정세를 분석해 볼 때도 유라시아 대륙은 패권국이 세계 패권을 장악하기 위한 큰 바둑판이다. 중국은 이 패권 각축자 중의 하나며 미국의 정책은 어떠한 국가가 유라시아 대륙을 주도하는 것을 방지해야 한다. 그러므로 대만을 지정학 정치의 핵심적 변수로 고려해야 한다. 바꿔 말해, 대만지위의 변동(만약 중국에 의해서 통일)은 강국이 유라시아 대륙에서의 경쟁에 영향을 미치는 결과다. 그래서 만약 미국이 중국이 무력에 의해서 대만통일을 묵인한다면 미국의 아태지구의 지위는 대재앙이 된다. 고로 미국은 아

---

28) 张麟徵, 川普的台湾牌有用吗, 海峡评论, 314期, 2017年2月号。

태지구 지정학적 이익을 고려하여 대만해협에 반드시 간여해야 한다.29) 이로서 알 수 있듯이, 아태지구의 국제권력구조에서 미국, 일본과 중국은 기본적으로 상호 모순적이고 경쟁의 관계에 처해 있다. 이러한 구조는 대만이 미국과 일본의 힘을 빌어 중국과 협상하는 좋은 카드가 된다.

제3절 ## 대(对) 중국협상에서의 일련의 원칙들

중국의 협상스타일은 완고하고 그만큼 상대하기 어려운 협상으로 정평이 나있다. 중국과의 협상경험이 있는 협상대표들은 이러한 중국의 협상스타일에 대해 이미 적지 않은 충고를 해왔다. 예를 들어 미국의 해군 대장 조이(Joy, 裵伊)는 한국전쟁에서 얻은 경험을 토대로 해서 다섯 가지 충고를 하였다. 첫째, 공산당의 응답을 받기 전에 어떠한 양보도 해서는 안 되며, 중국이 일방적으로 협상장소를 선택하게 해서는 안 되며 협상 장소 역시 중국이 통제하는 곳이어서는 안 된다. 둘째, 협상단의 성원은 분명하고 빠른 사고의 능력을 지닌 인재라야 한다. 셋째, 반드시 무력위협사용에 대한 준비를 철저히 해야 한다. 넷째, 협상단 내부의 전체의견이 일치한다고 가정하지 마라. 다섯째, 회담시간은 간단해야 하고, 사전에 수립한 시간 범위 내에서 진행한다. 이외에도 북한 및 중국은 미국의 인내심 결핍을 이용해서 승리를 도모했다고

---

29) Zbigniew Brzezinski, The Grand Chessboard: American Primacy and Its Geostrategic Imperatives(New York: Basic Books, 1997).

밝혔다.[30)]

아이클(Ikle)도 조이와 대동소이한 결론을 내리고 있다. 만약 중국대륙이 미국으로부터의 공중, 혹은 해상의 공격을 받을 우려가 클 때 혹은 서방이 유리한 조건을 얻을 경우 가능한 빨리 정전협상 협의가 달성될 수 있다. 그러나 불행히도 1951년 초에 미국 국무원은 중국대륙을 공격할 의도가 없다고 발표했다.[31)] 랜드 연구소(RAND Corporation)의 한 연구는 1951년 한국전쟁 정전협정을 평가하면서 미국을 위주로 하는 서방의 협상대표는 자신들이 스스로 도덕적 입장을 유지해 그 피해를 직접 받았다고 밝히고 있다.[32)] 여기에는 잘못된 인지가 있었다. 첫째, 미국위주의 협상단은 회의실내에서 진심으로 토론하는 것이 가장 중요하다고 생각했다. 둘째, 협상대표단은 합리성과 친절한 행위를 베풀면 공산당의 협상대표들 역시 같은 예절로 대응하게 될 것이라 생각했다. 셋째, 서양의 협상대표는 위협전술을 회피하고, 공산당의 요구를 믿었으며 공산당 역시 마찬가지로 자신들의 입장을 절제할 것으로 예상했다.[33)]

솔로몬은 중미협상의 사례를 연구한 후에 중국협상에 대한 10가지 준칙을 제출했다. 첫째, 실제의제를 냉정하게 관찰하고 둘째, 중국과의 역대 협상기록을 사전에 확실히 파악하고 셋째, 자신의 마지노선을 알고, 넷째, 중국은 빨리 협의에 이르는 방법을 믿지 않는다는 점이다. 그러므로 인내심을 가져야 한다. 다섯째, 시간의 압력을 피하여야 한다. 협상은 마감 기일에 가까워야 하고, 차라리 협상 결과가 없더라도

---

30) Ibid., p.39.
31) Ikle, How Nations Negotiatie, pp.250-251.
32) Chuck Downs, Over The Line: North Korea's Negotiating Strategy(Washingtong D.C. : The AEI Press, 1999), pp.5-6.
33) Chuck Downs, Over The Line: North Korea's Negotiating Strategy(Washingtong D.C. : The AEI Press, 1999), pp.5-6.

중국이 시간을 이용하여 이익을 취하게 해서는 안 된다. 여섯째, 언론 매체의 압력을 줄이고, 일곱째, 중국의 정치적 배경과 협상 스타일을 이해하고 여덟째, 중국인들이 말하는 우의(友谊)의 함의를 자세하게 알아야 하며 아홉째, 중국과 교류하는 전략방향을 발전시키고 열번째, 중국의 압력전술(施压战术)을 피하라.[34]

루시안 파이는 미국의 정책결정자들에게 다음과 같이 충고했다. 첫째, 중국이 부리는 농간을 반드시 인식하고 농락당해서는 안 된다. 둘째, 반드시 미국 협상단을 이간시키는 충돌질을 예방하고 셋째, 토론의 주제에 대해서 세밀하고 깊게 이해하고 아울러 과거 중국이 이에 대해 같은 주제의 토론기록을 확실히 참고하고, 다섯째, 협의 서명이 협상의 최후확정적인 완결의 동작이 아님을 이해하고, 여섯째, 중국이 안면을 바꾸는 문제에 대해서 걱정하지 말아야 한다.[35] 이외에도 미국 기업 회장들에게 직접 협상단을 이끌고 중국과 협상하는 것을 피하라고 지적했다. 그렇지 않으면 부하의 후속협상에 나쁜 영향을 미친다고 충고했다.

중국기업과의 협상은 기본적으로 중국회사가 갈망하는 선진과학기술을 구비해야 하고 이외에도 협상에 대한 충분한 인내심, 분명한 목표, 아젠다 장악, 협상요원의 신중한 선발이 중요하다. 여기에 더하여 중국문화를 이해하고, 중국의 사업 심리, 중국이 관심을 두는 우선 사항을 알아야 한다. 협상에서 미국이나 유럽인들의 약점은 인내심이 부족하다는 것이다. 그러므로 협상초기에 중국에게 협상의 속도가 장악당하고, 중국어로 말하는 협상인력의 부족도 그 원인이다. 서구기업가

---

34) Solomon, Chinese Political Negotiating Behavior, pp.158-162.
35) Lucian W. Pye, "Understanding Chinese Negotiating Behavior: The Role of Nationalism and Pragmatism," in Kim R. Homes and James J. Prsytup(eds.), Between Diplomacy and Deterrence Strategies for U.S. Relation with China (Washington, D.C. : The Heritage Foundation, 1996).

들이 인식하는 중국의 협상 장점은 첫째, 끝이 없이 흥정을 하고 비록 협의에 서명했다 할지라도, 심지어 사업이 이미 진행된 후에도 쉬지 않고 흥정을 한다. 둘째, 인내심으로 충만되어 있고, 분명한 시간 제약도 없고 셋째, 상사의 결제를 이용해서 협의 달성을 미루거나 혹은 앞에 이미 동의한 입장을 번복하는 것을 꼽았다.[36] 그러므로 이러한 점들을 극복하기 위해서는 첫째, 도착해서 짐을 챙겨 돌아올 때까지의 시한 설정, 둘째, 원하면 마음대로 협상을 중단하고 셋째, 관건적인 의제에 대해서 입장이 확고부동해야 하고 단 부차적인 문제에 대해서는 양보하며 넷째, 중국이 무엇을 필요로 하고 왜 필요한지를 알아야 한다. 다섯째, 주동적으로 협의를 준비하며 초안을 기획하고 자신이 관철시켜야 할 사항은 시작부터 포함시킨다. 여섯째 가능한 모든 방법을 동원해서 아젠다를 장악한다. 일곱째, 협상요원을 선택하여 최소한 한 사람 이상 중국어를 사용하는 자를 선발한다. 이는 중국협상단이 협상 테이블에서 사사로이 중국어로 의견을 교환하는 것을 막을 수 있다.

양안협상은 독특성을 구비하기 때문에 기타 국가들의 정황과는 다소 차이가 있다. 때문에 기타 국가들과 중국과의 협상 경험을 완전히 대만에 적용할 수가 없다. 그러나 타국이 중국과 한 협상 경험과 건의는 중국의 협상전략과 기교를 이해하는 데 도움이 된다. 중국협상에 대한 대책을 강구하는데 참고로 사용할 수 있다.

---

36) David K. Eiteman, "American Executive's Perceptions of Negotiating Joint Ventures with the People's Republic of China: Lessons Learned," Colombia Journal of World Business, Winter 1990, pp.60-63.

1 자신의 협상목적 이해와 협상전략 세우기

2장에서 소개한 바 있듯이 협상의 전략은 크게 두 종류로 나눈다. 포용성 전략과 대항성 전략이다. 전자는 협상자가 협의를 달성할 성의가 있을 경우다. 그러므로 이에 채택하는 책략은 협력적, 타협적, 솔직함이고 쌍방이 모두 최대의 이익을 얻을 수 있는 방안을 찾는다. 후자는 승리를 최대화하고자 한다. 경쟁, 위협, 불타협의 책략을 선택한다. 2장에서 이미 언급했듯이 푸트남은 한걸음 더 나아가 협상전략을 다시 세 가지로 나눴다. 첫째, 경쟁이다. 상대를 설득하여 양보케 하는 방법이다. 둘째, 문제해결, 쌍방이 만족할 만한 방안을 찾아 충돌을 해결한다. 셋째, 양보. 일방적으로 목표를 낮추는 것이다. 기타, 정치성 혹은 상업성, 다자 혹은 양자협상, 윈-윈과 적대성 협상 시의 책략에 관한 서적은 일일이 헤아릴 수 없다.[37]

그러나 최종적으로 어떤 협상전략을 채택할 지 여부는 궁극적으로 어떤 협상목표를 추구하는지에 의해서 결정된다. 바꿔 말해 목표가 전략을 결정한다. 중국과의 협상을 진행하기 전에 중국 측의 협상동기를 깊게 이해해야 한다. 중국의 내부 파벌, 협상대표의 스타일과 평가에 초점을 맞추어야만 중국의 협상목표 및 협상의 융통성을 이해하는데 도움이 된다.

동시에 자신은 왜 협상을 하는지 분명하게 알아야 한다. 만약 정치적 의제에 관한 협의 달성을 원하지 않는다면 대항하는 전략을 세워야한다. 예를 들어 지연전술을 사용한다면 상대가 받아들이기 어려운 방안을 제기하고, 협상을 중단하겠다고 위협하는 방법을 써야 한다. 만약 협의 달성을 원한다면 포용적인 책략을 구사하고 쌍방이 수용할 수 있

---

37) Lavinia Hall(ed.), Negotiation: Strategies for Mutual Gain(Newbury Park, California: SAGE Publication, 1993).

는 방안을 찾아야 한다. 필요하다면 양보함으로써 협상이 결렬되는 것
을 피해야 한다.

2 제3자 개입으로 협상카드 증가시키기

협상승패에 영향을 미치는 요소는 크게 세 가지다. 즉, 권력 혹은 협
상카드, 시간 그리고 기교다. 앞에서 밝힌 대로 대만과 중국의 협상은
소국이 대국과 다투는 협상이다. 협상카드 역시 중국과 비교가 안 된
다. 랄은 비대칭협상에서 약소국이 협상에 이기는 유일한 기회는 강국
과 동맹을 맺는 전략이거나 혹은 강국들 간의 모순을 이용해서 하나를
끌어 들이고 하나를 치는 전략이다.[38] 랄의 논점은 매우 협의적이나
그의 주장은 대만에게는 중요한 참고가 될 만하다. 전체 종합국력이
중국에 비교가 안 되는 상황에서 대만은 반드시 외부의 도움을 끌어
들여 중국에 대한 협상카드를 증가시켜야 한다. 이는 결코 대만이 강
대국과 정식으로 동맹을 체결하라는 의미가 아니라 미국, 일본 등의
국가들이 중국과 처해 있는 경쟁, 모순관계를 이용하여 대만의 협상역
량을 높이라는 뜻이다. 왜냐하면 양안 간의 협상은 결코 단순한 두 나
라 간의 권력대비가 아니다. 대만의 지위변화는 동아시아의 권력구조
를 변화시킨다. 그래서 적지 않은 아－태국가들이 양안 협상으로 인한
대만의 지위변화에 관심을 두고 있다. 대만은 동아시아 국가들이 대만
에 가지고 있는 이익을 이용하여 중국과의 협상에 사용할 카드를 증가
시킬 수 있다.

최근 십여 년, 중국의 경제, 군사역량은 끊임없이 확장되고 있고, 민

---

38) Lall, Modern International Negotiations, pp.334-354.

족주의의 열기도 점차로 표출되고 있어, 중국의 주변 국가들은 점점 더 중국의 위협을 느끼고 있다. 미국의 대중정책 역시 교류보다는 견제, 봉쇄에 초점을 맞추고 있다. 중국의 군사적 확장은 실질적으로 상당한 경계심을 필요로 한다. 그래서 미국내부에는 중국에 대하여 강경한 입장을 취하는 매파 관료들이 항상 있어 왔다.

일본은 동아시아 지역에서 중국과 경쟁하는 후보자다. 일본이 생명선으로 여기고 있는 대만해협이 중국의 수중에 넘어가고 만약 경쟁관계에 있는 중국에 대만이 넘어간다면, 또 중국과 역사적 은원이 깊은 일본의 입장에서는 매우 피하고 싶은 것은 당연하다. 따라서 일본은 중국의 군사확장에 매우 주의 깊게 관찰한다. 기타의 아ー태국가들은 중국의 패권의 그림자에 상당한 두려움을 가지고 있다. 2016년 출범한 민진당 차이잉원의 '신남향정책'은 리등훼이와 너무나 흡사한 동기에서 이 정책을 추진하고 있다. 중국의 반발을 우려해 신남향정책의 주된 거점지역을 비교적 중국과 불편한 관계에 있는 인도와 인도네시아에 중점을 두고 있다. 이 정책의 성공여부는 대만내부, 중국내부, 국제환경 요소에서 결정될 것이다.

대만의 기본적인 구상은 대만을 중국으로부터 떼어내는 천쉐이볜 시기의 탈중국화(去中国化)가 재현될 가능성이 크다. 다시 말해 마잉주 시기는 중국을 통해 세계로 진출하는 전략이었다면 차이잉원 정부는 세계를 통해 중국과 연계시키고자 하는 전략을 채택하고 있다. 이러한 전략은 대만의 경제구조 전환을 위해 필요한 것이기도 하지만 그 목적의 하나는 여전히 중국의 이핍상정(以商逼政, 상업으로서 정치를 압박하는) 이민핍관(以民逼官, 민으로서 관을 압박하고)정책에 대한 압박을 줄이고자 하는 데 그 목적이 있다.

3 실제 의제에 대한 냉정한 파악과 자신의 마지노선 이해하기

중국과의 협상 전에 충분한 준비를 하고 상대의 형편이 악화되기를 기다려 때가 되면 즉시 호되게 공격해야 한다. 그러므로 의제를 냉정하게 관찰하여 중국에게 이용당할 만한 기회를 주지 말아야 한다. 중국과의 협상에서는 자신의 협상 마지노선을 정확하게 알아야만 강경책과 유화책을 함께 구사하는 중국에 맞설 수 있다. 임의적으로 개괄적인 원칙을 중국에게 승낙한다면 이는 중국이 쳐놓은 함정에 빠지는 것이다. 또한 중국의 지연전술을 방지해야 한다. 거듭된 양보는 중국에게 자신의 협상마지노선이 아직 정해지지 않음을 알려주는 것이다. 협상은 서로 간에 취사(버리고 얻는)의 과정이다. 필요하면 양보와 타협을 할 수도 있다. 협상 전에 어떤 것이 부차적이고 어떤 것이 필요한지 계산해야 한다. 또 필요하다면 무엇을 양보할지를 체크리스트에 넣어야 한다. 비록 양보를 하더라도 양보 시에는 반드시 대등한 양보를 중국으로부터 얻어내야 한다. 한쪽의 거듭된 양보는 피해야 한다.

4 충분한 인내심으로 시간적 압력회피

중국과의 협상은 지구전이다. 시간은 협상승부를 결정하는 중요한 관건이다. 중국과의 협상에서는 반드시 장기 항전의 준비를 해야 한다. 단기간 내의 협의 달성은 산에 가서 물고기를 구하는 것과 같다. 중국은 신속협상을 믿지 않는다. 설령 협상장에 나온 중국의 협상 대표가 협상을 지연하지 않는다고 해도, 그의 상급간부는 상대방의 입장을 측정했다는 말을 믿지 않는다. 흔히들 중국기업과의 협상에서 '되는 것도 없고 안 되는 것도 없는' 현상은 이를 반증한다. 중국과의 협상에

서는 반드시 심리적 준비를 해야 한다. 중국협상의 지연전술에 대해서 아무도 그 오묘함을 설명하지도 못한다. 중국은 여러 수단의 압력을 구사하여 상대의 결심을 측정한다.

더군다나 불리한 시기와 불리한 환경분위기에서의 협상은 피해야 한다. 불리한 시기와 분위기는 협상자의 기세를 약화시킨다. 이는 이미 자신이 피동적이고, 방어적인 위치에 빠지게 된다. 협상이 마감기한에 쫓겨 시간적 압력을 받을 때는 협상을 거절해야 한다. 중국은 상대가 초조함에 빠지는 것을 이용해서 이익을 취한다. 이밖에도 상대의 압력에 의해 촉박하게 결정하는 승낙은 가급적 피해야 한다. 상대에게 좀 더 길게 제안의 설명을 요구하거나, 문건을 넘겨 볼 시간, 심지어 음료 등을 요구하여 생각할 시간을 늘려 실수를 줄여야 한다.

5 협상주도하기

협상 전에 일련의 협상전략을 만들고 자신의 협상행위를 철저하게 파악해야 한다. 동시에 중국이 의외로 느끼게 할 만한 책략을 구사하여 협상진행 장악능력을 보여주어야 한다. 중국의 협상리듬에 맞추는 것을 피하기 위해, 협상시간, 장소, 의제, 협상대표의 선정에서도 중국의 의사대로 결정 되게 해서는 안 된다. 협상의 과정에서는 자신의 입장을 확고부동하게 견지해야 하고 중국의 체면을 봐주기 위한 타협은 곤란하다. 마치 핸들을 조종하듯이 억셈과 사나움, 아첨과 알랑거림 사이를 왔다 갔다 하면서 의도가 분명치 않아야만 중국은 상대를 나약하게 보지 않는다.

또 중국과의 협상은 한판의 선전전이다. 중국이 사실을 왜곡하고 힘으로 착취하는 비열한 행실을 용감하게 들춰내야 한다. 이외에도 중국이 일방적으로 제기하는 원칙에 대한 수용을 피해야 한다. 중국이 제출하는 원칙을 접수함으로써 오는 후유증을 기억하여야 한다. 왜냐면 중국이 제기하는 대부분의 원칙들은 일종의 함정이다. 그러므로 때로는 중국이 반드시 거절할 만한 조건을 가진 방안을 제출하여야 한다. 이러한 책략은 중국의 예봉을 꺾는다. 오히려 이쪽에서 협의를 달성해도 그만 안 해도 그만이라는 태도를 취하여 자신이 장래에 제기할 조건이 보다 더 나아진다. 또한 정책결정자는 중국과의 직접협상을 피해야 한다. 정책결정자가 갑자기 협상에 참가하면 문제의 전반적 이해가 부족하고 만약 성급하게 협의가 달성되면 전문적 세목과 이행의 기술성 문제가 가져오는 곤경에 빠지게 된다. 이는 협상에 있어서 재난을 자청해서 초래하는 것이다.

6 내부의 공식 확립

소국이 대국과 경쟁하는 협상에서 상대적으로 협상카드가 적고 열세에 처하기 마련이다. 이런 비대칭적 협상에서 소국이 대국을 이기기 위해서는 소국의 내부는 반드시 일치단결하여 한목소리를 내야한다. 우선 협상을 시작하기 전에 먼저 내부의 이견을 통합해야 한다. 내부에 공통된 인식을 마련하고 중국의 압력에 대항해야 한다. 이 방법은 세 개의 방면에서 동시에 진행해야 한다. 먼저 정부는 중국정책에 대한 민중의 이해와 지지를 얻어야 한다. 중국과의 협상에서 드러날 수 있는 쟁점을 지닌 문제에 대해서는 반드시 주도적으로 여론을 조성하고 정부의 입장을 분명하게 밝혀야 한다. 둘째, 중앙의 각 부처는 전체적이고 통합적인 작전을 짜야 한다. 부처별 본위주의의 사고는 위험하다. 중국정책과 관련된 의제는 전체를 고려해야 한다. 셋째, 여야의 이견을 화해시키고 일치된 의견을 통해서 중국의 압력에 대항해야 한다.

막상 협상을 진행하는 과정에서는 고도의 탄력성과 전략성을 동원하는 능력이 필요하다. 이는 개인의 자질이자 동시에 전체를 꿰뚫어 보는 능력이기도 하다.

개혁개방 이전의 중국협상행위는 상당히 신비한 색채를 지니고 있었다. 그러나 개혁개방과 더불어 외국기업과의 협상이 점차로 늘어났다. 즉, 중국경제의 성장은 중국기업의 국제적인 교류를 증가시켰으며 이로 인해 중국과의 협상행위가 서서히 드러나기 시작했다. 다시 말해 중국과의 협상은 상업협상에서 비로소 그 윤곽이 드러나기 시작했다고 할 수 있다. 2001년 12월 11일 세계 무역 조직에 가입한 이래 15년이 지난 후에 현재는 글로벌 2위 경제 대국으로, 세계 1위 교역국으로, 세계 1위 외자유치, 세계 2위 대외 투자국으로 되었으며 세계경제체제로 융합되었다. 이에 따라 외국과의 외교협상과 상업협상의 횟수도 급속히 증가했다. 그 결과 중국에 대한 협상사유와 전략응용이 무엇인지 대략적인 윤곽을 그릴 수 있게 해 주었다.

중국의 협상행위에 대해서 몇 가지 결론을 내릴 수 있다. 첫째, 중국의 협상행위는 크게 불변적 요소와 가변적 요소가 공존하고 있다. 불변적 요소로서 맑스-레닌주의, 마오저뚱 사상, 과거부터 전승되어 내려오는 전통적인 중국문화사유와 개혁개방 이전부터 축적된 협상경험의 영향을 받았다. 이러한 불변적 요소들은 서방국가와는 다른 중국만의 독특한 협상관을 만들었다. 무엇보다도 여전히 지속적으로 중국의 협상 사유에 영향을 미치고 있다. 또 각기 다른 시기에 중국과의 협상을 경험한 대표, 혹은 중국의 협상을 연구해 온 학자들이 어떻게 중국과 협상해야 하는지에 관한 결론은 많은 부분에서 공통점이 있다. 왜냐면 중국의 협상행위에서 불변의 부분이 분명히 존재하기 때문이다.

둘째, 일련의 중국의 협상 행위는 이미 시간에 따라 변화되고 있다. 가변적 요소이다. 특히 중국의 상업협상 행위는 개혁개방의 속도와 폭이 심화됨에 따라 끊임없이 조정되고 발전되어 왔다. 나아가 중국은 윈-윈의 협상 사유가 증가하고 있다. 이는 서방국가들이 능히 받아들일 수 있는 협상관이다. 윈-윈 협상관념의 변화는 중국의 젊은 세대와 경제무역에 관계하는 관료들에게도 분명하게 나타난다.

셋째, 중국의 대외협상에 관한 협상행위는 대상, 시간, 의제에 따라 달라진다. 1950-1960년대에 중국은 이데올로기의 영향을 많이 받았다. 서구국가들과 진행하는 협상의 대부분은 적대적 협상이었고 협상을 투쟁의 도구로 보았다. 그러나 제3세계 국가들과의 협상은 거의 상대방의 요구대로 다 들어주는 양보형 협상이었다.

넷째, 중국이 운용하는 협상전략과 기교는 결코 중국만의 특허품이 아니다. 그러나 중국의 독특한 가치관, 사유방식 및 역사경험은 협상의 각 단계에서 동원되는 비중이 기타 국가들과 다르다. 중국은 협상전의 단계, 의정의 협상(일정협상), 상대방에게 강요하는 원칙의 견지, 역사적 침략에 대한 속죄로서 상대에게 보상을 요구하는 정도, 협의 달성 후 적극적인 재협상, 협상 배치 등의 중시는 기타국가들과는 다른 중국만의 확연한 협상특징을 보여준다.

다섯째, 중국의 협상대표는 협상에 대한 전적인 결정을 혼자 내릴 수 있는 재량권이 결핍되어 있다. 협상의 큰 흐름을 결정 할 수 있는 관료는 직접적으로 협상에 나오지 않는다. 다수는 막후에서 조정하며 드러나지 않는다. 이는 중국의 협상대표를 경직시키게 만들어 협상에서 탄성을 발휘하기 어렵게 만든다. 그러므로 중국의 정책결정자가 협상대표에게 보다 많은 권한을 위임하지 않는 한, 중국의 협상대표는 사납고 억세고 양보하지 않는 스타일을 견지 할 수밖에 없다. 이는 중국 관료체제의 경직된 스타일을 반영하는 것이기도 하다.

여섯째, 중국협상단은 권위주의 체제의 영향으로 기율, 복종, 전체적 작전 수행 능력이 현저히 뛰어나다. 심지어 중국의 언론매체들 또한 협상단의 일부분이다. 이러한 권위주의 체제의 특징은 민주적이고 개방된 사회에서는 불가능하다. 이는 권위주의 체제를 유지하고 있는 국가가 민주국가와의 협상에서 누릴 수 있는 특권이기도 하다. 과거 이미 일련의 학자들은 자유민주국가와 권위주의체제 국가와의 협상을 비교 연구했다.[1] 민주화되고 다원화 된 국가는 권위주의체제를 유지하는 국가와의 협상에서 항상 내부의 도전에 직면한다. 그렇지만 민주국가의 협상대표는 오히려 임기응변에 능하고 협상의 계기에 따라서 오히려 유리한 우세를 장악할 수 있다. 1978년 중국은 개혁개방정책을 채택한 이래 경제분야에서 주목할 만한 성과를 거두었고 또한 정치적으로 전체주의 체제의 특성이 다소 완화되었다. 개혁개방 이후 중국의 30년은 정치개혁 없는 경제개혁으로 정리될 수 있다. 경제발전에 따른 사회적 변화에 따라 다양한 요구를 수용하는데 있어서 분명 현재의 당－국체제는 불안정하다. 이러한 사정에도 아직까지 정치적으로는 '4항 기본원칙'[2]을 견지 하고 있고 필요하다면 거리낌 없이 무력으로 반대자를

---

1) Young, Negotiating with the Chinese Communists, pp.301-406.
2) 1979년 3월 30일 중국공산당 중앙위원회 부주석 덩샤오핑은 중국공산당 중앙정치국 확대회의에서 당과 국가영도제도의 개혁과 관련된 문제에 관해서 회의를 개최했다. 4항기본원칙은 정치국확대회의에서의 덩샤오핑이 제출했다. 특히 아래의 4개의 의제에 대해서 쟁론을 불허 하였다. 첫째, 반드시 사회주의 도로를 견지, 둘째, 반드시 무산계급 전정을 견지한다(1981년 화궈펑(华国锋)이 중국공산당 주석을 사임한 후에

진압하여 정치권력을 유지한다. 단기적인 미래에 있어서도 중국의 협상단은 중국공산당 중앙의 제약을 받기 때문에 협상의 성격은 여전히 변화의 가능성이 낮다. 그러므로 중국의 협상대표를 상세하게 관찰해야 될 뿐 아니라 정국의 정치경제 발전과 권력구조 변화의 정황을 깊게 이해해야 한다.

일곱째, 대만이 중국과 마주한 협상은 이소박대(以小搏大)의 비대칭적 양면협상이다. 이러한 곤경을 극복하기 위해 대만은 내부의 공통된 인식을 건설하는 것 외에도 반드시 신속하고 확실하게 중국협상의 입장, 전략 및 협상 상하선의 정보를 파악해야 한다. 중국협상의 목적, 대화하고 싶은 의제 및 입장, 중국협상대표의 경력과 협상 스타일, 중국권력구조의 변천, 중국내부의 대 대만 책략의 각종 방법 등에 관한 정보는 모두 광범위하게 수집해야 하고 연구해야 한다. 이로써 정확하고 유효하게 협상의 공세를 가하고, 주도적으로 상황을 장악해야 한다. 협상진행 때나 대화 전에도 협상단은 발생 가능한 상황을 예측하고 상응하는 모의연습을 통해 협상 작전의 능력을 길러야 한다.

본서는 협상이론과 실무를 결합해서 중국의 협상전략을 양안관계의 틀 속에서 분석하였다. 양안 간에 있었던 협상의 소개와 분석은 중국협상에 관한 독자들의 환기와 대만이 중국과의 협상에서 처한 곤경에 대해서 폭넓게 이해하기를 희망한다. 우수한 협상 인재는 통상적으로 선천적인 특질을 갖추고 있다. 그러나 후천적인 노력으로 선천적인 부족을 보충할 수 있다. 협상의제에 대한 깊은 연구, 상대방 정보에 대한 정확한 이해, 상대의 협상전략 및 협상의 상하한선의 정확한 분석은

덩샤오핑은 전국인대에서 중화인민공화국헌법을 통과시켜 무산계급전정을 인민민주전정으로 고쳤다) 셋째, 중국공산당의 영도 견지, 넷째, 맑스－레닌주의와 마오저뚱사상을 견지한다. 邓小平文选第二卷,
http://cpc.people.com.cn/GB/69112/69113/69684/69695/4949681.html

협상에서 우위를 점하는데 도움을 준다. 그래서 카라스는 지식차이 및 노력차이가 쌍방의 협상권력의 대소에 영향을 미치고 나아가 협상에서 승부를 가른다고 밝혔다. 무엇보다도 협상의 전략과 기교는 융통성 있게 응용되어야 한다. 이는 협상의 역량을 증가시켜 준다. 하지만 협상의 역량을 배울 수 있는 가장 좋은 교실은 오히려 실제의 현장에서다. 중국협상에 관한 서적을 읽는 것 외에도 반드시 협상경험자의 경험을 배우고 실제 협상 현장의 참관이 중요하다. 협상의 모의연습에서부터 실전협상을 참관하여 현장의 경험을 배우고, 협상테이블에서의 오가는 공방전을 직접적으로 관찰함이 협상능력을 높이는 지름길이다.

역대 양안협의

協議	協議日期
海峽兩岸民航飛航安全與適航合作協議	2015/8/25
海峽兩岸避免雙重課稅及加強稅務合作協議(本協議尚待完成相關程序後生效)	2015/8/25
海峽兩岸空運補充協議修正文件九	2015/3/3
兩岸空運補充協議修正文件八	2014/11/6
海峽兩岸地震監測合作協議	2014/2/27
海峽兩岸氣象合作協議	2014/2/27
海峽兩岸空運補充協議修正文件七	2014/1/8
海峽兩岸空運補充協議修正文件六	2013/10/17
海峽兩岸空運補充協議修正文件五	2013/10/14
海峽兩岸服務貿易協議(本協議尚待完成相關程序後生效)	2013/6/21
海峽兩岸空運補充協議修正文件四	2013/3/29
海峽兩岸投資保障和促進協議、海基會與海協會有關「海峽兩岸投資保障和促進協議」人身自由與安全保障共識	2012/8/9
海峽兩岸海關合作協議	2012/8/9
海峽兩岸核電安全合作協議	2011/10/20
海峽兩岸空運補充協議修正文件三	2011/6/21
海峽兩岸關於大陸居民赴台灣旅遊協議修正文件一	2011/6/21

海峽兩岸空運補充協議修正文件二	2011/3/15
海峽兩岸漁船船員勞務合作協議附件「海峽兩岸漁船船員勞務合作具體安排」修正文件一	2011/3/1
海峽兩岸醫藥衛生合作協議	2010/12/21
海峽兩岸空運補充協議修正文件一	2010/11/2
海峽兩岸經濟合作架構協議	2010/6/29
海峽兩岸智慧財產權保護合作協議	2010/6/29
海峽兩岸漁船船員勞務合作協議	2009/12/22
海峽兩岸農產品檢疫檢驗合作協議	2009/12/22
海峽兩岸標準計量檢驗認證合作協議	2009/12/22
海峽兩岸共同打擊犯罪及司法互助協議	2009/4/26
海峽兩岸空運補充協議	2009/4/26
海峽兩岸金融合作協議	2009/4/26
海峽兩岸空運協議	2008/11/4
海峽兩岸海運協議	2008/11/4
海峽兩岸食品安全協議	2008/11/4
海峽兩岸郵政協議	2008/11/4
海峽兩岸包機會談紀要	2008/6/13
海峽兩岸關於大陸居民赴台灣旅遊協議	2008/6/13
台港海運商談紀要	1997/5/24
第二次辜汪會談第一次預備性磋商共識	1995/5/29
兩會商定會務人員入出境往來便利辦法	1994/6/22
兩岸公證書使用查證協議	1993/4/29
兩岸掛號函件查詢、補償事宜協議	1993/4/29
兩會聯繫與會談制度協議	1993/4/29
辜汪會談共同協議	1993/4/29
金門協議	1990/9/12

(출처: 재단법인해협교류기금회)

찾아보기

린원청 林文程, Lin Wen-cheng

대만 타이난(臺南)에서 태어났다. 대만 정치대학을 졸업하고 미국 터프츠 대학교(Tufts University) 플레처 스쿨(The Fletcher School of Law and Diplomacy)에서 박사학위를 받았다. 국립중산대학교 사회과학대 학장, 국가안전회의 자문위원, 재단법인 대만민주기금 회 집행장, 대만민주계간 총편집, 국립중산대학 중산학술연구소 소 장, 재단법인해협교류기금회 감사, 재단법인 국가정책연구원 집행장, 랜드연구소 방문학 자를 역임했다. 현재, 국립중산대학 중국-아태연구소 교수, 국립중산대학 일본연구센터 주임, 아태화평연구기금회(亞太和平研究基金會) 집행장, 중화민국당대일본연구학회 이 사장(中華民國當代日本研究學會)으로 재임하고 있다. 연구 분야로는 양안관계, 국제안 보, 중국협상, 중국외교, 아·태안보, 중국국가전략연구, 양안지방정부 비교 등이다. 20여 권의 저서와 100여 편의 학술논문이 있다.

강병환 姜秉煥

경남 진주에서 태어났다. 국민대학교 정치외교학과를 졸업, 동대학 원에서 정치사상으로 정치학석사학위, 대만국립중산대학교 중국-아 태연구소(Institute of China and Asia-Pacific Studies)에서 중국의 대(對)대만정책으로 박사학위를 받았다. 대만국립중산대학 통식교 육중심사회과학조(通識教育中心社會科學組, 2006-2011) 강사, 국립 까오숑대학화어중심(高雄高大學華文中心), 시립삼민고급중학(市立三民高級中學)에서 한 국어 및 한국문화를 강의하였고(2005-2011), 서울 한성화교소학에서 행정팀장으로 잠시 근무하였다. 현재 중화민국문화자산발전협회 연구원, 국민대 강사, (주)KNS뉴스통신 논 설위원, 한중관계협회(www.arako.kr) 회장으로 재직하고 있다. 관심분야는 양안관계, 중국협상, 아·태안보, 중국정치, 중미관계이며 특히 최근에는 양안관계의 통일문제와 남 북통일문제에 깊은 관심을 두고 있다. 논문으로는 「一個中國架構下中共對台政策-以民進 黨執政時期爲中心」(박사학위 논문), 「미국의 동아시아 전략과 중국의 대응-해상패권경쟁 과 갈등을 중심으로」(중소연구, 2014), 「시진핑 출범 이후 중국 방송정책의 특징과 변 화」(언론학연구, 2015)등이 있고, 저서로는 『중국지식의 대외확산과 역류: 소프트 파워 와 지식 네트워크』(공저, 학고방, 2015), 『시진핑 체제 이후 중국 방송정책의 변화』(방송 문화진흥회)가 있다.

중국을 다룬다
대중국 협상과 전략

1판 1쇄 발행 2017년 6월 15일
1판 2쇄 인쇄 2018년 9월 20일
1판 2쇄 발행 2018년 9월 30일

저　　자| 린원청
역　　자| 강병환
펴 낸 이| 하운근
펴 낸 곳| 學古房

주　　소| 경기도 고양시 덕양구 통일로 140 삼송테크노밸리 A동 B224
전　　화| (02)353-9908　편집부(02)356-9903
팩　　스| (02)6959-8234
홈페이지| http://hakgobang.co.kr
전자우편| hakgobang@naver.com, hakgobang@chol.com
등록번호| 제311-1994-000001호

ISBN　　978-89-6071-666-7　93340

값 : 18,000원

이 도서의 국립중앙도서관 출판예정도서목록(CIP)은 서지정보유통지원시스템 홈페이지(http://seoji.nl.go.kr)와 국가자료공동목록시스템(http://www.nl.go.kr/kolisnet)에서 이용하실 수 있습니다. (CIP제어번호 : CIP2017013164)